프로를 위한 리눅스 시스템
구축과 운용의 기술

나카이 에츠지 지음 I 박건태 옮김

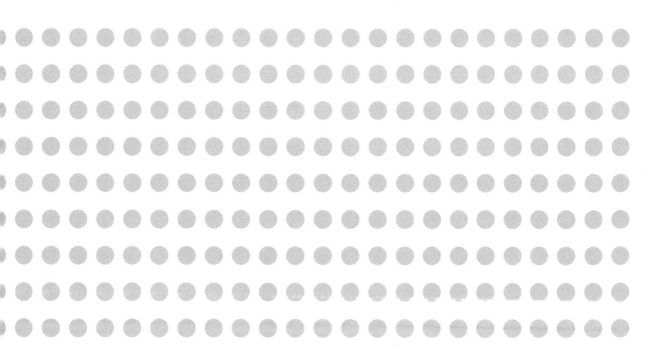

프로를 위한 리눅스 시스템 구축과 운용의 기술

지은이 나카이 에츠지
옮긴이 박건태
1판 1쇄 발행일 2014년 1월 13일

펴낸이 임성춘
펴낸곳 로드북
편집 조연희
디자인 이지용(표지), 박진희(본문)

주소 서울시 관악구 신림로 29길 8 101-901호
출판 등록 제 2011-21호(2011년 3월 22일)
전화 02)874-7883
팩스 02)6280-6901
정가 23,000원
ISBN 978-89-97924-08-0 93000

이메일 chief@roadbook.co.kr
블로그 www.roadbook.co.kr

로드북 관계자로부터 이 책의 프리뷰를 부탁 받았을 때, 흔히 볼 수 있는 리눅스 책의 별종에 불과하겠거니 생각하고, 큰 기대 없이 책을 읽기 시작했습니다. 그런데 이 책을 통독한 후 서슴없이 제가 이 책의 번역을 결심하게 된 이유는 다음과 같습니다.

1. 이 책만큼 현업에서 사용하는 기술들을 정확하게 뽑아 정리한 책은 없었다.
2. 이 책을 통해 업무에 적용할 수 있는 힌트를 얻을 수 있으리라 생각했다.

저 역시 리눅스 시스템 기반의 개발자로, 얼마 전 Linux/OSS 기반으로 대용량 서비스를 제공하는 인프라 구축을 위한 플랫폼의 개발을 하게 되었습니다. 당시 대규모 서비스와는 약간 거리감이 있는 (서버로서의 리눅스가 아닌) 임베디드 리눅스를 다루었던 경험밖에 없었던 저는 급하게 서점에서 리눅스 관련 책들을 사서 읽고, 그걸로도 부족해 서버 인프라 관련 책들도 읽어보았습니다. 그러나 업무와 약간의 거리감이 있는 책 속의 이론만으로는 부족함을 느꼈습니다. 하지만 이 책은 놀라우리만큼 담당 업무와 비슷했고, 1장부터 6장까지 기술되어 있는 모든 기술(킥스타트에서부터 시스템 모니터링 기법, 백업, 보안, 스토리지 관리 기술, Bonding 및 VLAN을 포함한 네트워크 기술, 커널의 구조부터 문제 판별까지)의 설명에 현업의 노하우가 고스란히 녹아 있다는 것을 알 수 있었습니다.

저는 이 책을 시기 적절하게 접하게 된 것을 행운으로 여기며 번역을 하였고, 이 책을 정독하며 많은 지식과 통찰을 얻을 수 있었습니다. 때문에 이제 기초를 막 끝낸 리눅스 엔지니어, 앞으로 리눅스 관련 업무를 맡게 될 또는 맡고 있는 프로그래머와 네트워크 엔지니어 등 리눅스와 관련된 모든 분들께 이 책을 자신 있게 추천합니다. 특히 기본적으로 필요한 테크닉뿐만이 아닌, 저자가 강조하는 프로의 마음가짐 그리고 리눅스를 바라보는 철학이 이 책에 고스란히 스며 들어 있습니다. 부디 이 책이 리눅스 엔지니어 인생에서 한 걸음 더 내딛는 데 도움이 되길 바랍니다.

마지막으로 바누리 9단을 베에 품고, 미쁘다는 핑세도 태교에 소홀했던 저를 너그럽게 이해해준 사랑하는 아이프에게 감사의 말을 전합니다.

박건태

지금 이 책을 읽고 있는 여러분은 아마도 리눅스Linux 서버를 구축하고, 운용하는 일에 관련된 업무를 하고 있거나, 앞으로 그와 관련된 업무를 하게 될 것입니다. 그런데 고객 앞에서 처음으로 리눅스 서버를 구축했을 때, 인스톨 미디어로부터 서버가 동작하지 않아 식은 땀을 흘렸던 경험은 없습니까? 또 인스톨을 마치고 이번엔 백업을 하려고 했더니, 왜인시 테이프 드라이브가 인식되지 않아 서버실(머신룸)에서 하룻밤을 꼬박 새웠던 적은 없으십니까? 아니면 고객으로부터 서버의 장애 원인을 조사해 달라는 갑작스런 의뢰가 들어와 고객의 따가운 시선을 등에 지고 떨리는 손으로 몇 번이나 같은 커맨드를 두드렸던 경험은 없는지요? 게다가 문제를 해결하기 위해 설정 파일을 수정해야 할 것 같은데, 어느 부분을 수정해야 할지 몰라 그 자리에서 도망가고 싶었던 경험은?

이 책은 업무 시스템으로서 리눅스 서버의 구축, 운용에 관련하고 있는 엔지니어 여러분을 위한 서적입니다. 취미로 리눅스 서버를 구축하기 위한 책이나 잡지가 서점에 넘쳐나고 있는 요즘, 누구라도 어렵지 않게 리눅스를 체험할 수 있습니다. 또한 지금까지 상용 유닉스Unix 서버나 메인프레임 시스템이 담당해 온 다양한 업무 시스템에 리눅스가 채용되는 시대가 되었습니다. 일반 기업의 기간 시스템은 물론, 금융 · 증권 시스템 등, 생활의 기반이 되는 다양한 회사 인프라를 리눅스 서버가 지탱해주고 있습니다. 이제 본격적으로 업무 시스템에서 리눅스 서버를 다룰 수 있는 '프로 리눅스 엔지니어'를 요구하고 있습니다.

지금까지 많은 초보 엔지니어가 위에서 말한 고통스러운 경험을 하면서 프로 리눅스 엔지니어를 목표로 하는 모습을 봤습니다. 이 책은 그런 여러분을 위해 저술했습니다. 리눅스 서버의 구축 및 운용은 물론 스토리지와 네트워크 관리 그리고 리눅스의 내부 구조와 문제 판별 등의 프로 리눅스 엔지니어에게 요구되는 실전 지식과 테크닉을 자세히 다루고 있습니다. 또한 '리눅스 인스톨은 가능하지만, 그 다음부터는 어떻게 해야 할지 모르겠다'라고 생각하는 초보 엔지니어를 생각하면서 내용을 정리했습니다. 다소 고급 내용을 포함하고 있습니다만, 현장에서의 리눅스 서버 구축 및 운용에서 직면하는 과제를 엄선해서 알기 쉽게 설명하기 위해 노력했습니다.

리눅스 지식과 기술은 우리 엔지니어 인생에 다양한 감동과 기쁨을 주고 있습니다. 이 책의 타이틀에 흥미를 느껴, 지금 책을 읽고 읽는 여러분도 분명 저와 같은 생각을 할 것입니다. 이 책이 여러분을 프로 리눅스 엔지니어로 성장시키는 데 도움이 되길 바랍니다.

이 책의 대상 독자

이 책은 리눅스 인스톨에 경험이 있고, 기본적인 커맨드와 vi 에디터를 사용할 수 있는 분을 대상으로 하고 있습니다. 리눅스 서버 구축 및 운용에 관련된 그리고 앞으로 관련될 프로를 지향하는 분들에게, 리눅스 서버는 배워야 할 내용이 많아 어디서부터 손을 대야 할지 모르겠다는 대상일 수도 있습니다. 이 책에는 프로 리눅스 엔지니어로서, 습득해야 할 내용이 고밀도로 압축되어 있습니다. 이 책을 독파하는 것이 프로로서 자신감을 얻게 되는 첫 걸음이 될 것입니다. 또한 어느 정도 리눅스의 경험이 있고 다음 단계로의 돌파구를 찾고 있는 분들은 지금의 실력을 재 확인하는 의미로 이 책을 한번 읽어 볼 것을 추천합니다.

이 책을 읽는 방법

이 책의 내용은 1장부터 순서대로 읽는 것을 가정하고 구성했습니다. 단, 잘 이해가 안 가는 부분은 무시하고 넘어간 후, 한 번 전체를 읽은 후에 이해가 부족했던 부분을 다시 읽으면 보다 이해하기 쉬울 것입니다. 반드시 각 섹션에 관련된 정보들을 인터넷에서 찾아 가면서 이 책을 읽도록 합시다. 참고로 책에서 소개하는 구체적인 설정 순서는 편의상 Red Hat Enterprise Linux 5.5를 전제로 하고 있습니다. 하지만 기본적인 사고는 모든 리눅스에 적용됩니다. 이런 공통의 본질을 몸에 익혀 다양한 종류의 리눅스 배포판을 자유롭게 다루는 엔지니어가 되는 것을 목표로 하십시오.

각 장의 개요

1장 리눅스 서버의 구축

리눅스 서버 구축의 기초가 되는 하드웨어 구조에 대한 설명으로부터 출발하여, 업무 시스템으로서 리눅스 서버를 구축하는 데 확인해야 할 중요한 포인트와 기본 설정을 설명합니다. 또한 여러 대의 리눅스 서버를 구축할 때에 효율적인 방법을 제공하는 킥스타트^{Kickstart}에 의한 자동 인스톨 방법을 자세히 설명합니다.

2장 리눅스 서버 운용의 기초

시스템 감시, 백업, 시큐리티 관리 등 고품질의 서비스를 제공하기 위한 기술에 대해 기초부터 설명합니다. 특히 리눅스 서버에서 활용할 수 있는 툴의 구체적인 사용법을 소개합니다. 또한 프로 엔지니어가 알아두어야 할 구성 관리, 변경 관리, 문제 관리 등의 운용 프로세스도 설명합니다.

3장 리눅스 스토리지 관리

SAN 스토리지를 사용하는 데 있어, 기초가 되는 Zoning 개념과 SAN 스토리지 기능을 설명합니다. 그리고 리눅스 서버에서 SAN 스토리지를 사용할 때의 주의점을 다룹니다. 또한 리눅스의 논리 볼륨 매니저^{LVM} 사용 방법과 iSCSI 이용 방법을 구체적인 예를 들어 설명한 후, 네트워크와 스토리지를 통합하는 새로운 기술인 FCoE도 설명합니다.

4장 리눅스 네트워크 관리

L2/L3 스위치에 의한 패킷 전송의 구조, 라우팅 테이블, VLAN 등 리눅스 서버를 다루는 데 필수적인 IP 네트워크 기초를 기본 원리부터 설명합니다. 또한 다양한 네트워크 설정과 Bonding 드라이버에 의한 NIC의 이중화 구성 및 TCP 세션의 타임 아웃 시간 등 네트워크 문제에 대처하기 위한 고급 설정도 다룹니다.

5장 리눅스 내부 구조

리눅스 내부 구조에 관한 주제로, 리눅스 서버에서 발생하는 다양한 문제를 판별하는 데 특히 도움이 되는 프로세스 관리, 메모리 관리, 파일시스템 관리를 알기 쉽게 설명합니다. 약간 고급 내용이지만, 프로 리눅스 엔지니어가 되기 위한 필수 지식입니다. 5장은 리눅스 커널 학습의 출발점이 될 것입니다.

6장 리눅스 서버의 문제 판별

리눅스 서버의 문제 판별에 관한 기초 개념 및 문제 판별에 필요한 정보 수집 방법을 설명합니다. 특히 커널에서 문제 판별에서 필요한 커널 덤프 취득 방법 그리고 퍼포먼스 문제 판별과 서버 기동 시의 문제 판별 방법을 자세히 설명합니다.

목차_

## Chapter 1

리눅스 서버 구축

1.1

서버 · 하드웨어

1.1.1 하드웨어 관점에서 본 OS의 역할

리눅스 서버 구축에 관한 설명에 앞서, 서버를 구성하는 하드웨어 컴포넌트부터 설명하겠습니다. 일단 CPU, 메모리, 디스크 장치 그리고 시스템 BIOS 등, 서버 시스템을 구성하는 컴포넌트들이 서로 어떻게 연계되어 있는지를 생각해 보도록 합시다.

하드웨어 컴포넌트에 대한 이해는 왜 필요할까요? 리눅스뿐만 아니라 OS의 역할은 시스템 관리자 및 애플리케이션 프로그래머와 같은 사용자에게 하드웨어 컴포넌트를 "추상화(단순화)"하여 보여주는 것입니다. 즉, 사용자는 물리적인 컴퓨터 그 자체가 아닌, OS가 그려낸 '가공의 컴퓨터'를 이용하는 것(그림 1-1)입니다. 이는 가상의 컴퓨터라고 바꾸어 말할 수 있습니다.

추상화(단순화)의 목적은 크게 두 가지로 나누어 볼 수 있습니다.

> ❶ 외부 디바이스 이용 방법의 공통화
>
> ❷ 복수 프로세스에 자원 할당

❷에 대해서는 5장에서 자세히 알아보기로 하고, 이번 절에서는 ❶ 외부 디바이스 이용 방법의 공통화를 살펴보겠습니다. '외부 디바이스'란 디스크 장치나 모니터, 키보드 등의 주변 기기를 말합니다. 네트워크 통신을 하기 위한 어댑터(NIC$^{Network\ Interface\ Card}$[1])도 외부 디바이스의 한 종류입니다. 디스크 장치만 보더라도 SCSI, SAS, SATA 디스크

---

1   일반적으로 네트워크 통신용 어댑터를 NIC(Network Interface Card)이라고 합니다.

등 다양한 규격이 있습니다. 또한 업무용 서버의 경우는 RAID 컨트롤러라고 하는 어댑터를 경유해서 하드디스크에 접속합니다.[2] 또한 하드웨어 레벨에서 보면, 디스크 장치나 RAID 컨트롤러의 종류에 따라 데이터를 읽고 쓰기 위한 명령어가 각각 다릅니다.

리눅스는 이런 다양한 디바이스 장치에 대해 통일된 액세스 방법을 제공합니다. 즉, 리눅스를 사용하면, 유저는 디스크 장치의 종류에 대해 신경 쓰지 않고 (디스크 장치마다 다른 하드웨어 레벨의 명령을 알지 못하더라도) 표준화된 공통의 커맨드를 이용하여 디스크의 데이터를 읽고 쓰는 것이 가능합니다. 디스크 장치 이외의 디바이스에 대해서도 마찬가지라고 할 수 있습니다. 리눅스 유저는 리눅스가 그려 내는 '가공의 컴퓨터'의 사용법을 마스터하여 집에 있는 PC든 고성능의 업무용 서버든 동일한 커맨드로 제어할 수 있습니다.

하지만 이는 어디까지나 일반 유저 관점에서의 이야기입니다. 리눅스 서버를 구축하고 운용하는 프로 관리자는 다양한 디바이스가 탑재된 물리적인 하드웨어에 리눅스를 도입하고, 가공의 컴퓨터를 그려 낼 수 있도록 적절한 구성을 해야 합니다. 따라서 가공의 컴퓨터 배후에 있는 하드웨어 컴포넌트를 이해하고, 그것이 리눅스에 의해 어떻게 가공의 컴퓨터로 변환되는가를 이해하는 것이 매우 중요합니다. 리눅스를 이해하는 것은 바로 이런 변환 구조를 이해하는 것이라 해도 과언이 아닙니다. 이런 점을 의식하면서 리눅스를 깊이 있게 이해하는 것이 무엇보다 중요하다고 할 수 있습니다.

이런 의미에서 이제부터 설명할 서버·하드웨어 구성요소를 이해하는 것이 프로 리눅스 관리자로의 첫 걸음이라고 할 수 있습니다.

---

2   RAID 컨트롤러는, 여러 개의 물리 디스크를 결합한 RAID 어레이(Array)를 구성하여 논리 디스크(LUN)을 작성합니다. RAID 는 3.1에서 설명합니다.

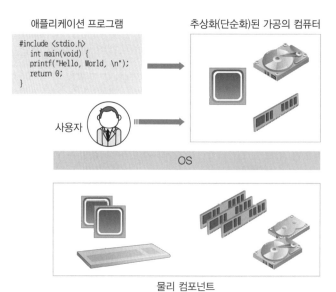

[그림 1-1] OS에 의한 하드웨어 추상화

1.1.2 서버·하드웨어의 기초

그럼 리눅스 서버 관리의 기초지식인, 디바이스 드라이버의 역할 및 시스템 BIOS와 펌웨어의 구조 그리고 서버 기동 시 처리 흐름을 알아보겠습니다.

디바이스 드라이버의 역할

[그림 1-2]는 기본적인 하드웨어 컴포넌트 구조를 단순화한 그림입니다. CPU와 메모리 그리고 외부 디바이스(디스크 장치, 키보드, NIC 등)는 버스라고 불리는 신호선으로 연결되어 있습니다. 이 그림에는 없지만, CPU와는 별도로 하드웨어 관리를 위한 '시스템 BIOS'라고 불리는 소프트웨어가 동작하는 전용 칩도 있습니다.

서버 동작의 중심에는 CPU가 있지만, CPU의 기능은 의외로 단순합니다. 다음 3가지 경우가 CPU의 기본 동작입니다.

❶ 메모리 버스를 경유하여, 메모리에 프로그램 코드 또는 데이터를 읽고 쓰기

❷ 디바이스 버스를 경유하여, 외부 디바이스에 데이터를 읽고 쓰거나, 외부 디바이스와 메모리 사이의 데이터 전송을 지시

❸ 읽어 들인 데이터의 계산 처리

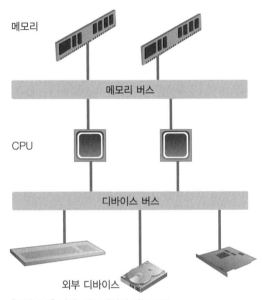

메모리

메모리 버스

CPU

디바이스 버스

외부 디바이스

[그림 1-2] 서버 · 하드웨어의 기본 구조

조금 더 자세히 설명하면, CPU 내부에는 프로그램 카운터라고 하는 기억장치(레지스터)가 있어, 메모리에 있는 프로세스의 위치(메모리 주소)를 보관합니다. CPU는 프로그램 카운터가 나타내는 메모리 영역으로부터 다음에 실행할 명령을 읽어 들여, 해당 명령을 실행하는 것과 동시에 프로그램 카운터의 값을 다음 주소로 변경합니다. 이와 같은 행동을 기계적으로 반복하는 것이 CPU가 하는 일입니다. 이때 CPU의 명령 중에는 덧셈과 뺄셈 같은 계산 처리 외에도, 계산 결과를 메모리에 쓰거나, 외부 디바이스와 데이터를 송수신하는 명령이 포함되어 있습니다.

여기서 포인트는 외부 디바이스와의 데이터 송수신을 어떻게 실행하는가 하는 점입니다. CPU는 디바이스 버스를 경유하여 외부 디바이스에 명령 코드를 보냅니다. 하지만 외부 디바이스가 받아 들이는 명령 코드는 디바이스마다 다릅니다. 이 부분은 외부 디바이스

설계자에 의해 자유롭게 결정될 수 있기 때문입니다. 여기서 리눅스는 서버에 접속된 외부 디바이스마다 전용 '디바이스 드라이버'라고 불리는 커널 모듈[3]을 읽어 들여, 디바이스 드라이버 기능을 이용하여 리눅스 표준 명령을 각각의 외부 디바이스에 고유한 명령으로 변환하여 실행하는 것입니다.

따라서 리눅스 서버 관리자는 자신이 운용하는 서버에 연결된 외부 디바이스와 해당 디바이스에 대한 디바이스 드라이버의 종류를 파악하고 있을 필요가 있습니다. 최근 리눅스는 외부 디바이스를 검출하고, 그에 대응하는 디바이스 드라이버를 자동으로 설치하는 기능을 제공합니다. 이에 디바이스 드라이버에 대해 의식하지 않아도 동작하는 경우가 있습니다. 하지만 "결과적으로 잘 동작하는군, 됐어 OK"라는 생각은 프로의 세계에서는 위험합니다. 디바이스 드라이버가 원인이 되는 장애는 서버 운용 중에 갑자기 발생하는 경우가 있거니와 문제 판별problem determination이 매우 어려운 경우가 자주 있습니다. 리눅스 서버를 구축할 때에는 필요한 디바이스 드라이버를 사전에 조사하고, 적절히 도입해야 한다는 것을 명심하기 바랍니다. 필요한 디바이스 드라이버를 확인하는 방법은 잠시 후 설명하겠습니다.

시스템 BIOS와 펌웨어

리눅스가 이미 설치된 서버에 전원을 넣으면 금방 리눅스가 기동되어 처리를 시작합니다. 이 과정에서 리눅스 커널이 메모리에 로드되고, 이것이 CPU에 의해 실행됩니다. 그렇다면 과연 리눅스 커널은 최초에 어떻게, 누구에 의해 메모리에 로드되는 것일까요? 시스템 기동 시의 처리 흐름은 6.4에서 자세히 설명하겠지만, 간단하게 설명하면 다음과 같습니다.

서버에 전원을 넣으면 CPU가 처리를 시작하기 전에, 시스템 보드(CPU나 메모리가 탑재되어 있는 마더보드)에 탑재된 칩(CPU가 아닌 별도의 칩)에서 시스템 BIOS가 동작을 시작합니다. 시스템 BIOS 프로그램 코드는 다시 쓰기re-write 가능한 플래시 메모리에 저장되어 있어, 필요에 의해 새로운 버전으로 업데이트하는 것이 가능합니다. 시스템 BIOS

---

3 리눅스 본체의 기능을 제공하는 프로그램 코드를 리눅스 커널이라고 합니다. 커널은 필요에 따라 커널 모듈이라고 불리는 프로그램 코드를 읽어 들여 기능을 확장합니다.

는 서버에 탑재된 CPU나 메모리의 상태 및 서버에 접속된 외부 디바이스(어댑터)의 상태를 확인합니다. CPU나 메모리, 어댑터 등의 연결에 문제가 있으면 콘솔에 구성 에러를 표시하고 시스템 관리자의 주의를 환기시킵니다. 이때 오래된 버전의 시스템 BIOS를 사용하고 있다면 최신 어댑터들을 제대로 확인하지 못하고 본래는 이용 가능한 어댑터임에도 불구하고 이용할 수 없는(구성 에러가 발생) 것으로 인식하는 경우가 있습니다. 이런 경우에는 시스템 BIOS를 최신 버전으로 업데이트할 필요가 있습니다.

또한 RAID 컨트롤러와 같은 어댑터는 그 자체가 한 대의 작은 컴퓨터에 필적하는 복잡한 구조를 가지고 있어, 어댑터에 탑재된 CPU에서 임베디드되어 있는 OS가 동작합니다. 시스템 BIOS가 어댑터의 상태를 확인하는 타이밍에서 어댑터의 임베디드 OS가 기동하여 [그림 1-3]과 같이 기동 메시지가 표시됩니다(여담입니다만 최근 어댑터의 임베디드 OS에 리눅스가 이용되는 경우가 많아졌습니다. 개발 중인 어댑터를 테스트하고 있는데, 한 번은 OS(임베디드 리눅스)가 기동에 실패하여 [그림 1-3]의 부분에서 커널 패닉 메시지가 표시된 것을 보고 웃음이 나왔습니다).

서버를 구성하는 여러 하드웨어 컴포넌트의 내부에는 임베디드 OS뿐만 아니라 다양한 임베디드 소프트웨어가 동작하고 있습니다. 임베디드 OS를 포함하여 하드웨어 컴포넌트에 임베디드되어 있는 소프트웨어를 펌웨어firmware라고 하며, 시스템 BIOS처럼 각각의 컴포넌트에서 다시 쓰기 가능한 플래시 메모리에 저장되어 있습니다. 이들 펌웨어는 일반적인 소프트웨어 제품처럼 정기적으로 업데이트가 됩니다. 보통 업데이트의 목적은 버그 수정 또는 어댑터 성능 향상에 있습니다. 시스템 BIOS와 같이, 필요에 따라 펌웨어 역시 최신 버전으로 업데이트됩니다. 시스템 BIOS 및 펌웨어에 대한 업데이트의 필요성 및 방법은 서버마다 다르므로 해당 벤더를 통해 지원을 받는 것이 가장 확실한 방법입니다.

BIOS는 하드웨어 컴포넌트의 상태 확인을 마치면, 마지막으로 기동 디바이스(하드디스크 또는 CD/DVD 미디어 등)의 선두에 쓰여 있는 446바이트의 프로그램 코드(부트 스트랩 로더[4])를 읽어 들여 메모리에 씁니다. 여기서 드디어 CPU가 기동되어, 메모리에 로드되어 있는 부트 스트랩 로더의 실행을 개시합니다. 부트 스트랩 로더는 부트 로더라고 하

---

4 기동 미디어의 선두 512바이트를 MBR(Master Boot Record)이라고 하며, 그중 신두부터 446바이트 프로그램 코드를 부트 스트랩 로더라고 합니다.

는 프로그램 코드를 메모리에 읽어 들여 실행합니다. 리눅스는 보통 GRUB라고 하는 부트 로더가 이용됩니다.

마지막으로 GRUB가 기동 디바이스에 보존된 커널과 초기 RAM 디스크^{initial ramdisk: initrd} 파일을 메모리에 읽어 들여 커널을 기동합니다(그림 1-4). 여기서는 내장 하드디스크를 기동 미디어(기동 디스크)라고 가정하고 있습니다. 일반적으로 GRUB에 관련된 파일들은 /boot 밑에 있습니다. 커널과 초기 RAM 디스크 파일명은 [표 1-1]과 같습니다. 초기 RAM 디스크는 다음 섹션에서 설명합니다.

[표 1-1] 커널과 초기 RAM 디스크(initrd)의 저장 장소

커널	/boot/vmlinuz-〈커널 버전〉
초기 RAM 디스크	/boot/initrd-〈커널 버전〉.img

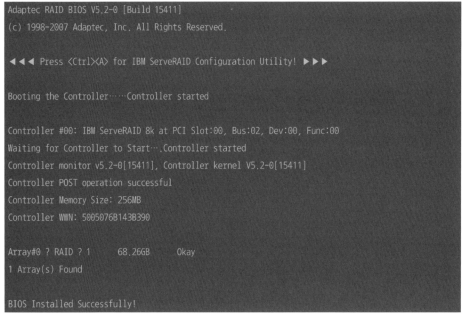

[그림 1-3] RAID 콘트롤러의 기동 화면

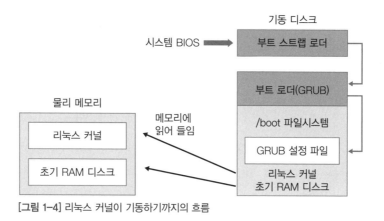

[그림 1-4] 리눅스 커널이 기동하기까지의 흐름

1.1.3 부트 로더와 초기 RAM 디스크(initrd)

업무용 서버에 리눅스를 도입할 때의 작업 중 하나가 서버 벤더가 제공하는 디바이스 드라이버를 설치하는 것입니다. 부트 로더와 초기 RAM 디스크를 이해하는 것으로, 이 작업의 의미를 보다 깊이 이해할 수 있습니다.

부트 로더(GRUB)의 역할

GRUB에 의해 커널이 기동하는 구조에 대해 자세히 알아보겠습니다. 커널이 디스크 장치에 액세스할 때는, 커널 모듈로서 제공되는 전용 디바이스 드라이버를 이용하지만, BIOS가 부트 스트랩 로더를 읽어 들일 때는 디바이스 드라이버를 이용하는 것은 아닙니다. BIOS는 자체 기능을 이용해 하드디스크 등의 부트 디바이스에 액세스합니다. 이와 마찬가지로 부트 로더인 GRUB 역시 디바이스 드라이버를 이용하지 않습니다. GRUB는 시스템 BIOS의 기능을 호출하여 디스크 장치에 액세스합니다.

이와 같이 설명하면, 커널 또한 BIOS의 기능을 이용하여 디스크 장치에 액세스한다면 디바이스 드라이버가 불필요하지 않을까라는 생각이 들지 모르겠습니다. 하지만 각 디바이스마다 개발된 전용 디바이스 드라이버에 비하면 BIOS의 기능은 매우 작고 제한적입니다. 우선 BIOS가 모든 디스크 장치를 액세스할 수 있는 것이 아닙니다. 리눅스가 부팅이 된 후에는 디바이스 드라이버를 이용하여 액세스 가능한 디바이스지만, BIOS의 제한적 기능으로 인해 해당 디바이스로부터는 리눅스를 부팅할 수 없는 것이 있습니다. 예를 들어 3장에서 설명하는 SAN 스토리지는 일반적인 시스템 BIOS의 기능으로는 액세스할 수 없습니다. SAN 스토리지에 리눅스를 인스톨하는 시스템 구성을 'SAN 부트 구성'이라고 하는데, SAN 부트 구성이 가능한 서버에는 HBA(SAN 접속용 어댑터)의 펌웨어에 특별한 기능을 추가해야만 BIOS로부터 SAN 스토리지에 액세스할 수 있습니다.

또한 역사적인 이유로 시스템 BIOS는 하드디스크의 일정 용량의 뒷부분을 액세스하는 것이 불가능합니다. 속된 말로 'OO 기가바이트의 벽'이라고 불리는 문제 때문인데, 1대의 하드디스크에 복수의 OS를 인스톨하는 멀티 부트를 구성할 때, 하드디스크 뒷부분에 인스톨한 OS를 부팅시킬 수 없는 것입니다. 멀티 부트 구성은 이 밖에도 여러 가지 문제가 있으므로, 업무용 서버 시스템에서는 시스템 부팅의 구조를 아주 깊이 이해하고 있지 않다면, 멀티 부트 구성을 채용하는 일은 피해야 할 것입니다.

다시 GRUB의 이야기로 돌아가 보겠습니다. [그림 1-4]에서와 같이 부트 스트랩 로더로부터 무사히 GRUB가 기동되면, GRUB는 /boot/grub/grub.conf(grub 설정 파일)를 읽어 들여 GRUB 메뉴를 표시합니다(그림 1-5). 이 메뉴에서 이제부터 메모리에 읽어 들일 커널과 초기 RAM 디스크의 조합을 선택할 수 있습니다. 리눅스에서는 커널 업데이트를 자주 하므로, 여러 버전의 커널을 /boot/ 밑에 두고 서버 부팅 시 실제 메모리에 읽어 들일 커널을 선택할 수 있습니다. 기존 리눅스 시스템에 새로운 버전의 커널을 도입할 때는 보통 지금까지 사용하던 리눅스 커널을 남겨둔 채 새로운 커널을 추가합니다. 만일 새로운 커널에 문제가 생겼을 경우에 GRUB 메뉴에서 이전에 사용했던 커널을 지정하여 원래의 상태로 돌리는 것이 가능하기 때문입니다.

[그림 1-5]는 두 종류의 커널 버전을 구성한 grub.conf의 모습입니다. 중요한 엔트리 설명은 다음과 같습니다. 기타 주요 옵션의 설명은 [표 1-2]에 정리했습니다.

- title Red Had Enterprise Linux Server(2.6.18-194.11.1.el5)

  GRUB 메뉴에서 선택할 Entry Title

- root(hd0,0)

  커널 및 초기 RAM 디스크 파일이 BIOS로부터 보이는 첫 디스크(hd0)의 첫 파티션(0)에 들어 있다는 것을 나타냄. 이것은 보통 /boot 디렉토리

- kernel /vmlinux-2.6.18-194.11.1.el5 ro root=LABEL=/ rhgb quiet

  커널 파일(vmlinux-2.6.18-194.11.1.el5)과 루트 파일시스템 파티션(파일시스템 라벨이 "/")을 지정

- initrd /2.6.18-194.11.1.el5.img

  초기 RAM 디스크 파일(initrd-2.6.18-194.11.1.el5.img)을 지정

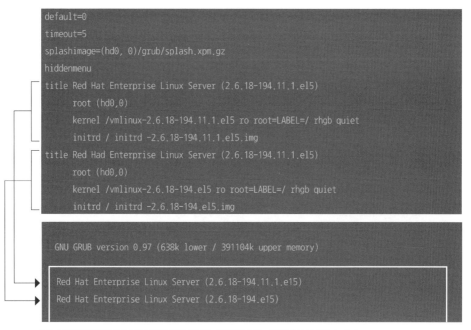

'title' 하단에 관련 정보를 기술하면, GRUB 메뉴에서 해당하는 엔트리를 선택할 수 있다.

[그림 1-5] grub.conf와 GRUB 메뉴

[표 1-2] grub.conf의 주요한 옵션

timeout	기동 엔트리를 선택할 때까지의 타임아웃 시간(초)
default	타임아웃이 적용된 경우에 사용될 엔트리를 지정 (0부터 시작하는 일련번호)
hiddenmenu	기동 엔트리의 선택 화면을 비표시 (기동 직후의 "Press any key to enter the menu"라고 표시하는 사이에 임의의 키를 누르면 선택 메뉴를 표시)
kernel 엔트리의 마지막"rhgb quiet"	런레벨 5의 경우 그래픽한 기동 화면을 사용 (삭제하면 텍스트 화면에서 보다 상세한 기동 정보를 표시)

초기 RAM 디스크의 역할

커널이 기동하면 각종 파일시스템을 마운트하기 위해 디스크에 액세스할 필요가 있습니다. 그 준비로서, 디스크에 액세스하기 위해 디바이스 드라이버가 필요합니다. 리눅스 커널 모듈은 /lib/modules/〈커널 버전〉/ 하위 디렉토리에 있으며, 기동 디스크용 디바이스 드라이버 역시 이곳에 있습니다. 하지만 기동 직후의 커널은 아직 필요한 디바이스 드라이버를 읽어 들이지 않은 상태이기 때문에 이 디렉토리에 액세스하는 것은 불가능합니다.

이는 '디스크 액세스에 필요한 디바이스 드라이버가, 액세스하고 싶은 디스크에 보존되어있다'라는 데드락 상태입니다. 이와 같은 문제를 해결해주는 것이 바로 초기 RAM 디스크입니다. 초기 RAM 디스크의 실체는 커널이 기동 직후에 읽어 들일 디바이스 드라이버가 포함된 아카이브 파일입니다. [그림 1-4]와 같이 초기 RAM 디스크는 GRUB가 시스템 BIOS 기능을 이용해서 메모리에 읽어 들이므로 커널은 메모리에 있는 초기 RAM 디스크를 이용하여 디바이스 드라이버를 읽어 들입니다.

기동 디스크용 디바이스 드라이버를 읽어 들인 후에는, 다른 필요한 디바이스 드라이버는 디스크로부터 읽어 들이는 것이 가능해지므로, 초기 RAM 디스크에는 최소한 기동용 디바이스 드라이버가 포함되어 있을 필요가 있습니다. 초기 RAM 디스크가 없으면 리눅스의 시스템은 기동에 실패합니다. 초기 RAM 디스크를 적절히 관리하는 것은 시스템 관리자의 업무 중 하나입니다. 따라서 이어서 설명할 디바이스 드라이버 제공 모델의 이해가 필요합니다.

디바이스 드라이버 제공 모델

리눅스에서는 'Red Hat Enterprise Linux 5.5'와 같은 특정 버전의 배포판에 대해, 여러 버전의 커널이 제공됩니다. 리눅스 배포판 인스톨 미디어에는 특정 버전의 커널이 들어 있지만, 버그나 보안상의 문제를 해결한 새로운 버전이 부정기적으로 발행됩니다.

한편 디바이스 드라이버를 포함한 커널 모듈은, 각 버전의 커널에 맞게 개별적으로 소스 코드를 컴파일해야 할 필요가 있습니다. 즉, 어떤 버전의 커널용으로 컴파일한 커널 모듈은, 다른 버전의 커널에서는 읽어 들일 수 없습니다.

Red Hat Enterprise Linux의 경우에는 각 커널 RPM 패키지(커널 패키지) 안에 커널 본체와 그에 맞는 컴파일된 표준적인 디바이스 드라이버가 포함되어 있습니다. 새로운 커널 패키지를 도입하면 디렉토리 /lib/modules/〈커널 버전〉/ 밑에 해당 커널용 디바이스 드라이버가 만들어집니다. 또한 새로운 커널용 초기 RAM 디스크도 자동으로 생성됩니다.

단, 업무용 서버 시스템을 구축할 때는 커널 패키지에 포함된 디바이스 드라이버와는 별도로 서버 벤더로부터 개별적으로 제공되는 디바이스 드라이버를 사용하는 경우가 있습니다. 이는 서버에 탑재된 디스크 장치에 대해 필요한 디바이스 드라이버가 커널 패키지에 포함되어 있지 않은 경우나 서버 벤더가 개별적으로 최적화한 디바이스 드라이버를 준비한 경우 등입니다. 특히 내장 하드디스크(RAID 컨트롤러), NIC, SAN 스토리지 (HBA 어댑터) 디바이스 드라이버가 개별적으로 제공되는 경우가 자주 있습니다. [그림 1-6]은 서버 벤더가 제공하는 디바이스 드라이버를 사용할 때의 판단 플로우가 되므로 참조하기 바랍니다.

드라이버 미디어(dd 미디어)의 작성 방법이나 서버 벤더가 제공하는 디바이스 드라이버의 인스톨 방법은 각 벤더가 제공하는 도큐먼트를 참조하도록 합시다. 일반적으로 RPM 패키지를 통해 인스톨하거나 소스코드로부터 컴파일하는 방법 등 여러 가지가 있습니다. 이에 대해서는 이후 구체적으로 설명하겠습니다.

한편, 디바이스 드라이버의 인스톨 관련하여 잊어서는 안 되는 것이, 초기 RAM 디스크의 재작성입니다. 지금까지의 설명으로 알 수 있듯이, 기동 디스크용 디바이스 드라이버를 새롭게 인스톨한 경우에는, 해당 디바이스 드라이버를 포함한 초기 RAM 디스크를 다시 생성할 필요가 있습니다. 서버 벤더가 제공하는 디바이스 드라이버의 경우는 지정된 순서에 따라 초기 RAM 디스크를 재작성합니다. 만약 어떤 이유 때문에 명시적으로 재작성을 해야 할 필요가 있는 경우에는 다음 명령을 이용합니다. mkinitrd에 -v 옵션을 지정하면, 출력 결과에서 초기 RAM 디스크에 포함된 디바이스 드라이버를 확인할 수 있습니다.

```
# uname -r
# mkinitrd -v -f /boot/initrd-<커널 버전>.img <커널 버전>
```

※ uname -r로 확인한 결과를 <커널 버전>에 대입합니다.

또한 커널 패키지에 포함되지 않은 추가 디바이스 드라이버를 사용하고 있는 경우는 커널 버전을 업데이트할 때 새로운 버전의 커널용으로 추가 디바이스 드라이버를 재인스톨할 필요가 있습니다. 특히 기동 디바이스용 디바이스 드라이버를 재인스톨한 경우는 초기 RAM 디스크 재작성 역시 필요합니다.

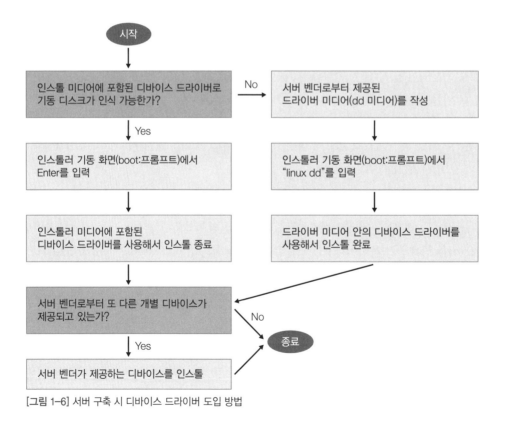

[그림 1-6] 서버 구축 시 디바이스 드라이버 도입 방법

1.2

리눅스 도입 작업

1.2.1 사전 작업

서버 하드웨어와 그와 관련된 리눅스의 구조가 이해되었을 거라 생각됩니다. 이번 절에서는 리눅스를 실제로 구축하는 작업에 들어가겠습니다. 아무런 사전 준비 없이 바로 인스톨 미디어를 서버에 세팅하는 것은 프로의 자세가 아닙니다. 리눅스 서버 구축은 사전에 준비 작업을 얼마나 철저히 했느냐에 따라 결과가 달라집니다. 여기서는 네트워크 설정과 같은 리눅스 인스톨 시의 개별 설정 항목은 사전에 설계가 끝났다고 가정하고, 그외의 준비 작업을 설명합니다. 또한 SAN 스토리지 등의 외부 스토리지 장치는 연결되어 있지 않다고 가정하고, 서버의 내장 하드디스크에 리눅스를 인스톨합니다.

> **컬럼 | 트러블을 일으키지 않는 프로 시스템 관리 작업**
>
> 리눅스 서버 관리자는 시스템을 구축할 때 다양한 목적을 가지고 서버 작업을 수행합니다. 이때 작업 실수로 인한 트러블을 방지하기 위해 서버 앞에서는 머리를 쓰지 않아야 합니다. 이는 서버 앞에서 작업을 실시할 때에는, 이것 저것 고민할 필요 없도록, 충분한 사전 준비 작업을 할 필요가 있다는 것을 의미합니다.
>
> 우선 테스트 환경이 아닌 실제 서비스 중인 환경 서버 앞에서 결과가 어떻게 되는지 알 수 없는 커맨드를 실행시키는 것은 프로의 자세가 아닙니다. 모든 작업을 실제로 작업하기 전에 커맨드 레벨에서 준비하고, 각각의 커맨드의 실행 결과에서 정상 동작을 미리 확인합니다. 이때 현장에서 작업을 하는 자신의 모습을 실제로 상상하는 것이 중요합니다.
>
> FD를 삽입하는 자신의 모습을 상상하는 부분에서 프로 엔지니어는 "혹시 FD 드라이브가 없는 서버라면?!"과 같이 다양한 상황에 대비할 수 있는 감이 생깁니다. 따라서 외장 FD 드라이브를 사전에 준비할 것입니다. 그러나 아직 안심해서는 안 됩니다. 이어서 외장 FD 드라이브를 서버

USB 포트에 접속시키는 자신의 모습을 상상하면서 "작업 예정의 리눅스 서버는 이 FD 드라이브를 제대로 인식할까?"라고 의심할 수 있는 감이 생길 것입니다. 작업 예정인 서버의 리눅스 버전을 확인해서, 준비한 FD 드라이브가 커널에 표준 탑재된 디바이스 드라이버로 이용할 수 있는지를 확인합니다. 약간은 지나친 걱정이 아닐까라는 생각이 들기도 하지만, 모든 상황을 가정하고 만전을 기하는 것이 프로의 자세이자 책임입니다.

실제로 작업을 실시할 서버와 같은 구성의 테스트용 서버가 있다면, 모든 작업의 예행 연습을 해보는 것이 좋습니다. 동일한 구성의 서버를 준비하지 못한다면, 실제 서버와의 차이점을 생각하면서 "실제 서버와 검증용 서버는 여기가 다르니까 이렇게 될거야… 그러니까 추가 작업이 필요하니까…"와 같이, 앞서처럼 상상력을 발휘하면서 작업 항목을 준비합니다. 각각의 커맨드와 그에 따른 실행결과 레벨에서 작업 내용을 준비한 후, 그 내용에 대해 관계자 및 선배의 피드백을 받는 것도 안전한 방법입니다.

여기까지 모든 준비가 되었다면 실제 작업에 들어갑니다. 모든 행동의 시뮬레이션을 이미 했기 때문에 서두에서 말한 것과 같이 서버 앞에서 머리를 쓰지 않아도 된다는 것입니다. 이제는 작업 내용을 기록하면서 진행을 합니다. 각 작업에 대한 개시 시각과 종료 시각을 기록합니다. 서버에 입력할 커맨드와 그 결과는 사용하는 터미널 툴의 로깅 기능을 이용해 로그 파일에 기록합니다.

만약 시뮬레이션과 다른 현상이 발생한 경우 우선 작업을 중단합니다. "생각한 커맨드가 잘못되었나?"와 같은 근거 없는 가정으로 다른 커맨드를 실행하는 것은 최악의 행동입니다. 예상했던 결과가 아닌 경우, 처음에 가정했던 것과 어딘가가 잘못된 부분이 있기 때문입니다. 이런 상황에서도 상상력을 발휘해 가면서 잘못된 부분이 없나 확인합니다. 원인을 알았다면 처음부터 준비한 문서를 고친 후 작업을 재개합니다.

원인을 찾을 수 없는 경우나, 준비한 문서를 대폭 수정해야 할 필요가 있는 경우는 그날 작업은 중지하고 처음으로 돌아갑니다. 여기서 도움이 되는 것이, 조금 전에 작성한 작업 기록입니다. 서버 관리자는 모든 문제를 자력으로 해결해야 할 필요는 없습니다. 해결하는 데 시간이 걸릴 듯한 문제는, 관계자에게 적절한 정보를 제공하고 빠른 해결책을 찾는 것이 프로 서버 관리자의 자세입니다. 이때 시스템의 구성 정보와 실시했던 것에 대한 작업 기록이 없다면, 관계자들도 원인을 찾는 데 어려움을 느낄 것입니다. 이와 관련된 테크닉은 6.1에서 소개하겠습니다.

서포트 버전의 확인

업무용 서버의 경우, 각 서버는 서버 벤더의 서포트 대상이 되는 리눅스 배포판과 버전이 결정되어 있을 수도 있습니다. 여기서 말하는 서포트 대상이란, 기술적인 문제뿐만 아니라 어떤 이유로 인해 서버가 제대로 동작하지 않을 경우, 서버 벤더가 책임지고 필요한 수정을 실시하겠다는 의미입니다. 즉 서포트 대상이 아닌 조합으로 이용하고 있는 경우 문제가 생겨 벤더에게 서포트를 요청하더라도 서포트 대상이 아니므로 지원할 수 없다는 답변이 돌아 올 가능성이 있다는 것입니다. 우선 서버 벤더가 제공하는 정보를 바탕으로 인스톨 예정의 서버와 리눅스 배포판 및 그 버전이 서포트하는 대상의 조합인지를 확인합니다. 또한 서버 벤더가 제공하는 디바이스 드라이버의 유무를 확인합니다. 이에 관련해서는 해당 서버의 홈페이지의 기술 지원 문서를 참고합시다.

인스톨 디스크의 파티션 구성

설정(네트워크 설정 등)에 대한 설계는 사전에 이미 했다는 전제였지만, 리눅스를 설치할 디스크 파티션의 구성은 특별히 주의가 필요하므로 여기서 자세히 설명하겠습니다.

일반적으로는 리눅스를 설치할 디스크에 파티션을 나눠서 사용합니다만, 특별한 이유가 없는 한 구성할 파티션은 [표 1-4]와 같이 5개 파티션 정도입니다.

각 파티션 사이즈는 다음과 같은 식으로 설정할 수 있습니다.

우선 부트 파티션은 커널과 초기 RAM 디스크를 포함해서 GRUB에 관련된 파일을 저장하므로, 100MB면 충분합니다.

루트 파티션은 인스톨 예정의 RPM 패키지와 애플리케이션 소프트웨어를 인스톨할 수 있는 정도의 사이즈가 필요합니다. Red Hat Enterprise 5의 인스톨 미디어에 포함되어 있는 모든 것을 인스톨하더라도 10GB면 충분합니다. 애플리케이션 데이터 영역으로 외부 스토리지를 이용하는 경우(데이터용 파티션을 사용하지 않는 경우)는 다른 파티션을 빼 나머지를 모두 루트 파티션으로 하더라도 상관없습니다.

swap 파티션은 Red Hat Enterprise Linux의 매뉴얼에서는 [표 1-5]에서 제시하는 사이즈를 추천합니다만, 이는 물리 메모리가 비싸서 swap 영역을 적극적으로 이용할 필요가 있었을 시대의 이야기입니다. 서버 퍼포먼스 관점에서는 swap 파티션을 가능하면 사용하지 않는 것이 바람직하므로, 업무용 서버의 경우 애플리케이션 프로그램이 사용할 메모리 용량을 사전에 측량하여, 그에 필요한 물리 메모리를 탑재하는 것이 보통입니다. 따라서 기본적으로는 swap 영역은 불필요하다고 말할 수 있습니다. 단, 디스크 버퍼로 메모리가 대량으로 소모되는 경우가 있으므로, 안전을 위해 2GB 정도를 상한으로 하여 준비하는 것이 좋습니다. [표 1-5]에서 제시하는 사이즈를 계산한 결과가 2GB 이하의 경우, 계산 결과의 사이즈만큼 swap 파티션을 작성합니다. 계산 결과가 2GB 이상인 경우는 2GB swap 파티션을 작성합니다. 사용할 애플리케이션 소프트웨어의 전제 조건으로, swap 영역 사이즈가 지정되어 있는 경우에는, 이에 따르도록 합니다.

kdump 파티션을 사용하는 경우, 여러 번 덤프한 데이터를 저장하는 것을 고려해서 물리 메모리 사이즈의 2배에서 3배 정도로 합니다. kdump에 대해서는 6.2에서 설명합니다.

마지막으로 데이터용 파티션은 애플리케이션 데이터 영역과 같이 운용 중에 데이터 양이 계속해서 증가해 갈 영역으로 사용합니다. 이 파티션의 사이즈는 보존할 데이터 양을 체크하고, 운용 중에 용량이 부족하지 않을 범위에서 결정합니다. 데이터 양을 사전에 측량 불가능할 경우, 데이터 영역에는 별도의 디스크를 사용합니다. 이때 3.2에서 설명하는 LVM(논리 볼륨 매니저)를 이용해서, 데이터 영역의 사이즈를 확장할 수 있도록 고려합니다.

Red Hat Enterprise Linux 5에서는, 디폴트 설정인 '디폴트 레이아웃'을 이용하면 리눅스 인스톨 영역도 LVM을 이용한 구성을 할 수 있지만, 이를 추천하지 않습니다. 리눅스를 인스톨하는 디스크상에서는 LVM은 사용하지 않는 것이 원칙입니다. 이는 2.2에서 설명하는 시스템 백업이 복잡해지고, 만일 파일시스템에 장애가 발생한 경우 복원이 어려워지는 등의 단점이 있기 때문입니다. LVM을 이용하면, 차후 파일시스템의 사이즈를 확장할 수 있는 장점이 있습니다. 그러나 운용 중에 증가하는 데이터를 리눅스 인스톨 영역(루트 파티션)에 배치하는 것 자체가 문제입니다. 결국 데이터 양이 일정한 영역과 데이터 양이 증가하는 영역을 나눠서 관리하는 것이 디스크 관리의 기본입니다.

[표 1-4] 인스톨 디스크 표준적인 파티션 구성

부트 파티션	ext3 파일시스템으로 포맷하고 /boot 디렉토리로 사용
루트 파티션	ext3 파일시스템으로 포맷하고 / 디렉토리로 사용
swap 파티션	swap 영역으로서 포맷
kdump 파티션	ext3 파일시스템으로 포맷하고 마운트는 하지 않는다.
데이터용 파티션	애플리케이션 데이터 영역으로서 사용

[표 1-5] Red Hat Enterprise Linux 매뉴얼에서 추천하는 swap 영역의 사이즈

메모리가 2GB 이하의 경우	물리 메모리의 2배
메모리가 2GB 이상의 경우	물리 메모리 + 2GB

1.2.2 설치 작업

설치를 위한 사전 준비가 되었으므로, 실제 설치 작업에 들어가도록 하겠습니다. 시스템 BIOS의 초기 설정을 하고, 디스크의 RAID 구성을 한 후 리눅스를 인스톨합니다. 그 다음에 필요에 따라 커널 업데이트 및 디바이스 드라이버를 인스톨합니다.

시스템 BIOS의 초기 설정

리눅스를 설치할 서버에서 우선 시스템 BIOS 설정을 초기화합니다. 보통은 공장에서 출하된 직후의 서버는 시스템 BIOS 설정이 초기화되어 있을 것입니다. 필요에 따라 설정을 초기화하도록 합니다. 실제로 시스템 BIOS의 설정이 변경되어 있는 이유로 리눅스 인스톨에 실패하는 문제가 발생할 수도 있습니다. 서버 전원을 넣으면 시스템 BIOS의 기동 화면이 표시되므로 지정 키를 눌러 시스템 BIOS 설정 화면에 들어가 설정을 초기화합니다. IBM System x3550 M2의 경우는 [그림 1-10]의 화면에서 F1을 눌러 설정 화면이 표시되면 'Load Default Settings'를 실행합니다.

특별한 요건이 없는 경우에 그 밖의 설정은 디폴트로 합니다. 퍼포먼스에 관련된 설정을 하고 싶을지 모르겠으나, 퍼포먼스 설정은 그 서버에서 실행하는 애플리케이션 특성을 반영하지 않는다면 의미가 없습니다. 애플리케이션과 상관없는 퍼포먼스 향상을 위한 설정이라면 보통 디폴트로 설정되어 있을 것입니다.

단, 인스톨하는 리눅스 배포판에 고유의 설정이 필요한 경우는 인스톨 가이드를 참조하도록 합시다.

[그림 1-10] 시스템 BIOS의 기동 화면

RAID 구성

업무용 서버의 경우는, 통상 리눅스를 인스톨할 내장 하드디스크는 RAID 컨트롤러를 경유해서 서버에 접속되어 있습니다. 이 같은 경우 리눅스를 인스톨하기 전에, RAID 컨트롤러의 설정 화면에서 RAID 구성을 할 필요가 있습니다. 2개의 물리 디스크를 미러링(RAID1)으로 구성하고, 전체를 1개의 논리 디스크(LUN$^{Logical Unit Number}$)로 인식하도록 구성하는 것이 일반적입니다.

RAID 컨트롤러의 기능으로 RAID를 구성하는 것을 하드웨어 RAID라고 합니다. 하드웨어 RAID의 경우 리눅스에서 각 물리 디스크의 상태는 보이지 않습니다. 논리 디스크(LUN)가 서버에 직접 접속된 디스크인 것처럼 인식됩니다. RAID 구성 방법은 RAID 컨트롤러마다 다르므로 제품의 매뉴얼을 참조합니다.

하드웨어 RAID 외에 리눅스 자체 기능을 이용하여 RAID를 구성하는 소프트웨어 RAID 도 있습니다만, 업무 시스템에서는 소프트웨어 RAID의 사용을 권장하지 않습니다. 물리 디스크에 문제가 발생한 경우, 하드웨어 RAID라면 디스크를 교환하는 것만으로 자동으로 RAID 재구성을 하는데, 서버에 따라서는 리눅스가 부팅된 상태에서 디스크 교환이 가능합니다. 한편 소프트웨어 RAID에서는 디스크 교환 시 서버를 정지시킬 필요가 있습니다. 또한 장애 상태를 확인하면서 리눅스 커맨드를 이용하여 RAID의 재구성을 할 필요가 있으므로, 작업상 실수를 범할 가능성이 있습니다. "이에 관련해서 나는 충분히 이해하고 있으니까 괜찮겠지"라고 생각하는 서버 관리자도 있을지 모르겠으나 이 역시 프로의 자세가 아닙니다. 업무 시스템은 여러 엔지니어가 접속하여 컨트롤할 수 있습니다. 또한 관리자 이 외의 시스템 엔지니어가 사전에 준비된 자료를 이용해 작업을 하는 경우도 자주 있습니다. 정상적인 작업은 가능한 단순화하는 것이 시스템 트러블을 방지하는 대원칙입니다. [1]

리눅스 인스톨

드디어 실질적인 리눅스 인스톨에 들어갑니다. Red Hat Enterprise Linux의 경우 GUI를 통해 가이드가 표시되므로, 기본적으로는 화면의 지시에 따르면 됩니다. IBM 서버의 경우는, 인스톨 가이드에 상세한 설명이 되어 있으므로, 참조하여 진행하면 됩니다. 여기서는 진행 과정 중에서 특별히 주의해야 할 점을 설명하겠습니다.

파티션 설정 화면에서는 'Default Layout'이 아닌 'Custom Layout'을 선택해서 명시적으로 파티션을 구성합니다. [그림 1-11]은 [표 1-4]에서 파티션 구성에서 데이터용 파티션을 사용하지 않는 경우의 예입니다. [2]

패키지 설치 화면에서는 필요한 패키지와 함께 반드시 '개발용 도구' 그룹에 포함되어 있는 개발용 도구 및 개발용 라이브러리를 선택합니다. 이는 서버 벤더가 제공하는 디바이스 드라이버를 설치하기 위해서 필요합니다. 서버 구축 시에 인스톨할 필요가 없는 경우

---

1 하드디스크의 고장은 정상적인 현상입니다. 5년에 1회의 고장률로 계산해도, 2000개의 하드디스크가 있다면 매일 1개는 고장난다는 계산이 나옵니다.
2 마지막으로 남은 영역은 인스톨 후에 kdump 파티션으로 사용합니다. 인스톨러에서는 마운트 지점을 갖지 않는 ext3 파일시스템 파티션 작성이 불가능하기 때문에, 빈 영역(여유 공간)으로 되어 있습니다.

라도, 차후 발생하는 문제점을 수정하거나, 서버 벤더로부터 디바이스 드라이버가 제공
되는 경우가 있으므로 반드시 인스톨을 합시다.

'방화벽'과 'SELinux'는 '사용하지 않음'으로 합니다. 이들은 보안에 관한 중요한 설정 항
목이므로 인스톨러에서 자동으로 설정하도록 하지 말고, 설치가 완료한 후에 명시적으
로 필요한 설정을 합니다. 이 책에서는 방화벽iptables과 SELinux에 대해서는 설명하지 않
습니다만, iptables에 대해서는 [*]을 읽을 것을 추천합니다. SELinux는 일반적인 업무시
스템에서는 이용하지 않습니다만 공부하기 위한 것이라면 [**]을 추천합니다. 또한 리눅
스를 인스톨한 후에 SELinux를 '사용하지 않음'으로 설정하는 경우에는 /etc/sysconfig/
selinux에서 SELINUX=disabled로 지정하고 서버를 재기동하면 됩니다.

'kdump' 역시 '사용하지 않음'으로 지정하고 다음으로 진행하도록 합니다. 이것도 인스
톨러의 자동설정을 이용하지 않고, 인스톨이 끝난 후 명시적으로 필요한 설정을 합니다.
kdump는 6.2에서 자세히 설명하도록 하겠습니다.

장치	마운트 지점/ RAID/볼륨	유형	포맷	용량 (MB)	시작	끝	
▼ /dev/sda							
/dev/sda1	/boot	ext3		101	1	13	
/dev/sda2	/	ext3		100006	14	12762	
/dev/sda3		swap		2008	12763	13018	
여유공간		여유공간		468175	13019	72702	

[그림 1-11] 디스크 파티션의 구성 예

커널 업데이트

리눅스 인스톨이 완료되면 필요에 따라 커널 업데이트를 합니다. 커널 업데이트를 해야
할 것인가의 결정은 서버에서 이용하는 애플리케이션 등을 고려해서 결정할 필요가 있습
니다. 3.1에서 설명하는 것과 같이 SAN 스토리지를 사용하는 경우는 스토리지 장치 전
제 조건으로 커널 버전이 결정되는 경우가 있습니다.

[*]   http://www.frozentux.net/documents/iptables-tutorial/
[**]   「Selinux: Nsa's Open Source Security Enhanced Linux」 Bill McCarty, O'Reilly(2005)

여기서는 Red hat Enterprise Linux 5.5에 표준으로 들어 있는 kernel-2.6.18-194.el5를 kernel-2.6.18-194.11.1.el5로 업데이트합니다. [표 1-6]의 세 가지 RPM 패키지 파일을 다운로드[3]합니다. 여기서는 작업 디렉토리 /root/work/ 하위에 각 RPM 파일을 보존했다고 가정합니다. 다음 커맨드를 이용하여 각 패키지를 인스톨합니다.

```
# cd /root/work
# rpm -ivh kernel-2.6.18-194.11.1.el5.x86_64.rpm
# rpm -ivh kernel-devel-2.6.18-194.11.1.el5.x86_64.rpm
# rpm -Uvh kernel-headers-2.6.18-194.11.1.el5.x86_64.rpm
```

kernel 패키지와 kernel-devel 패키지는 -i 옵션을 사용하는 것에 주의하도록 합니다. 이는 인스톨되어 있는 이전 버전을 지우지 않고, 새로운 버전의 패키지를 추가 인스톨하기 위한 것입니다. 이를 통해 서버 기동 시 GRUB 메뉴에서 사용할 커널을 선택할 수 있습니다.

앞서 소개했던 [그림 1-5]는 새로운 커널 버전 패키지를 인스톨한 후의 grub.conf의 내용입니다. 새로운 커널이 디폴트로 선택되도록 되어 있습니다. 또한 다음 커맨드의 출력을 보면 /boot/ 밑에 두 종류의 커널과 초기 RAM 디스크 파일이 보존되어 있는 것을 확인할 수 있습니다.

```
# ls /boot/initrd-* /boot/vmliuz-*
/boot/initrd-2.6.18-194.11.1.el5.img   /boot/vmlinuz-2.6.18-
                                        194.11.1.el5
/boot/initrd-2.6.18-194.el5.img        /boot/vmlinuz-2.6.18-
                                        194.el5
```

kernel-headers 패키지는 커널 모듈을 컴파일할 때 필요한 헤더 파일입니다. 이 패키지는 여러 버전이 공존할 수 없기 때문에, -U 옵션을 지정해서 인스톨합니다. 이 옵션을 이용하면 기존의 버전을 삭제하고 새로운 버전의 패키지를 인스톨합니다. 자주 이용하는

---

3 커널 패키지를 포함한 Red Hat Enterprise Linux와 각종 업데이트 패키지는 Red Hat Network로부터 다운로드합니다. Red Hat Network를 이용하는 경우, Red Hat Enterprise Linux Subscription을 구입할 필요가 있습니다.

rpm 커맨드의 사용법은 [표 1-7]에 모아 두었습니다. RPM 패키지의 인스톨이 끝나면, 서버를 재기동한 후 다음 커맨드로 새로운 커널이 기동되었는지 확인합니다.

```
# uname -r
2.6.18-194.11.1.el5
```

[표 1-6] 커널 업데이트에 필요한 RPM 패키지

커널 버전	kernel-2.6.18-194.11.1.el5.x86-64.rpm
커널 개발 패키지	kernel-devel-2.6.18-194.11.1.el5.x86_64.rpm
커널 헤더 파일	kernel-headers-2.6.18-194.11.1.el5.x86_64.rpm

[표 1-7] 자주 이용하는 rpm 커맨드

커맨드	설명
# rpm -qa	인스톨한 RPM 패키지 리스트를 표시
# rpm -Uvh 〈RPM 파일명〉	RPM 패키지 인스톨 및 업데이트(이전 버전 인스톨되어 있는 경우, 이전 버전의 파일은 삭제됨)
# rpm -ivh 〈RPM 파일명〉	RPM 패키지를 인스톨(이전 버전이 인스톨되어 있는 경우, 이전 버전의 파일은 삭제되지 않고 남음)
#rpm -qlp 〈RPM 파일명〉	RPM 패키지 파일이 제공하는 파일의 리스트를 표시
#rpm -ql 〈RPM 패키지명〉	인스톨된 RPM 패키지가 제공하는 파일의 리스트를 표시(패키지명은 버전 이후를 포함하지 않아도 됨)
#rpm -qf 〈파일명〉	특정 파일을 제공하는 인스톨된 패키지의 표시

디바이스 드라이버 인스톨

커널 업데이트에 이어서 서버 벤더가 제공하는 디바이스 드라이버를 인스톨합니다. 디바이스 드라이버는 커널 버전마다 컴파일할 필요가 있으므로, 디바이스 드라이버 인스톨을 하기에 앞서 커널 업데이트가 필요한 것임을 기억합시다.

여기서는 mptsas 및 bnx2 디바이스 드라이버를 인스톨합니다. /root/work/ 밑에 다운로드 한 파일을 보존했다고 가정하고, 다음 커맨드로 bnx2를 인스톨합니다.

```
# mkdir /root/work/bnx2
# cd /root/work/bnx2
# tar -xvzf ../brcm_dd_nic_netxtreme2-2.0.8e_1.52.16
  _rhel5_32-64.tgz
# ./install.sh -update -override
```

계속해서 다음의 커맨드로 mptsas를 인스톨합니다. 마지막 커맨드 --add-initrd 옵션으로 초기 RAM 디스크의 재작성을 지정합니다.

```
# mkdir /root/work/mpt
# cd /root/work/mpt
# tar -xvzf ../ibm_dd_mptsas_4.22.80.03_rhel5_32-64.tgz
# ./install.sh -update -override --add-initrd
```

마지막으로 서버를 재기동하고, 커널 메시지에 포함된 디바이스 드라이버의 출력 메시지로부터 새로운 버전의 드라이버가 사용되는 것을 확인합니다. dmesg 커맨드는 커널 메시지를 표시하는 커맨드입니다. 자세한 설명은 6.1에서 설명합니다.

```
# dmesg | grep bnx2
# dmesg | grep bnx2
```

이 순서는 인스톨 가이드를 통해서도 확인할 수 있습니다. 이 순서는 일반적인 것이 아니고 인스톨하려는 디바이스 드라이버마다 다르므로, 각 디바이스 드라이버에 첨부되어 있는 설명을 반드시 참조하기 바랍니다.

인스톨 후 기본 설정 작업

1.3.1 인스톨 후 설정 리스트

이번 절에서는 리눅스를 인스톨한 후에 바로 실시해야 할 기본적인 설정을 알아봅니다. 시큐리티에 관련한 설정은 2.3에서 설명합니다.

런레벨과 서비스 설정

리눅스에서는, 시스템 기동될 때 런레벨(Runlevel: 실행 레벨)값을 참조합니다. 리눅스 서버 관리자로서 알아야 할 런레벨은 [표 1-8]에 정리했습니다.

일반적으로 서버를 운용할 때는 3 또는 5를 지정합니다. 3을 지정하면 텍스트 로그인 화면이 시스템 콘솔에 표시되고, 5를 지정하면 GUI 로그인 화면이 표시되어 여기서 로그인하면 시스템 콘솔에서 그래픽 인터페이스 환경(X 윈도우)을 이용할 수 있습니다. 이둘의 차이점은 시스템 콘솔상에서 GUI를 이용할지 여부에 있습니다. 보통 업무용 서버를 운용할 때에는 기본적으로 GUI를 이용하지 않으므로 3을 지정하는 것이 일반적입니다. 디폴트 런레벨은 /etc/inittab에서 지정하므로 5로 설정되어 있는 경우는 다음 예와 같이 3으로 변경합니다.

```
id:3:initdefault:
```

또한 리눅스 설치 시에 그래픽 인터페이스 환경에 관한 패키지를 포함했다면 런레벨이 3인 경우라도 시스템 콘솔로 로그인한 후 startx 커맨드를 이용하여 그래픽 인터페이스 환경을 이용할 수 있습니다. 그래픽 인터페이스 환경에서 로그아웃하면 텍스트 화면으로 돌아갑니다.

```
# startx
```

또한 원격으로 네트워크를 경유하여 GUI 환경을 사용하는 경우에는 VNC를 이용합니다.

런레벨 1은 최소한의 OS 기능만을 이용하는 상태로, 네트워크 기능은 정지하기 때문에 리모트 로그인은 불가능합니다. 시스템 콘솔에서 root만이 커맨드를 실행할 수 있으므로 'Single User Mode(단일 사용자 모드)'라고 합니다. 모든 애플리케이션을 정지시킨 후 시스템 백업을 할 경우 등에 이용됩니다. 서버를 런레벨 1, 즉 싱글 유저 모드로 부팅하는 경우에는 GRUB 메뉴에서 커널 옵션 마지막에 1을 지정합니다(6.4절 참조). 또는 다른 런레벨 상태에서 다음 커맨드를 이용하여 강제적으로 런레벨 1로 이동합니다.

```
# telinit 1
```

리모트 로그인 중에 런레벨 1로 이동하면 네트워크 접속이 끊겨 시스템 콘솔에서만 조작이 가능하므로 주의가 필요합니다. 만약 서버가 원격지의 머신 룸에 있다면 상당히 곤란해집니다.[1]

런레벨 0과 6은 보통 사용하지 않지만, poweroff 커맨드나 reboot 커맨드를 실행하면 내부적으로 이들 런레벨로 이동하여 시스템 정지나 재기동 처리가 실행됩니다.[2]

런레벨 설정에 이어 서버가 부팅될 때 자동으로 시작될 서비스를 설정합니다. Red Hat Enterprise Linux에서는 서버 기동 시에 다양한 서비스가 자동으로 시작되도록 되어 있습니다. 각 서비스는 런레벨에 따라 설정(on/off 설정)되어 있으므로 [표 1-9]의 커맨드를 이용하여 설정 변경을 합니다. 서비스에는 데몬 프로세스를 시작하는 것과 부팅 시의 초기 설정을 하기 위한 것이 있습니다.

---

1 최근 입문용 서버에는, 웹 브라우저를 이용하여 원격 조작이나 시스템 콘솔 조작이 가능한 리모트 관리 기능이 있습니다. 이런 경우를 위해서라도 리모트 관리 기능이 가능하도록 설정하는 것을 추천합니다.
2 호기심이 많은 독자라면 telinit 커맨드를 이용하여 강제적으로 런레벨 0과 6으로 이동하여, 어떤 현상이 일어나는지 확인해도 좋습니다. 물론 어떤 일이 일어나도 문제없는 테스트용 서버를 이용합시다.

[표 1-10]은 런레벨 3에서 필요한 서비스의 리스트입니다. 이 외의 서비스는 해당 서버에서 제공할 기능에 따라 개별적으로 판단할 필요가 있습니다. 다음 커맨드를 이용하면 런레벨 3에서 자동으로 시작되는 서비스의 리스트를 표시합니다.

```
# chkconfig -list | grep 3:on
```

당연한 얘기지만, 퍼포먼스나 세큐리티 관점에서 보았을 때 불필요한 서비스(데몬 프로세스)가 동작하여, 문제 발생 시 원인 판별이 그만큼 어려워지므로 필요한 서비스만을 선택하여 기동되도록 합니다.

[표 1-8] 런레벨에 의한 동작의 차이점

런레벨	서버의 동작
1	시스템 정지
2	싱글 유저 모드로 기동
3	텍스트 모드로 기동
5	GUI 모드로 기동
6	시스템 재기동

[표 1-9] 서비스 조작 커맨드

커맨드	설명
#chkconfig –list	서비스 자동 기동 설정 리스트를 표시
#chkconfig 〈서비스명〉 on	서비스 자동 기동의 유효화
#chkconfig 〈서비스명〉 off	서비스 자동기동의 무효화
#service 〈서비스명〉 start	서비스를 수동으로 기동
#service 〈서비스명〉 stop	서비스를 수동으로 정지
#service 〈서비스명〉 status	서비스 기동 상태의 확인

[표 1-10] 런레벨 3에서 필요한 서비스의 예

서비스	설명
acpid	ACPI 관리 기능을 제공(acpid를 기동)
anacron	cron 작업을 재실행
atd	at 작업을 실행(atd 기동)
cpuspeed	CPU 속도를 자동 조절(커널 모듈을 읽어 들임)
crond	cron 작업을 실행(crond를 기동)
firstboot	인스톨 직후 설정 메뉴를 표시
haldaemon	디바이스 동적 변경을 감지한다(hald 등을 기동)
irqbalance	IRQ 인터럽트 처리를 복수의 CPU에 분산(irqbalance를 기동)
lvm2-monitor	LVM 미러 장애 감시를 설정
messagebus	D-BUS 시스템 기능을 제공(dubs-daemon을 기동)
netfs	네트워크 파일시스템을 마운트
network	네트워크 인터페이스를 기동
rawdevices	RAW 디바이스 바인드 처리를 실시
readahead_early	지정 파일을 디스크 캐시에 읽어 들임
sshd	SSH 접속 데몬(sshd를 기동)
syslog	시스템 로그와 커널 로그를 출력(syslogd와 klogd를 기동)

cron 작업에 관한 설정

[그림 1-12]는 /etc/crontab의 디폴트 설정 값입니다. daily, weekly, monthly의 cron 작업이 오전 4시대에 시작되도록 설정되어 있습니다. 보통이라면 이 설정 그대로 문제 없어 보이지만, 같은 시간대에 다른 업무를 처리하는 배치 프로그램이 실행되는 경우라면, 업무 처리 실행 속도에 영향을 주지 않도록 cron 작업의 시각을 수정합니다.

daily cron 작업은 /etc/cron.daily/밑의 스크립트들이 실행됩니다. 이 중에서 prelink는 실행 파일이 사용하는 공유 라이브러리의 링크 정보를 사전에 실행 파일에 포함하는 기능입니다. [3] 프로그램 실행 시 시간의 단축 효과가 있으며, 데스크탑 환경에서 유저의 조작성이 향상됩니다. 그 대신 정기적으로 cron 작업에 의해 링크 정보를 갱신하므로, cron 작업의 부하를 되도록 낮추고 싶은 경우는 prelink를 정지해도 상관없습니다. prelink의 정지는 /etc/sysconfig/prelink에서 [PRELINKING = no]로 지정하면 됩니다.

마찬가지로 /etc/cron.daily/ 밑의 0logwatch(/usr/share/logwatch/scripts/logwatch.pl로의 심볼릭 링크)는 1일 간격으로 logwatch.pl을 실행합니다. 이는 다양한 로그 파일 내용을 조사해서, 관련된 정보를 서버 관리자에게 메일을 전송하는 툴입니다. 사용법에 따라서는 편리한 툴입니다만, 디폴트 설정으로는 서버의 로컬 메일 Box에 root 앞으로 메일이 쌓여갑니다. 다음 커맨드를 이용하면 심볼릭 링크를 삭제하고, 실행을 정지합니다.

```
# rm /etc/cron.daily/0logwatch
```

서버에서 외부로 메일을 전송할 수 있는 환경에서는 logwatch의 메일을 서버 관리자의 개인 메일 주소로 전송하는 것이 가능합니다. 관리하는 서버가 많으면 그만큼 메일의 양이 증가하여 불편을 줄 수도 있습니다만, logwatch를 이용한 메일 덕에 부정한 액세스 및 비정상적인 서버의 상태 등을 찾아 낼 수 있습니다. 이것은 서버의 문제를 조기 발견하는 데 도움이 됩니다.

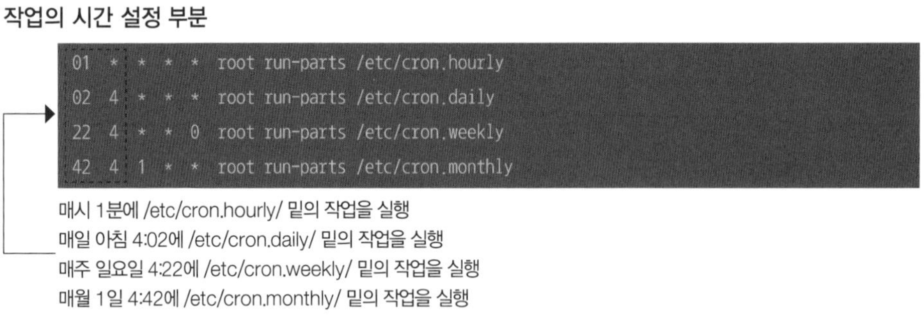

작업의 시간 설정 부분

```
01 *  * * * root run-parts /etc/cron.hourly
02 4  * * * root run-parts /etc/cron.daily
22 4  * * 0 root run-parts /etc/cron.weekly
42 4  1 * * root run-parts /etc/cron.monthly
```

매시 1분에 /etc/cron.hourly/ 밑의 작업을 실행
매일 아침 4:02에 /etc/cron.daily/ 밑의 작업을 실행
매주 일요일 4:22에 /etc/cron.weekly/ 밑의 작업을 실행
매월 1일 4:42에 /etc/cron.monthly/ 밑의 작업을 실행

[그림 1-12] /etc/crontab의 디폴트 설정

---

3 이 부분은 리눅스 실행 파일과 공유 라이브러리 'ELF 바이너리'라고 불리는 구조를 이해할 필요가 있습니다. 약간 수준 높은 내용입니다만, 다소의 시간을 내서 공부할 가치가 있습니다.

yum 리포지터리(Repository) 구성

리눅스를 설치한 후에 추가로 필요한 RPM 패키지를, 인스톨 미디어를 이용하여 설치하는 경우가 있습니다. 이때 [표 1-7]의 rpm 커맨드로 개별적으로 설치하려고 하면, 패키지의 의존관계가 복잡하여 해결이 불가능한 경우[4]가 생깁니다. 이때 yum 커맨드를 이용하면, 의존 패키지를 자동으로 발견하여 필요한 모든 RPM 패키지를 인스톨합니다. yum 커맨드를 이용하기 위해서는 yum 리포지터리의 구성 및 설정이 필요합니다.

우선 인스톨 미디어를 마운트하여 '미디어 ID'를 확인합니다. 마지막에 출력된 숫자가 미디어 ID입니다. 그 다음 [그림 1-13]의 내용으로 리포지터리 파일 /etc/yum.repos.d/base.repo를 작성합니다.

```
# mount /media/cdrecorder
# head -1 /media/cdrecorder/.disinfo
1269263646.691048
```

다음 커맨드를 이용하여 등록한 리포지터리를 확인할 수 있습니다. base, VT, Cluster, ClusterStorage의 리포지터리 정보가 표시되는 것을 확인합니다.

```
# yum repolist
```

이제 yum 커맨드를 사용할 수 있게 되었습니다. [표 1-11]에는 자주 이용하는 yum 커맨드를 정리했습니다. yum install 커맨드로 패키지를 지정하면, 의존 패키지를 포함하여 설치할 패키지 리스트가 표시됩니다. 'Is this ok [y/N]:' 확인 메시지에서 y를 입력하면 패키지의 인스톨을 시작합니다. 이 책에서 추가 RPM 패키지의 인스톨은 가능하면 yum 커맨드를 이용하겠습니다.

yum은 패키지를 업데이트하는 경우에도 편리합니다. 예를 들어 Red Hat Enterprise Linux 5.4를 인스톨한 서버에서, Red Hat Enterprise Linux 5.5 인스톨 미디어를 리포지터리로 설정하면 필요한 패키지를 업데이트할 수 있습니다.

---

4 이를 'rpm 지옥'이라 부릅니다.

또한 yum을 이용하면, 네트워크를 통해 패키지를 인스톨하는 것도 가능합니다. 여러 대의 서버에 패키지를 인스톨하는 경우, 서버마다 인스톨 미디어를 세팅할 필요가 없어집니다. yum의 자세한 사용법은 man 페이지를 참조합시다.

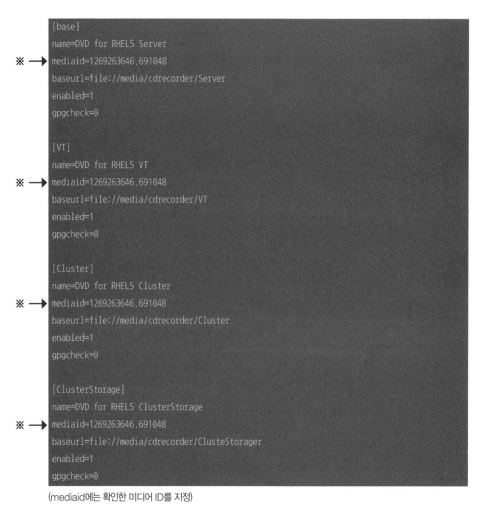

```
[base]
name=DVD for RHEL5 Server
※ → mediaid=1269263646.691048
baseurl=file://media/cdrecorder/Server
enabled=1
gpgcheck=0

[VT]
name=DVD for RHEL5 VT
※ → mediaid=1269263646.691048
baseurl=file://media/cdrecorder/VT
enabled=1
gpgcheck=0

[Cluster]
name=DVD for RHEL5 Cluster
※ → mediaid=1269263646.691048
baseurl=file://media/cdrecorder/Cluster
enabled=1
gpgcheck=0

[ClusterStorage]
name=DVD for RHEL5 ClusterStorage
※ → mediaid=1269263646.691048
baseurl=file://media/cdrecorder/ClusteStorager
enabled=1
gpgcheck=0
```

(mediaid에는 확인한 미디어 ID를 지정)

[그림 1-13] /etc/yum.repos.d/base.repo의 설정 내용

[표 1-11] 자주 이용되는 yum 커맨드

커맨드	설명
yum clean all	패키지 캐시 파일을 삭제
yum list	모든 패키지를 표시
yum install 〈패키지명〉	패키지를 인스톨
yum remove 〈패키지명〉	인스톨한 패키지를 삭제
yum check-update	업데이트 가능한 패키지를 확인
yum update 〈패키지명〉	특정 패키지의 업데이트
yum update	모든 패키지의 업데이트

킥스타트에 의한 자동 인스톨

1.4.1 서버 배포

일반적으로 서버를 구축할 때의 작업을 정리하면 다음과 같습니다.

❶ 하드웨어 준비(전원 접속, 케이블 배선, 시스템 BIOS, 펌웨어 업데이트 등)

❷ OS 설치

❸ 디바이스 드라이버 갱신

❹ 네트워크 등의 개별 설정

❺ 애플리케이션의 설치 및 설정

최근에는 스케일 아웃Scale-out 타입의 시스템을 구축하기 위해, 비슷한 구성의 서버를 대량으로 준비하는 경우가 있습니다. ❶ 하드웨어 준비에 관한 케이블 배선 등은 블레이드 서버Blade Server를 이용하면 작업이 편해집니다. 또한 스케일 아웃형 구성에 특화된 서버에서는, 하드웨어 구성이나 케이블 배선 작업을 끝낸 모든 서버가 랙에 탑재된 상태에서 공장으로부터 도착하는 경우도 있습니다.

❷~❺ 작업을 단순화하기 위해 다양한 자동화 툴이 있습니다. 이를 일반적으로 'Server Deployment Tool(서버 배포 툴)'이라고 합니다. 특히 ❷의 OS 설치에는 [표 1-12]에서 보듯, 두 가지 종류의 방법이 있습니다. 상용 툴을 사용한 OS 설치에는 이미지 배포 방식을 채용하는 경우가 많은 듯합니다. 이 경우 애플리케이션까지 인스톨한 상태의 이미지를 취득하여, 새로운 서버에 배포하면 애플리케이션을 포함한 인스톨 자동화가 가능합니다. 단, 이미지를 추출한 서버와 하드웨어 구성이 다른 서버에 배포하는 경우, 그에 맞

는 디바이스 드라이버의 갱신이 필요합니다. 또한 서버에 탑재된 NIC의 MAC 주소 등 하드웨어 고유의 정보에 관련된 라이선스 코드를 가지는 애플리케이션의 경우가 있으므로, 이런 경우는 라이선스 코드의 재구성이 필요합니다.

한편 Red Hat Enterprise Linux에서는 킥스타트^{KickStart}라고 불리는 구조가 표준 기능으로 제공되어, 네트워크 인스톨 방식에 의한 자동 배포가 가능합니다. 이때의 일반적인 인스톨러에서 입력하는 설정항목은 킥스타트 파일이라고 하는 설정 파일에 기록하여 자동 설정할 수 있습니다. 또한 킥스타트에서는 네트워크를 경유하여 리눅스를 인스톨한 후에, 인스톨된 서버에 지정한 스크립트를 실행하는 기능이 있습니다. 이것을 이용하면 ❸ 이후의 작업 역시 자동화할 수 있습니다.

이후에 설명하겠지만 1대의 킥스타트 서버를 사용해서, 다양한 버전의 리눅스를 인스톨하는 것도 가능합니다. 예를 들어 노트 PC를 킥스타트 서버로 구축해 놓으면, 언제 어디서던 마음에 드는 버전의 리눅스를 간단히 인스톨할 수 있습니다. 업무 시스템 구축뿐만 아니라, 몇 번이고 리눅스를 재설치할 필요가 있는 테스트용 서버나 연구용 서버 등에서 활용할 수 있습니다.

[표 1-12] OS 자동 배포 방식

이미지 배포 방식	OS를 인스톨한 서버로부터 디스크의 내용을 디스크 이미지 파일로 추출하여, 그 이미지를 새로운 서버 디스크에 배포(복사)한다.
네트워크 인스톨 방식	OS 인스톨 미디어의 내용을 웹 서버 등에 배치하여, 인스톨 미디어를 이용한 설치와 같은 순서로 네트워크를 경유해 설치한다.

계속해서 킥스타트 구조 및 킥스타트 서버 구축 순서를 설명하겠습니다.

1.4.2 킥스타트의 구조

킥스타트 서버 구축에 앞서 킥스타트 서버가 제공하는 기능과 그 기능을 이용한 네트워크 인스톨의 구조를 간단히 설명합니다.

킥스타트 서버의 기능

킥스타트 서버의 디스크에는 인스톨 미디어의 내용(RPM 파일 등)을 모두 복사하여 보존합니다. 킥스타트 서버와 새롭게 설치할 서버를 같은 LAN에 두고 네트워크를 통해 부팅하면, 킥스타트 서버로부터 RPM 파일이 전송되어 리눅스가 설치됩니다. 다양한 버전의 인스톨 미디어의 내용을 복사해 두면, 부트 메뉴에서 인스톨할 버전을 선택하는 것도 가능합니다.

킥스타트 서버에는 DHCP 서버, TFTP 서버, HTTP 서버를 구성합니다. 이 서버가 제공하는 기능을 [표 1-3]에 정리했습니다. 이 기능들과 'PXE^Pre eXecution Enviroment 부트'라고 불리는 네트워크 부트의 기능을 연계하여, 네트워크를 경유한 자동 인스톨 환경을 구축할 수 있습니다. PXE 부트 기능은 서버에 탑재된 NIC의 펌웨어가 제공하는 기능입니다. 즉, 네트워크 부트가 가능하게 하기 위해서는, PXE 부트 기능을 지원하는 NIC를 사용할 필요가 있습니다. 업무용 서버에는 보통 PXE 부트 기능을 지원하는 NIC가 탑재되어 있습니다만, 매우 오래된 모델이나 데스크톱 PC의 경우 네트워크 부트가 불가능한 것도 있습니다.

[표 1-13] 킥스타트 서버가 제공하는 기능

DHCP 서버	인스톨 시에 사용할 임시 IP 주소를 배포 킥스타트 서버의 IP 주소와 부트 스트랩 이미지를 통지
TFTP 서버	부트 스트랩 이미지, 부트 메시지, 옵션 설정 파일의 배포 인스톨러 기동용 커널과 초기 RAM 디스크의 배포
HTTP 서버	킥스타트 파일과 인스톨 미디어의 내용(RPM 파일)의 배포

PXE 부트와 네트워크 인스톨 구조

[그림 1-14]는 킥스타트가 처리되는 흐름입니다. 신규로 설치할 서버에 전원을 넣고, 시스템 BIOS의 설치 디스크 선택 화면에서 'Network'를 선택하면 서버에 탑재된 NIC 펌웨어의 PXE 부트 기능이 동작합니다.

PXE 부트 기능에서는 우선 DHCP를 통해 NIC 자신에게 할당할 IP 주소를 취득하고, next-server 엔트리(킥스타트 서버의 IP 주소)와 filename 엔트리(부트 스트랩 이미지 파일명)의 정보를 취득합니다. 이들 정보를 기반으로 킥스타트 서버로부터 부트 스트랩 이미지를 TFTP로 다운로드하여 서버의 메모리에 올린 후 이를 실행합니다. 여기까지가 PXE 부트의 기능입니다. 1.1.2에서 설명한 시스템 BIOS가 기동 미디어를 이용하여 부트 로더를 기동하는 구조가 네트워크를 경유하여 처리되고 있다고 이해하면 됩니다.

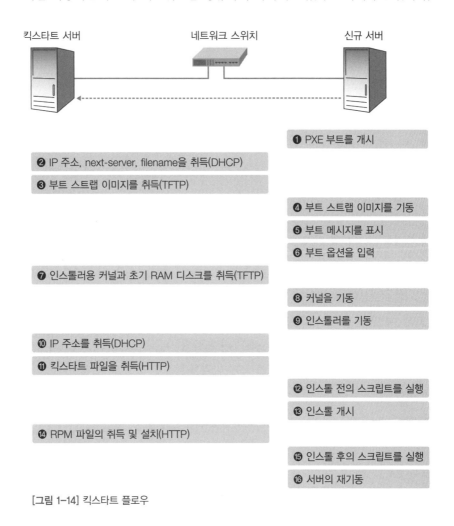

[그림 1-14] 킥스타트 플로우

이후부터는 부트 스트랩 이미지에 의해 처리가 진행됩니다. 킥스타트 서버가 제공하는 부트 스트랩 이미지의 경우는, 부트 메시지를 표시하여 부트 옵션을 입력받습니다. 여러 버전의 리눅스를 제공하는 경우에는 이 부분에서 인스톨할 버전을 선택합니다. 유저가 입력한 옵션 설정 파일의 내용에 따라, 해당 커널과 초기 RAM 디스크 파일을 TFTP로 받아 와서 커널을 기동합니다. 1.1.3에서 설명한 것을 떠올려보면, 부트 스트랩 이미지가 부트 로더(GRUB)의 역할을 하고 있는 것입니다. GRUB의 경우는, 이후 하드 디스크에 인스톨된 리눅스 기동 처리를 진행하지만, 여기에서는 내장 디스크에는 아직 아무것도 설치되어 있지 않은 상태이므로, 일반적인 의미에서의 리눅스가 시작되는 것이 아닙니다. 여기서 기동한 커널은 Red Hat Enterprise Linux의 인스톨러인 Anaconda를 실행하여, 리눅스 인스톨 처리를 시작합니다.

이후의 인스톨 처리는 인스톨 미디어를 이용하는 경우와 다음과 같은 점이 다릅니다. 우선 옵션 설정 파일에는 설치에 사용할 킥스타트 파일이 지정되어 있어, 인스톨러는 이것을 HTTP로 다운로드합니다. 킥스타트 파일에는 인스톨 시 지정할 다양한 옵션이 사전에 기록되어 있어, 이에 따라 자동으로 설치가 진행됩니다. 설치에 사용할 RPM 파일은 킥스타트 서버로부터 HTTP로 다운로드합니다. 또한 킥스타트 파일에 지정한 경우에 따라, 인스톨할 서버에서 인스톨을 시작하기 직전과 인스톨 완료 후에 각각 지정 스크립트를 실행합니다. 마지막으로 서버를 재시작하는 것으로 킥스타트 처리가 완료됩니다.

킥스타트에서는 DHCP, THTP, HTTP 등의 기본적인 프로토콜을 이용하여, DVD 등의 인스톨 미디어로부터 서버를 시작하고 설치하는 작업이 네트워크를 경유하여 처리된다는 것을 알 수 있습니다. 이렇듯 기본적인 구조를 조합하여 고도의 처리를 실행하는 것은 리눅스의 조상이라고 할 수 있는 유닉스Unix의 철학입니다. 네트워크 경유로 서버가 기동하고 자동으로 설치가 진행되는 과정을 보면 놀라움을 느낄 수 있을 것입니다. 그 배후에 있는 구조를 이해하면 놀라움이 감동으로 변할 것입니다.

칼럼 | 심야 머신룸의 설레임?!

필자가 IBM에서 엔지니어 업무를 담당하기 시작했을 무렵, 처음으로 주어진 임무가 RS6000/SP라고 불리는 유닉스 시스템을 관리하는 것이었습니다. 이 시스템은 체스 세계 챔피언과 시합을 한 것으로 유명해진 IBM의 슈퍼 컴퓨터와 같은 사양으로, 1개의 랙에 16대의 유닉스 노드가 탑재된 클러스터 시스템입니다. 이 노드에 OS를 인스톨하는 데에 네트워크 인스톨을 이용합니다. 킥스타트와는 약간 구조가 상이한 부분이 있습니다만 킥스타트 서버에 해당하는 인스톨 서버를 준비해서 네트워크를 경유하여 자동 인스톨을 진행합니다. AIX 엔지니어라면 'NIM 서버'라고 하면 감이 올 것입니다.

아무것도 없는 상태로부터 랙 1대 크기의 RS6000/SP 클러스터를 구축하는 경우, 다음의 순서가 필요합니다. 우선 인스톨 서버에 미디어를 이용하여 OS를 설치한 후, 네트워크 인스톨 기능을 설정한 다음, 16대의 노드 중 첫 번째 서버에 네트워크 인스톨합니다. 이 서버에 네트워크 인스톨 기능을 설정하여, 남은 15대의 서버를 네트워크 경유로 인스톨합니다. 2단계 방식으로 설치를 하는 것이 이상해 보일 수도 있으나, 랙이 많이 있는 경우에는 각각의 랙마다 인스톨 서버를 준비하여 네트워크 부하를 낮추는 구조를 채용하고 있었기 때문입니다(당시 LAN은 16Mbps 토큰 링 방식으로 랙의 뒷면에는 10BASE02의 검은 동선 케이블이 있었습니다).

처음 맡은 업무이기도 해서, 이 RS6000/SP 클러스터 구축을 완전히 마스터할 마음으로 테스트용 머신을 사용하여 밤중에 몇 번이고 처음부터 인스톨을 반복하였습니다. 슈퍼 컴퓨터와 같은 머신을 자유롭게 테스트할 수 있었던 것도 지금 생각하면 참 복 받은 환경이었습니다. 16대(정확히는 15대)의 노드가 한 번에 네트워크 인스톨되는 모습을 심야 머신 룸에서 지켜보았던 기억이 아직까지 가슴에 남아 있습니다. 처음에는 매뉴얼을 한 손에 들고 커맨드를 확인하면서 진행했지만, 몇 번이고 반복하는 사이에 손이 자유롭게 움직이게 되었고 마지막으로 최단 구축 시간의 기록을 갱신했을 때에는 묘한 달성감도 느꼈습니다.

처음 어처구니 없는 실수로 제대로 설치되지 않았던 경우가 몇 번이고 있었습니다만, 원인을 찾아가면서 테스트하는 중에 배우게 되는 것도 많이 있었습니다. 이런 노력으로 얻게 된 작은 지식이 쌓여 훗날 큰 문제의 해결에 도움이 되는 것이 유닉스/리눅스를 공부해 가는 백미라고 할 수 있습니다. 이것은 '기본적인 구조를 조합하여 고도의 처리를 실현한다'라고 하는 유닉스/리눅스의 철학과 일치한다고 생각합니다.

그러고 보니 외부 스토리지 장치에 탑재된 대량의 디스크 드라이브의 액세스 램프가 점멸하고 있는 것을 보면서 '이 밤중에도 일하고 있는 고객이 있구나'하고 감격한 적도 있습니다. 심야 머신룸에는 참 묘한 매력이 있습니다(심야 액세스의 정체는 사실 야간 백업처리였습니다만…).

1.4.3 킥스타트 서버 구축

킥스타트 서버 구축 순서를 설명합니다. 예를 들어 버전은 같은 Red Hat Enterprise Linux 5.5이지만 x86_64(64비트)과 x86(32비트)을 모두 설치할 수 있는 킥스타트 서버를 구축하겠습니다. 또한 IP 주소에 대해서는 [표 1-14]의 예를 이용하겠습니다.

[표 1-14] 킥스타트 서버에서 사용할 IP 주소의 예

킥스타트 서버	192.168.1.10/255.255.255.0
DHCP로 배포할 범위	192.168.1.200 ~ 192.168.1.240

킥스타트 서버의 준비

킥스타트 서버에 Red Hat Enterprise Linux 5.5를 인스톨합니다. 이때 킥스타트 서버 자체의 아키텍처는, x86_64와 x86 중에 어느 것이더라도 상관 없습니다. 디바이스 드라이버의 인스톨 및 기타 기본적인 설정을 마쳤다면, dhcp, tftp-server, httpd, syslinux, system-config-kickstart RPM 패키지를 각각 인스톨합니다. 이때 의존 RPM 패키지를 요구하는 경우가 있으므로, yum 커맨드를 이용합니다.

```
# yum install dhcp tftp-server httpd syslinux system-config-
  kickstart
```

다음 커맨드를 이용하여, Red Hat Enterprise Linux 5.5(x86_64)의 미디어를 마운트해서 미디어의 모든 내용을 /var/www/html/RHEL55-86_64/ 하위에 복사합니다. CD-ROM으로 여러 장의 미디어로 나누어져 있는 경우는 각 미디어에서 커맨드를 반복 실행합니다.

```
# yum install dhcp tftp-server httpd syslinux system-config-
  kickstart
# mount  /media/cdrecorder
# mdkdir /var/www/html/RHEL55-x86_64
# cp -af /media/cdrecorder/*  /var/www/hatml/ RHEL55-x86_64/
# umount /media/cdrecorder
```

또한 Red Hat Enterprise Linux 5.5(x86) 미디어를 마운트하고, /var/www/html/ RHEL55-x86/ 하위에 미디어의 모든 내용을 복사합니다.

```
# mount  /media/cdrecorder
# mdkdir /var/www/html/RHEL55-x86
# cp -af /media/cdrecorder/*  /var/www/hatml/ RHEL55-x86/
# umount /media/cdrecorder
```

잠시 후 작성할 킥스타트 파일을 저장할 디렉토리를 만들어 둡니다.

```
# mkdir /var/www/html/ks
```

DHCP 서버의 설정 파일 /etc/dhcp.conf를 그림 1.15의 내용과 같이 만듭니다. IP 주소는 [표 1-14]의 내용이 설정되어 있습니다. 킥스타트에 고유한 설정으로 next-server에 킥스타트 서버 IP 주소를 지정하고 있는 점과 filename에 부트 스트랩 이미지를 지정하고 있다는 점입니다. 이에 맞춰 다음 커맨드를 이용하여 부트 스트랩 이미지를 TFTP로 배포할 디렉토리에 복사합니다. 그리고 디렉토리 /tftpboot/pxelinux.cfg에는 옵션 설정 파일을 보존합니다.

```
ddns-update-style ad-hoc;
subnet 192.168.1.0 netmask 255.255.255.0
    range 192.168.1.200 192.168.1.240;
    next-server 192.168.1.10;
    filename "pxelinux.0";
}
```

[그림 1-15] /etc/dhcpd.conf의 설정 내용

```
# cp /usr/lib/syslinux/pexlinux.0  /tftpboot/
# mkdir /tftboot/pxelinux.cfg
```

같은 방법으로 각 인스톨 미디어에 포함된 인스톨러 기동용 커널과 초기 RAM 디스크를 TFTP로 배포할 디렉토리에 복사합니다. 인스톨러 기동용 커널과 초기 RAM 디스크는 설치할 리눅스에 맞는 설치 미디어의 파일을 사용할 필요가 있습니다.

```
#mkdir /tftboot/RHEL55-x86_64
#cp    /var/www/html/RHEL55- x86_64/images/pxeboot/vmlinuz
       /tftpboot/RHEL55-x86-64/
#cp    /var/www/html/RHEL55- x86_64/images/pxeboot/initrd.img
       /tftpboot/RHEL55-x86-64/

#mkdir /tftboot/RHEL55-x86
#cp    /var/www/html/RHEL55- x86/images/pxeboot/vmlinuz
       /tftpboot/RHEL55-x86/
#cp    /var/www/html/RHEL55- x86/images/pxeboot/initrd.img
       /tftpboot/RHEL55-x86/
```

부트 메시지 /tftpboot/boot.msg와 옵션 설정 파일 /tftpboot/pxelinux.cfg/default를 각각 [그림 1-16]과 [그림 1-17]의 내용으로 작성합니다.

```
=======================================================
=======================================================

Welcome to kickstart Installer
=======================================================

1. Red Hat Enterprise Linux 5.5 (x86_64) ? Preconfigured
2. Red Hat Enterprise Linux 5.5 (x86) ? Preconfigured
3. Red Hat Enterprise Linux 5.5 (x86_64)
4. Red Hat Enterprise Linux 5.5 (x86)
```

[그림 1-16] /tftpboot/boot.msg의 설정 내용

```
prompt 1
display boot.img

label 1
kernel  /RHEL55-x86_64/vmlinuz
append initrd=RHEL55-x86_64/initrd.img ks=http://192.168.1.10/ks/ks_1.cfg

label 2
kernel  /RHEL55-x86/vmlinuz
append initrd=RHEL55-x86/initrd.img ks=http://192.168.1.10/ks/ks_2.cfg

label 3
kernel  /RHEL55-x86_64/vmlinuz
append initrd=RHEL55-x86_64/initrd.img ks=http://192.168.1.10/ks/ks_3.cfg

label 4
kernel  /RHEL55-x86/vmlinuz
append initrd=RHEL55-x86/initrd.img ks=http://192.168.1.10/ks/ks_4.cfg
```

[그림 1-17] /tftpboot/pxelinux.cfg/default의 설정 내용

부트 스트랩 이미지가 기동하여, 부트 옵션 입력을 받을 때는 [그림 1-16]의 메뉴가 표시됩니다. [그림 1-17]의 옵션 설정은 실제로 사용할 인스톨러 기동용 커널과 RAM 디스크 및 킥스타트 파일을 부트 옵션마다 지정하는 것입니다. label로 지정된 부트 옵션에

kernel과 append에 각각의 파일이 지정되어 있습니다. append의 ks= 부분은 HTTP로 가져올 킥스타트 파일을 지정합니다. [표 1-15]는 각 label의 상이점을 정리한 것입니다.

킥스타트 파일 ks_1.cfg~ks_4.cfg는 잠시 후에 작성합니다. ks_1.cfg와 ks_2.cfg는 자동 인스톨용으로 인스톨 시의 설정 내용을 기록합니다. ks_3.cfg와 ks_4.cfg은 인스톨 시에 유저가 설정 항목을 지정 가능하도록 설정 내용은 기록하지 않는다고 가정합니다. 여기까지 킥스타트 파일을 제외한 [표 1-13]의 각 기능 및 킥스타트 서버로부터 배포할 파일들이 준비되었습니다. 이제 DHCP 서버, TFTP 서버, HTTP 서버의 각 서비스를 기동합니다. TFTP 서버는 xinetd 서비스로부터 시작하기 때문에 커맨드가 약간 다릅니다.

```
# chkconfig dhcpd on
# service dhcpd start

# chkconfig httpd on
# service httpd start

# chkconfig xinetd on
# chkconfig tftp on
# service xinetd start
```

[표 1-15] 옵션 설정 파일의 각 label 설정

label	아키텍처	킥스타트 파일
1	x86_64(64비트 판)	ks_1.cfg
2	x86(32비트 판)	ks_2.cfg
3	x86_64(64비트 판)	ks_3.cfg
4	x86(32비트 판)	ks_4.cfg

킥스타트 파일 작성

GUI 툴인 '킥스타트 설정 툴'을 이용하여 킥스타트 파일을 만듭니다. 이 툴은 전제조건으로, yum 리쏘지터리가 설정되어 있어야 합니다. 설정 파일 /etc/yum.repos.d/base.repo 를 [그림 1-18]의 내용과 같이 작성하고, 킥스타트 서버 자신이 HTTP로 공개하고 있는 인스톨 미디어 내용을 리포지터리로 사용[1]합니다. 계속해서 GUI 콘솔에서 다음 커맨드를 실행하면 '킥스타트 설정 툴'이 표시됩니다(그림 1-19).

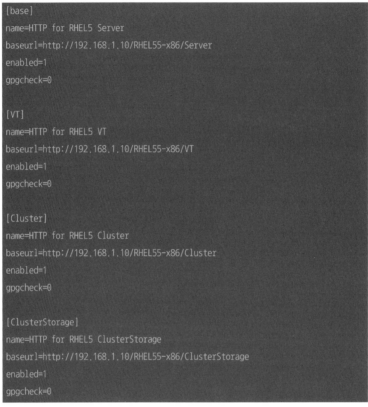

```
[base]
name=HTTP for RHEL5 Server
baseurl=http://192.168.1.10/RHEL55-x86/Server
enabled=1
gpgcheck=0

[VT]
name=HTTP for RHEL5 VT
baseurl=http://192.168.1.10/RHEL55-x86/VT
enabled=1
gpgcheck=0

[Cluster]
name=HTTP for RHEL5 Cluster
baseurl=http://192.168.1.10/RHEL55-x86/Cluster
enabled=1
gpgcheck=0

[ClusterStorage]
name=HTTP for RHEL5 ClusterStorage
baseurl=http://192.168.1.10/RHEL55-x86/ClusterStorage
enabled=1
gpgcheck=0
```

[그림 1-18] /etc/yum.repos.d/base.repo의 설정 내용

---

1 yum 리포지터리 설정은 킥스타트 설정 툴을 사용할 시에만 필요합니다. 킥스타트 서버에서 네트워크 인스톨을 실행할 시에는 yum 리포지터리 설정은 필요없습니다.

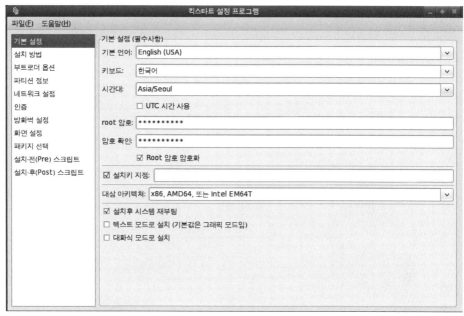

[그림 1-19] 킥스타트 설정 툴

```
# system-config-kickstart
```

이 툴은 GUI 인스톨러와 같은 항목이 메뉴 형식으로 설정할 수 있으므로, 이제부터 진행할 네트워크 인스톨 내용에 맞춰 설정을 합니다. 단, 킥스타트 고유의 설정이 있습니다(그림 1-20). 화면 왼쪽의 '설치 방법' 메뉴 화면에서는 '설치 방법 선택'에서 HTTP를 선택하고 'HTTP 서버'와 'HTTP 디렉토리'에 '192.168.1.10'(킥스타트 서버 IP 주소)과 'RHEL55-x86_64'(인스톨 미디어 내용을 복사한 디렉토리)를 반드시 지정할 필요가 있습니다. 설정이 끝나면 '파일' 메뉴의 '파일 보존'으로 킥스타트 파일을 보존합니다. 디폴트 설정으로는 /root/ks.cfg에 보존되므로 mv 명령을 이용하여 /var/www/html/ks/ 밑에 ks_1.cfg로 하여 이동시킵니다.

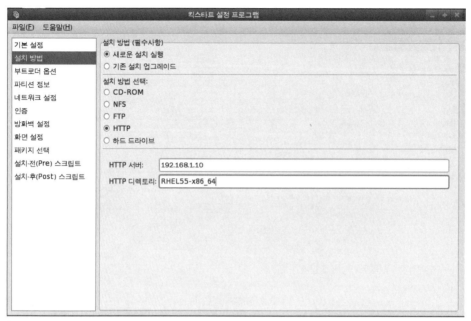

[그림 1-20] '설치 방법' 메뉴

```
# mv /root/ks.cfg /var/www/html/ks/ks_1.cfg
```

만들어진 킥스타트 파일을 변경하는 경우는 vi와 같은 텍스트 에디터로 직접 변경해도 상관없습니다. 또한 새로운 킥스타트 파일을 텍스트 에디터로 직접 작성하는 것도 가능합니다. 이 경우 [그림 1-20]의 설정에 대응하는 다음 엔트리를 반드시 지정하여야 합니다.

```
url --url=http://192.168.1.10/RHEL55-x86_64
```

같은 방법으로 '설치 방법'의 'HTTP 디렉토리'에 'RHEL55-x86'을 지정한 킥스타트 파일을 작성해서 /var/www/html/ks/ks_2.cfg로 저장합니다. yum 리포지터리 설정은 [그림 1-18] 그대로여도 상관없습니다.

킥스타트 파일에 지정하지 않은 설정 항목은, 네트워크 인스톨 실행 중에 설정 값 입력이 요구됩니다. 인스톨 번호의 입력을 자동으로 생략하고 싶은 경우는 [그림 1-19]의 '기본 설정' 메뉴에서 '설치키 지정'에 체크하고 입력 필드를 빈 상태로 둡니다. 또한 '설치 시스템 재부팅'에 체크를 하면 인스톨 완료 후에 서버 재기동을 확인하는 화면에서 정지하지 않고 바로 재기동됩니다.

마지막으로 /var/www/html/ks/ks_3.cfg와 /var/www/html/ks/ks_4.cfg를 [그림 1-21]의 내용으로 작성합니다. 인스톨 시의 설정 항목이 아무것도 없는 킥스타트 파일입니다.

/var/www/html/ks/ks_3.cfg
```
url --url=http://192.168.1.10/RHEL55-x86_64
```

/var/www/html/ks/ks_4.cfg
```
url --url=http://192.168.1.10/RHEL55-x86
```

[그림 1-21] 설정 항목이 없는 킥스타트 파일

네트워크 인스톨 실행

실제 네트워크 인스톨을 해보겠습니다. 신규 서버 하드웨어의 초기 설정(시스템 BIOS 의 설정 초기화나 RAID 구성 등)을 한 후, [그림 1-14]와 같이 신규 서버를 킥스타트 서버와 같은 네트워크 스위치에 연결합니다. 신규 서버에 전원을 넣고 시스템 BIOS 기동 디스크 선택 화면을 표시합니다. System x3550 M2의 경우는 [그림 1-10]의 화면에서 F12를 누르면 표시됩니다. 기동 디바이스에 [Network]를 선택하면, PXE 부트가 시작되어 콘솔에 [그림 1-16]의 부트 메뉴와 'boot:' 프롬프트가 표시됩니다. 여기서 메뉴 번호 (1~4)를 입력하면 지정 번호에 대응하는 아키텍처(x86_64 또는 x86) 리눅스가 인스톨을 시작합니다. 통상 인스톨하는 것과 같이 인스톨 중에 수동으로 설정 항목을 지정하는 경우는 메뉴 번호 3 또는 4를 선택합니다.

인스톨하는 서버가 여러 개의 NIC을 가진 경우는 인스톨에 사용할 NIC을 선택하는 화면 (그림 1-22)가 표시되므로, 킥스타트 서버에 연결한 NIC을 선택합니다. 이 선택 역시 자동화하는 경우는, [그림 1-17]의 옵션 설정 파일의 append 엔트리에 [ksdevice=ethX]를 추가합니다. 다음 그림은 eth0을 지정하고 있는 예입니다.

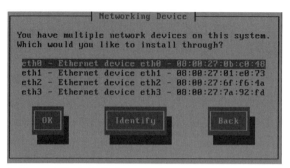

[그림 1-22] 인스톨에 사용할 NIC 선택 화면

```
append ksdevice=eth0 initrd=/RHEL5.5-x86_64/initrd.img
ks=http://192.168.1.10/ks/ks_1.cfg
```

또한 킥스타트 서버는 DHCP 서버 기능을 제공하므로 기존 네트워크에 접속할 때, 기존 DHCP 서버와 기능이 경합하지 않도록 해야 합니다. [그림 1-14]와 같이 닫힌 네트워크 (패쇄망)에서 이용하는 경우는 문제가 없습니다. 기존 DHCP 서버가 있는 환경에서는 킥스타트 서버의 DHCP 서버를 정지하고, 기존 DHCP 시비에 next-server와 filename 엔트리를 추가합니다. 이렇게 하면 신규 서버는 PXE 부트 개시 후, 기존 DHCP 서버로부터 IP 주소, next-server, filename의 정보를 취득합니다. 이후 next-server 지정에 따라 킥스타트 서버를 이용합니다.

Chapter **2**

리눅스 서버 운용의 기초

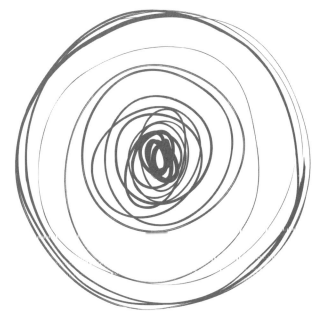

2.1

시스템 감시

2.1.1 시스템 감시의 목적

리눅스 시스템 감시 툴에는 다양한 오픈 소스 소프트웨어 및 상용 소프트웨어가 있습니다.

웹이나 잡지에서 오픈 소스 툴에 대한 기사도 흔히 접할 수 있습니다. 하지만 툴의 사용법을 배우기 전에 우선 '시스템 감시의 목적을 정확히 이해하는 것'이 중요합니다.

왜 '시스템 감시의 목적을 이해하는 것'이 중요할까요? 시스템 감시에는 다양한 방법이 있고, 툴마다 다양한 기능을 제공합니다. 시스템 감시는 어디까지나 수단에 불과합니다. 그 목적을 명확히하여 적절한 툴을 선택하고, 적절한 기능을 설정하여 이용할 수 있을 것입니다. 리눅스 시스템 감시를 위해서, 어떤 툴을 사용하더라도 다양한 설정 항목과 항목에 대한 파라미터의 설계가 필요합니다. 그러므로 시스템 감시의 목적을 명확히 한 상태에서, 목적에 부합하는 설계[1]를 해야 합니다.

이번에는 '장애 감시', '리소스 감시', '시큐리티 감시'의 세 가지 관점에서 시스템 감시의 목적을 설명하겠습니다.

---

1 나무를 보지 말고 숲을 봐야 하는 것에 주의해야 할 것입니다. 물론 숲만 본다고 해서 잘 되지 않는 것이 서버 시스템의 난점입니다. "Devil is in the detail"이란 속담을 명심하는 것이 중요합니다.

장애 감시

장애 감시의 목적은 무엇일까요? 이것은 '예상치 못했던 서비스 정지 시간(다운 타임)을 가능한 단축할 것'이라는 사고에서 출발합니다. 따라서 시스템을 구성하는 다양한 하드웨어 및 소프트웨어 컴포넌트에 장애가 발생했을 때, 신속하게 서버 관리자에게 통지를 한 후, 그에 따른 장애 복구 작업이 요구됩니다.

이때 장애의 중요도(긴급도 체크)를 상, 중, 하 정도로 분류하고, [표 2-1]과 같이 행동 규칙 룰을 사전에 결정해 놓습니다. 이것은 서버 관리자만을 장애 복구 작업의 수행자로 가정한 단순한 예라고 할 수 있습니다. 전속 운용 팀이 있는 구조에서는 시스템 오퍼레이터가 정해진 룰에 따라 복구를 시도한 후, 서버 관리자에게 연락하는 등의 대처도 생각할 수 있습니다. 어떤 경우이든, 장애 종류에 대응하는 룰을 명확히 한 후, 시스템 운용에 관련되어 있는 모든 멤버가 공통의 이해를 갖는 것이 중요합니다.

장애 감시 방법은 잠시 후 자세하게 설명하겠습니다만, 하드웨어에 관한 장애 감시에는 약간의 주의가 필요합니다. 업무용 서버에는 대부분의 경우 '시스템 관리 프로세서'라고 불리는 하드웨어 상태를 관리하기 위한 전용 프로세서[2]가 탑재되어 있습니다. 디스크 드라이브의 고장이나 메모리 에러 등과 같은 하드웨어 컴포넌트 장애는 시스템 관리 프로세서 기능을 이용하여 관리자에게 통지합니다.

리눅스 시스템 로그를 이용하여 하드웨어 장애를 감시하는 방법을 검토하는 서버 관리자도 있는 듯하지만, 이는 추천할 만한 방법이라고 할 수 없습니다. 리눅스는 다양한 하드웨어를 이용할 수 있는 범용성이 높은 OS이기 때문에, 장애 정보를 포함한 각각의 하드웨어 고유의 정보를 확인하는 것에는 오히려 약점이 있습니다. 이것은 특정 벤더 서버에 특화된 전용 유닉스와는 다른 리눅스의 특징 중 하나입니다. 리눅스 서버 하드웨어 장애 감시는 리눅스 기능이 아닌, 서버 자체의 시스템 관리 프로세서 기능을 이용하는 것이 원칙입니다.

---

2 이는 1.1에서 설명한 BIOS와는 다른 컴포넌트입니다. 시스템 관리 프로세서는 OS가 정지한 상태에서도 서비에 전원이 들어와 있으면 하드웨어를 감시합니다. 웹 브라우저로 서버 전원 조작 및 시스템 콘솔을 컨트롤할 수 있는 '리모드 관리 기능'도 시스템 관리 프로세서에 의해 제공됩니다.

중요도	행동 규칙 룰
상	서버 관리자는 업무 시간이 아니라 하더라도 장애 복구를 시작할 것
중	서버 관리자는 업무 시간이 아니라면 장애 복구를 하지 않아도 좋음
	업무 시간이라면 다른 작업보다 우선적으로 장애 복구를 시작할 것
하	서버 관리지는 특별한 업무가 없는 경우, 장애 복구를 시작할 것(다른 작업을 우선해도 좋음)

리소스 감시

리소스 감시는 CPU, 메모리, 디스크 등의 시스템 리소스 사용 상태를 감시하는 것을 말합니다. 리소스 사용 현황을 실시간으로 감시하여, 돌발적인 리소스 부족 상태를 서버 관리자에게 통지하는 방법과 리소스 사용 현황의 이력에 대한 데이터를 보관하고 정기적으로 변동을 분석하는 방법이 있습니다. 각각의 감시 목적이 다르므로 이 둘을 변용할 필요가 있습니다.

이력 데이터에 대한 분석은 앞으로 리소스가 부족해질 것을 사전에 예측하여, 서버 또는 네트워크 장비의 증설 계획을 세우기 위한 것입니다. 리소스 부족이 발생하면 사후적으로 대처하는 것이 아닌, 리소스 부족이 발생하기 전에 예방해야 한다는 발상입니다. "CPU 사용률은 몇 프로 이상일 때 위험한가?" 또는 "스왑 영역이 어느 정도 사용되면 메모리 추가가 필요한가?"라는 질문에 대한 정답은 없습니다. CPU 사용률이 높은 경우, 애플리케이션이 필요한 속도로 동작하지 않는다는 것은 '위험'한 상태입니다만, 애플리케이션 처리 속도가 충분히 나오고 있다면 그것은 CPU를 낭비 없이 사용하고 있는 '이상적'인 상태라고 할 수 있습니다. 애플리케이션의 처리 속도와 리소스 사용률의 관계를 논리적으로 분석하는 것은 간단하지 않습니다. 우선은 다음과 같은 룰을 도입하는 방법을 검토할 수 있을 것입니다.

❶ '배치 처리 시간' 및 '웹 애플리케이션의 평균 응답 시간' 등 애플리케이션 처리 속도의 지표가 되는 데이터를 정하고 계속적으로 데이터를 수집한다.

❷ 지표가 되는 데이터에 현저한 변화가 생겼을 경우, 리소스 사용 상태에 변화가 생기고 있지 않는지 확인한다.

예를 들어 "배치 처리 시간이 길어질 때는, 디스크 I/O가 증가하고 있다" 또는 "웹 애플리케이션의 응답시간이 3초 이상 걸릴 경우는, CPU 사용률이 80%를 넘어서고 있다" 등의 특징을 알 수 있다면 이력 데이터를 분석하는 경우 참고가 될 것입니다. 덧붙여 "오전 작업 시간대는 CPU 사용률이 높아진다"와 같이 시간적인 변동을 파악해 두면, 문제 발생 시 원인을 규명하는 힌트가 될 것입니다. 리소스 사용 현황에 관한 데이터를 구체적으로 분석하는 방법은 6.3에서 설명하도록 하겠습니다.

실시간 감시는 프로세스 폭주에 의한 CPU의 독점 현상이나 대량의 파일 쓰기 의해 생기는 디스크 용량 부족 등, 시스템의 이상 동작이 원인이 되는 리소스 부족을 감시하는 것이 목적입니다. 위와 같은 원인으로 발생하는 리소스 부족에 대해서는 "CPU 사용률 90% 이상인 시간이 60초 이상 계속된다" 등 어느 정도 일률적인 조건으로 감시에 대한 설정을 할 수 있습니다. 하지만 "CPU 사용률 70% 이상이 5초 이상 계속한다"와 같은 애매한 조건은 정상적인 범위의 동작을 이상 현상으로 미스 판단하는 경우가 생길 수 있습니다. 실시간 감시 설정도 이력 데이터로 시스템 가동 상태를 체크하면서 적절한 값을 결정할 필요가 있습니다.

리소스 사용 현황은 서버에서 동작하고 있는 애플리케이션의 특성 및 애플리케이션의 이용 상황에 따라 다양하게 변할 수 있으므로 각 서버의 성격에 대해 정확하게 파악하고 그에 따른 대처를 하는 것이 중요합니다.

시큐리티 감시

시큐리티 감시에도 실시간 감시 방법과 정기적으로 로그를 감시하는 방법이 있습니다. 시큐리티 감시의 목적은 시스템의 부정한 사용 및 허가 없이 시스템 구성을 변경하는 것 등을 체크하는 것입니다. 실시간 감시에는 시스템 로그 또는 애플리케이션 로그에 시큐리티 위반을 나타내는 메시지가 기록되는지를 체크하는 로그 파일 감시 방법이 자주 이용됩니다. 로그 파일 감시 툴에 대해서는 잠시 후 소개하도록 하겠습니다. 1.3에서 소개한 logwatch는 정기적인 로그 감시를 수행하는 툴의 한 종류라고 할 수 있겠습니다.

시큐리티 대책이라고 하면 무엇인가를 금지하는 이미지가 강해 보이시지만, 시큐리티의 본래의 목적은 "해서는 안될 것을 절대 하지 못하도록 한다"라는 부정적인 측면이 있는 동시에 "해야 할 것은 반드시 하도록 한다"라는 긍정적인 측면이 있습니다(여담입니다만 식량 문제에 관한 영문으로 된 문헌에는 'Food Security'라는 말이 있습니다. 이것은 '생존을 위해 필요한 식량은 반드시 확보해 둘 것'이라는 시큐리티의 긍정적인 측면의 용례입니다).

시큐리티 감시를 포함하여, 시큐리티에 관한 설정은 부정적인 측면에 대한 대책이 중심이 되겠지만 너무 복잡한 실정은 오히려 시큐리디 문제를 불러 일으킬 가능성이 있습니다. '현관에 3중의 잠금 장치를 해 두었지만, 방의 창문은 열어 두었다'와 같은 설정이라면 의미가 없습니다. 심플하면서도 밸런스를 유지한 시큐리티 대책이 필요합니다. 시큐리티의 기본적인 사고에 대해서는 [*]에 다양한 자료들이 있으므로 참고합시다.

2.1.2 시스템 감시 방법

[그림 2-1]은 시스템 감시에 이용되는 주요 방법을 보여줍니다. 하드웨어 장애 감시에는 시스템 관리 프로세서 기능을 이용하고 있습니다. 시스템 관리 프로세서 자체의 기능만을 이용하는 방법과 시스템 관리 프로세서와 연계한 시스템 관리 툴을 이용하는 방법이 있습니다.

감시 대상의 서버에서 동작하는 시스템 감시 툴을 '감시 에이전트'라고 부릅니다. 감시 에이전트에는 특정 시스템 감시 제품에서 부속된 프로그램이나 단독으로 제공되는 간단한 툴이 있습니다. 자신이 만든 셸 스크립트도 멋진 감시 에이전트가 될 수 있습니다. 감시 에이전트는 로그 파일에 출력되는 내용 감시(로그 파일 감시), 리눅스에서 동작하는 프로세스에 대한 가동 상황 감시(프로세스 감시), 시스템 리소스의 사용 현황 감시(리소스 감시) 등을 합니다. 잠시 후에 설명하겠지만, 시스템 관리 프로세서로부터의 정보를 수집하는 것에도 사용할 수 있습니다.

이 밖에도 감시 대상 서버를 외부에서 네트워크를 통해 감시할 수 있는 '네트워크 감시 툴'이 있습니다. ping 감시 이외에도 포트 감시 및 SNMP 감시 등이 있으며, 이는 기본적으로 서버나 애플리케이션의 단순한 사활 감시에 이용됩니다. 다수의 감시 대상 서버가

---

[*] http://technet.microsoft.com/ko-kr/security/

있는 경우는 네트워크의 서버 가동 상태에 대해 일괄적으로 확인할 수 있으므로 편리합니다.

이번에는 시스템 감시의 본질을 이해하기 위해 무상으로 이용할 수 있는 심플하고 실용성 높은 툴을 소개하도록 하겠습니다. 시스템 감시 툴은 어디까지나 수단에 불과합니다. 실제로 설치하고 설정을 변경해 가면서 테스트하고, 각 서버의 개성을 파악한 후 본래의 목적에 맞는 감시에 적용할 수 있는 능력을 키우도록 합시다.

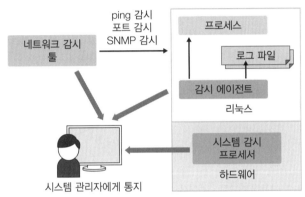

[그림 2-1] 시스템 감시 방법의 세 종류

하드웨어 감시 툴

시스템 관리 프로세서를 이용한 하드웨어 장애 감시에 대해서 설명하겠습니다. 시스템 관리 프로세서의 기능은 서버마다 다르므로, 여기서는 IBM system x3550 M2의 경우를 예로 들겠습니다. [표 2-2]는 System x3550 M2에 탑재되어 있는 관리 프로세서가 감지할 수 있는 하드웨어 장애에 대한 리스트입니다. PFA^{Predictive Failure Analysis}는 하드웨어 장애의 징후를 감지하여, 실제 장애가 발생하기 전에 경고를 해주는 IBM 서버 특유의 기능입니다.

시스템 관리 프로세서가 하드웨어 장애(또는 징후)를 감지하면, 서버 전면에 있는 경고 램프에 불이 들어옵니다. 또한 서버에는 시스템 관리 프로세서가 통신하기 위한 전용 이더넷 포트가 탑재되어 있어, 사전에 설정한 방법(E-Mail, 또는 SNMP 트랩)으로 시스템 관리자에서 통지됩니다. 시스템 관리 프로세서의 설정 방법은 서버마다 다르므로, 사용 중인 서버의 매뉴얼을 참고하기 바랍니다.

또한 각 서버 벤더는 다수의 서버 관리 작업을 일괄적으로 적용하기 위한 시스템 관리 소프트웨어를 제공하고 있습니다. IBM 서버에는 'IBM Systems Director'라는 시스템 관리 소프트웨어가 있어, IBM Systems Director 서버에서 장애에 관한 통지를 받을 수 있습니다(그림 2-2). 여기에는 시스템 관리 프로세서가 직접 통지하는 'Out-of-band 통지'와 감시 대상 서버에 설치한 'Director 에이전트'가 IPMI 드라이버를 이용하여, 시스템 관리 프로세서의 정보를 받아 통지하는 'In-Band 통지'가 있습니다. Director 에이전트는 [그림 2-1]의 감시 에이전트에 해당하며, 프로세스 감시 기능을 제공합니다. IBM Systems Director의 자세한 사용 방법은 IBM 홈페이지를 참고하기 바랍니다.

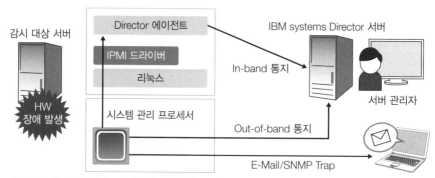

[그림 2-2] 시스템 관리 프로세서에 의한 장애 통지

```
# ipmitool sdr
Ambient Temp    | 24 degrees C   | cr
Altitude        | 40 feet        | cr
Avg Power       | 140 watts      | cr
Planner 3.3V    | 3.38 Volts     | cr
Planner 5V      | 5.04 Volts     | cr
Planner 12V     | 12.31 Volts    | cr
Planner VBAT    | 3.06 Volts     | cr
Fan 1 Tach      | 2668 RPM       | cr
Fan 2 Tach      | 2146 RPM       | cr
Fan 3 Tach      | 0 RPM          | cr
Fan 4 Tach      | 2513 RPM       | cr
```

[그림 2-3] ipmitool에 의한 장애 상태 확인

IPMI^{Intelligent Platform Management Interface}에 대해서 간단히 설명하도록 하겠습니다. IPMI
는 시스템 관리 프로세서를 제어하기 위한 업계 표준 규격입니다. Red Hat Enterprise
Linux에 포함되어 있는 ipmitool 커맨드를 이용하면, 리눅스에서 시스템 관리 프로세
서 정보를 취득하거나, 시스템 관리 프로세서에 명령을 내리거나 하는 것이 가능합니다.
IBM 서버뿐만 아니라 IPMI를 지원하는 시스템 관리 프로세서를 탑재한 서버라면 공통
으로 이용할 수 있습니다.

ipmitool 커맨드를 이용하기 위해 OpenIPMI와 OpenIPMI-tools를 설치하여 ipmi 서비
스를 시작하면 됩니다. ipmi 서비스를 시작하면 IPMI 드라이버가 로드되어, 리눅스가 시
스템 관리 프로세서와 통신할 수 있습니다.

```
# yum install OpenIPMI OpenIPMI-tools
# chkconfig ipmi on
# service ipmi start
```

[표 2-3]은 알아두면 편리할 만한 ipmitool 커맨드의 사용법입니다. 예를 들어 서버에
탑재되어 있는 메모리 카드의 사이즈와 개수를 조사하고 싶은 경우라면 fru 옵션을 이용
할 수 있습니다. sdr 옵션으로는 [표 2-2]의 각 컴포넌트에 대한 장애의 유무를 확인할
수 있습니다. [그림 2-3]은 sdr 옵션의 출력에 대한 예입니다. 'cr'로 되어 있는 컴포넌트
(화살표로 표시된 부분)에 장애가 발생하고 있다는 것[3]을 알 수 있습니다. 하드웨어 장
애는 시스템 관리 프로세서에서 외부에 통지하는 것이 기본입니다만, 장애 조사를 위해
ipmitool 커맨드로 하드웨어에 대한 장애 상태를 확인할 수 있습니다.

[표 2-2] System x3550 M2 하드웨어 장애 감지 항목

장애 감지	FAN, 온도, 전원 전압, HDD, 메모리, CPU
PFA 감지	메모리, CPU, VRM(CPU 전원 공급 모듈), FAN, HDD(SAS), 전원

---

3 여기서는 Fan 3 Tach가 고장으로 정지되어 있다는 것을 알 수 있습니다(사실은 내부 냉각 Fan을 분리한 후, ipmitool 커맨
드를 실행했습니다).

[표 2-3] ipmitool 커맨드 사용방법의 예

커맨드	설명
#ipmitool fru	하드웨어 컴포넌트 상세 정보를 표시
#ipmitool sdr	하드웨어 컴포넌트 장애 상황을 표시
#ipmitool sel list	시스템 관리 프로세서의 이벤트 로그를 표시
#ipmitool sel clear	시스템 관리 프로세서의 이벤트 로그를 삭제

로그 파일 감시 툴

감시 에이전트의 예로, 로그 파일 감시에 특화되어 있는 스크립트인 logmon을 살펴보겠습니다. 웹사이트에서는 IBM System Director와 조합하여 사용하는 툴로 소개되어 있습니다만 logmon 단독으로도 사용되기도 합니다. 설정 파일에 지정한 로그 파일을 감시하여 사전에 정의한 문자열을 발견하면 거기에 대응한 커맨드를 실행합니다. 이 커맨드로 서버 관리자에게 메일을 전송하거나 IBM Systems Director와 같은 특정 시스템 관리 소프트웨어로 통지하거나 할 수 있습니다. 설치 및 설정 순서는 다음과 같습니다.

우선 logmon_YYYYMMDD.tgz를 다운로드[4]합니다. 여기서는 /root/work/ 밑에 저장한다고 가정합니다. 다음 커맨드를 이용하여 logmon을 설치하면, [표 2-5]와 같은 구성을 갖는 파일이 설치됩니다. 또한 서버 부팅 시에 logmon 서비스가 자동으로 시작되도록 chkconfig에 자동 등록됩니다.

```
# cd /root/work
# tar -xvzf logmon_YYYYMMDD.tgz
# cd logmon_YYYYMMDD
# ./setup.sh
```

다음으로 설정 파일 /etc/logmon/logmon.conf를 수정합니다. [그림 2-4]의 예와 같이 '감시 대상 파일, 감시 대상 문자열, 실행 커맨드'를 지정합니다. 콜론(:)으로 시작하는 행

---

4 이 스크립트는 저자가 제공하는 파일로, 일본 IBM 홈페이지에 소개되어 있습니다. http://www.ibm.com/jp/domino01/mkt/cnpages7.nsf/page/default-00057580의 아래 부분에서 링크를 확인할 수 있습니다.

은 감시 대상 파일명을 절대 경로로 지정합니다. (문자열) 형태로 된 행은 감시 대상 문자열을 지정합니다. 여기서는 Perl의 정규표현을 사용할 수도 있습니다. 그 다음 행에는 실시할 커맨드를 적습니다. #으로 시작되는 행은 주석이므로 무시됩니다.

1개의 감시 대상 파일에 대해, 여러 개의 감시 대상 문자열을 지정할 수 있을 뿐만 아니라, 1개의 감시 대상 문자열에서 여러 개의 실행 커맨드를 지정할 수도 있습니다. [그림 2-4]의 예에서는 다음과 같은 동작을 합니다.

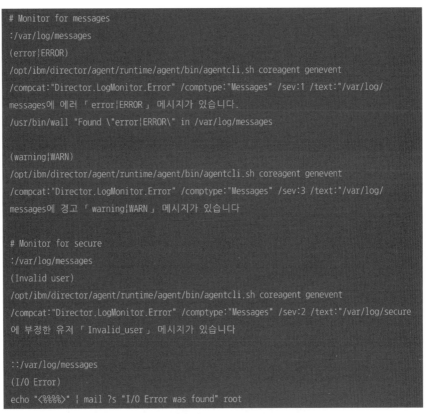

```
# Monitor for messages
:/var/log/messages
(error|ERROR)
/opt/ibm/director/agent/runtime/agent/bin/agentcli.sh coreagent genevent
/compcat:"Director.LogMonitor.Error" /comptype:"Messages" /sev:1 /text:"/var/log/
messages에 에러 「error|ERROR」 메시지가 있습니다.
/usr/bin/wall "Found \"error|ERROR\" in /var/log/messages

(warning|WARN)
/opt/ibm/director/agent/runtime/agent/bin/agentcli.sh coreagent genevent
/compcat:"Director.LogMonitor.Error" /comptype:"Messages" /sev:3 /text:"/var/log/
messages에 경고 「warning|WARN」 메시지가 있습니다

# Monitor for secure
:/var/log/messages
(Invalid user)
/opt/ibm/director/agent/runtime/agent/bin/agentcli.sh coreagent genevent
/compcat:"Director.LogMonitor.Error" /comptype:"Messages" /sev:2 /text:"/var/log/secure
에 부정한 유저 「Invalid_user」 메시지가 있습니다

::/var/log/messages
(I/O Error)
echo "<%%%%>" | mail ?s "I/O Error was found" root
```

[그림 2-4] /etc/logmon/logmon.conf의 설정 예

- /var/log/messages에서 "ERROR", "error"와 같은 문자열을 발견하면, agentcli. sh 및 wall 커맨드 실행(로그인 콘솔에 메시지를 표시).

- /var/log/messages에서 "warning", "WARN"과 같은 문자열을 발견하면, agentcli.sh 실행

- /var/log/messages에서 "Invalid_user"를 발견하면, agentcli.sh 실행

실행 커맨드 행에서 〈%%%%〉부분은, 감시 대상 문자열을 발견한 행 전체 행으로 치환됩니다.

설정 파일 내용이 logmon에 의해 정확하게 번역될지의 여부는 다음의 커맨드를 이용해서 확인할 수 있습니다. logmon이 설정 파일을 번역한 결과가 화면에 표시됩니다.

```
# service logmon check
```

logrotate 등으로 감시 대상 로그 파일이 신규 작성된 경우, 다음 커맨드로 감시할 파일을 신규 파일로 전환할 필요가 있습니다.

```
# /etc/init.d/logmon switch
```

예를 들어 감시 대상 파일이 /var/log/messages와 /var/log/secure인 경우, [그림 2-5]와 같이 logrotate의 설정 파일 /etc/logrotate.d/syslog의 postrotate 엔트리에 이 커맨드를 적용합니다.

```
/var/log/messages /var/log/secure /var/log/maillog /var/log/spooler /var/log/boot.log /var/log/cron {
    sharedscripts?
    postrotate?
        /bin/kill -HUP `cat /var/run/syslogd.pid 2> /dev/null` 2> /dev/null || true?
        /bin/kill -HUP `cat /var/run/rsyslogd.pid 2> /dev/null` 2> /dev/null || true?
        /etc/init.d/logmon switch?
    endscript?
}
```

[그림 2-5] /etc/logrotate.d/syslog의 설정

서버를 재기동하거나 다음 커맨드를 이용하여 logmon을 시작하면 로그 파일 감시가 시작됩니다.

```
# service logmon start
```

[표 2-4] logmon 설치 관련 파일

파일	설명
/etc/logmon/logmon.pl	감시 스크립트 파일
/etc/logmon/logmon.conf	설정 파일
/etc/init.d/logmon	서비스 시작 및 정지 스크립트

상기의 설정 예로서 agentcli.sh는 IBM Systems Director 6.1 환경에서 이용 가능한 커맨드입니다.

따라서 해당 커맨드를 실행할 수 없는 환경에서는 설정 파일에서 메일로 전송하도록 수정하는 등의 조정이 필요합니다.

시스템 가동 정보의 수집

리소스 사용량을 포함한 시스템 동작 상태의 다양한 정보를 이력 데이터로 보존하는 2개의 툴을 소개하겠습니다.

첫 번째로 소개할 툴은 Red Hat Enterprise Linux에서 표준으로 제공하는 sysstat RPM 패키지입니다. 다음과 같은 커맨드로 sysstat 패키지를 인스톨하면, 설정 파일 /etc/cron.d/sysstat에 cron 작업의 엔트리가 추가되어 데이터 수집이 시작됩니다.

```
# yum install sysstat
```

디폴트 설정으로는 10분마다 1분 간의 통계 정보를 바이너리 파일 /var/log/sa/saXX에 수집하도록 되어 있습니다. ㄱ 다음부터는 매일 오후 23:53에 1일치의 통계 정보를 모아 텍스트 파일 /var/log/sa/sarXX를 생성합니다. 만들어진 바이너리 파일에 포함하는 데이터 내용은 다음의 sar 커맨드로 확인할 수 있습니다. 파일명 지정 옵션 −f를 생략하는 경우는, 당일 데이터 수집 중의 바이너리 파일이 대상입니다.

```
# sar -u -f /var./log/sa/saXX          => CPU 사용현황
# sar -r -f /var./log/sa/saXX          => 메모리 사용현황
# sar -b -f /var./log/sa/saXX          => 디스크 I/O 사용현황
# sar -W -f /var./log/sa/saXX          => 스왑인, 스왑 아웃 발생 현황
# sar -n DEV -f /var./log/sa/saXX      => 네트워크 패킷 송수신 현황
# sar -A -f /var./log/sa/saXX          => 모든 데이터
```

sysstat 패키지에는 iostat 커맨드 등 시스템 가동 정보 수집에 필요한 표준적인 커맨드가 포함되어 있으므로 반드시 설치해 두도록 합시다.

두 번째로 소개할 툴은 perflog라고 하는 '시스템 가동 데이터 수집 스크립트'[5]입니다. 이 툴은 vmstat, mpstat, iostat, netstat, swapon, ps, top, df 등의 커맨드로 데이터를 수집해서 텍스트 파일에 저장합니다. 1일 간의 데이터를 아카이브 파일로 정리하여, 지정 기간만큼 보존하도록 되어 있습니다. 리소스 감시뿐만이 아닌, 문제가 발생한 경우의 원인 조사에도 유용한 정보가 포함되어 있습니다. 업무용 서버 외에 검증용 테스트 서버에도 인스톨해 두면 후에 퍼포먼스에 관련한 정보를 확인하거나 할 때 매우 편리합니다.

---

5 이 스크립트는 저자가 제공하는 파일로서, 일본 IBM 홈페이지에 소개되고 있습니다. http://www−06.ibm.com/jp/linux/tech/doc/00401e6c.html.

백업

2.2.1 백업의 종류 및 방식

리눅스 서버 구축 운용에서 의외로 어려운 것이 백업 설계입니다. 이후에도 설명하겠지만, 백업에 관한 요구 사항은 비즈니스 관점에서 결정됩니다. 그리고 비즈니스 변화에 따라 백업의 요구 사항 역시 변합니다. 백업할 필요가 없던 서버도 어느 순간 없어져서는 안 될 중요한 데이터를 저장하기 시작[1]합니다. 또는 애플리케이션을 정지한 후 백업이 실행되도록 설계되었던 것이, 애플리케이션의 정지 없이 백업을 해야 하는 경우가 생기곤 합니다.

비즈니스 요건의 변화를 예상하는 백업 설계는 그에 상응하는 경험이 필요합니다. 프로 시스템 관리자로서 자신의 역할을 충실히 수행하려면 백업에 대한 기본 패턴을 확실히 파악하고, 적절한 방법을 선택할 수 있는 능력을 배양해야 할 것입니다. 우선은 백업 설계의 기초가 될 백업의 종류 및 방식을 설명하겠습니다.

시스템 백업과 데이터 백업

백업의 종류는 '시스템 백업'과 '데이터 백업'으로 크게 나눌 수 있습니다. 이것은 OS나 애플리케이션을 설치한 '시스템 영역'과 애플리케이션이 사용하는 데이터를 보존하는 '데이터 영역'과는 백업 및 저장에 요구되는 요건이 다르기 때문입니다.

---

1   필자기 집에서 관리하고 있는 파일 서버도 처음에는 취미로 구축했지만, 어느 순간 가계부, 주소록, 가족 사진 등 없어져서는 안 될 중요한 기간 시스템이 되어버렸습니다. 현재는 rsync를 이용하여 야간 배치 백업을 하고 있습니다.

시스템 영역의 내용은 서버가 정상 운용되고 있는 중에는 거의 변경될 일이 없습니다. 시큐리티 업데이트의 적용 및 애플리케이션 구성 변경 등의 유지보수 작업을 한 후에 시스템 영역 전체를 백업하는 것으로 충분합니다.

한편, 데이터 영역은 매일 변경됩니다. 어떤 이유로 인해 데이터가 손상된 경우, 예를 들어 반드시 전날의 데이터로 복구해야 할 필요가 있는 경우를 대비하면, 데이터 영역은 매일 백업을 실시할 필요가 있습니다. 이때 매일 데이터 영역 전체를 백업하는 것은 불필요하다는 것을 알 수 있을 것입니다. 예를 들어 일요일에는 데이터 영역 전체를 백업하고, 월요일부터 토요일까지는 전날 또는 일요일로부터 변경된 데이터만을 백업하는 것을 반복한다면, 월요일부터 토요일에 백업할 데이터의 양을 줄일 수 있을 것입니다.

일반적으로 [그림 2-6]과 같이 데이터 영역 전체를 백업하는 '전체 백업Full Backup'과 전체 백업한 데이터로부터 변경된 내용만을 백업하는 '차등 백업Differential Backup' 그리고 마지막 백업 시점으로부터 변경된 내용만을 백업하는 '증분 백업Incremental Backup'이 있습니다. 전체 백업과 차등 백업 또는 증분 백업을 조합하는 것이 데이터 백업의 기본적 사고입니다.

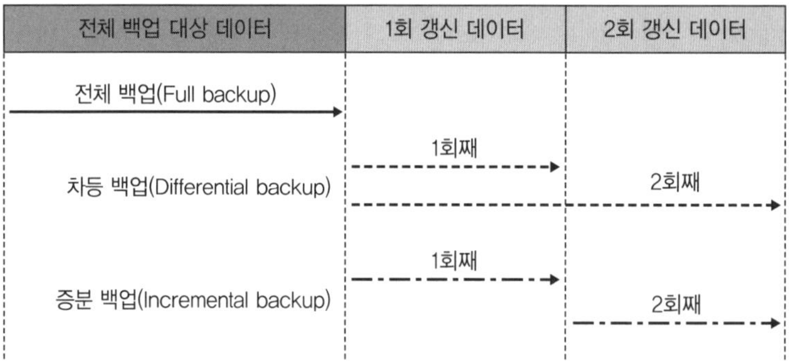

[그림 2-6] 3종류의 백업 방법

백업량을 가능한 줄이기 위해서는 '전체 백업 + 증분 백업'의 조합이 유리해 보이지만, 데이터를 복구restore하는 것을 고려하면 '전체 백업 + 차등 백업'을 하는 편이 좋습니다.

예를 들어, 데이터 영역이 완전히 망가진 상태에서 금요일 데이터로 복원할 때를 가정해 봅시다. 증분 백업의 경우는, 일요일의 전체 백업을 복구한 후, 월요일부터 금요일까지의 증분 백업을 차례대로 overwrite하면 복원 가능합니다. 반면 차등 백업의 경우는 일요일에 실시한 전체 백업과 금요일에 실시한 차등 백업만으로 복원을 할 수 있습니다.

데이터의 백업 방법을 결정할 때에는, "어느 시점의 데이터가 복원 가능하다는 것을 보증할 수 있는가"와 "복원을 위해 걸리는 시간과 작업량은 어느 정도인가"의 'recovery 요건'을 우선 정합니다. 이는 애플리케이션 이용자에 대한 서비스 레벨 등 비즈니스 요건으로부터 결정됩니다. 그리고 주어진 recovery 요건을 만족하기 위한 백업 방법을 '백업 요건'이라고 합니다. 마지막으로 결정해야 할 항목은 이용하는 툴에 따라 다르겠지만, 비즈니스 관점에서 결정되는 recovery 요건을 기술적인 요소를 포함한 백업 요건에 맞게 설계하는 것이 백업 설계의 실력이라고 할 수 있습니다.

1.2에서 애플리케이션 데이터 영역은 시스템 영역과는 별도의 파티션으로 나누는 것에 대해 설명했습니다. 또한 파티션 백업 · 복구backup·restore관점에서도 중요합니다. 시스템 영역에 애플리케이션 데이터를 보존하면, 시스템 백업과 데이터 백업의 구분이 애매해질 우려가 있습니다. 시스템 백업을 복원할 경우, 애플리케이션 데이터 역시 예전 데이터로 돌아가있는 문제가 발생할 수 있습니다. 1장에서도 강조했듯이 "나는 시스템 구조를 이해하고 있으니까 그런 실수는 하지 않아"와 같이 생각하는 것은 프로의 자세가 아닙니다. '내가 없더라도 곤란하지 않을 시스템'을 만드는 것이 프로의 마인드입니다.

백업 방식

백업 방식에는 [그림 2-7]에서 보듯이 로컬Local 백업, 네트워크Network 백업, LAN-Free 가 있습니다.

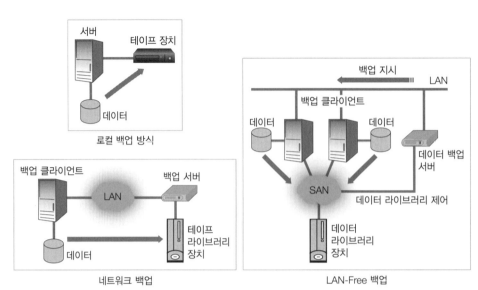

[그림 2-7] 백업 방식

로컬 백업 방식은, 백업 대상 서버에 접속된 테이프 장치 등에 백업을 하는 방식입니다. 서버 수가 적은 경우에는 적합한 방식이지만, 서버 수가 많아지면 백업 미디어의 관리가 번잡해지는 등의 단점이 있습니다.

네트워크 백업 방식은, 전용 백업 서버를 준비하고 네트워크를 이용하여 백업 서버에 데이터를 전송하는 방식입니다. 다수의 서버를 1대의 백업 서버에서 집중 관리할 수 있기 때문에, 서버의 수가 많은 경우에 편리합니다. 상용 백업 제품을 이용하는 경우라면, 테이프 라이브러리 장치를 이용하여, 데이터가 어떤 테이프에 들어 있는지 같은 미디어 관리도 백업 제품의 기능으로 이용할 수 있습니다.[2] 네트워크상으로 백업 데이터가 전송되기 때문에, 백업해야 할 데이터의 양이 많은 경우, 백업 전용의 고속 LAN을 준비하는 경우도 있습니다.

LAN-Free 백업은 약간 특수한 방식으로, 3.1에서 설명할 SAN을 이용하여, 1대의 테이프 라이브러리 장치를 여러 대의 서버가 fiber 케이블로 접속하므로 각 서버는 고속의 광케이블을 통해 데이터를 백업하는 것이 가능해집니다. 다만, 1대의 테이프 라이브러리 장치를 동시에 사용하는 것은 불가능하므로, 전용 백업 서버가 네트워크를 통해 원활한

---

2 물론 직접 작성한 셸 스크립트로 테이프 라이브러리 장치를 이용할 수도 있습니다.

처리를 위한 교통정리를 합니다. 미디어 관리나 백업 정보의 관리도 백업 서버에서 집중 관리합니다. 네트워크를 이용하지 않아 고속의 백업 처리를 할 수 있는 로컬 백업과 여러 대의 서버를 집중 관리할 수 있는 네트워크 백업의 장점을 동시에 이용할 수 있는 방식입니다. LAN-Free 백업에는 복잡한 제어가 필요하므로, 상용 백업 제품의 사용이 필수적입니다.

이 밖에도 외부 스토리지 장치가 가진 데이터 복사기능을 이용한 백업 방식도 있습니다. 이 역시 3.1에서 설명하겠습니다.

온라인(Online) 백업과 오프라인(Offline)백업

동작 중인 애플리케이션을 정지하지 않은 채 백업하는 것을 온라인 백업이라고 합니다. 최근에는 24시간 무정지 서비스를 제공하는 서버가 많으므로, 온라인 백업의 요구가 증가했습니다. 애플리케이션 데이터 백업에 관해, 온라인 백업이 가능한지의 여부는 애플리케이션의 종류와 기능으로 결정됩니다.

예를 들어 관계형 데이터베이스의 경우, 데이터베이스가 동작하는 상태에서 데이터를 저장한 파일을 백업해서는 안 될 것입니다. 데이터를 백업하는 중에 파일의 내용이 변경되면 양쪽에 다른 데이터가 혼재하는 상태가 됩니다. 이런 데이터를 복원하더라도 무결성이 파괴되어 제대로 된 데이터라고 할 수 없습니다. 각각의 데이터베이스 시스템에서 온라인 백업을 하기 위한 특별한 구조와 순서가 제시되므로 온라인 백업이 필요한 경우는 그에 따르도록 합니다.

관계형 데이터베이스 외의 애플리케이션의 경우도 마찬가지로 시간적으로 다른 데이터가 혼재된 상태에서 복원하는 것이 문제가 되는지는 중요한 부분입니다. 단 온라인 백업이 가능하도록 의도적으로 설계한 애플리케이션이 아닌 경우, 어떤 영향이 있는지를 판단하는 것은 매우 어려운 경우가 대부분입니다. 기본적으로는 애플리케이션을 정지한 상태, 즉 데이터 쓰기가 발생하지 않는 상태에서 백업을 진행하는 '오프라인 백업'을 추천합니다.

시스템 백업에 대해서도 온라인 백업과 오프라인 백업이 있습니다. 온라인 백업은 리눅스가 동작하는 상태에서 백업을 진행합니다. 오프라인 백업은 리눅스를 정지하고 백업 전용 환경에서 서버를 재기동한 후에 시스템 백업을 진행합니다. 이후에 설명할 rescue 부트에 의한 시스템 백업은 오프라인 백업의 한 예입니다. 상용 백업 제품에는 시스템 백업의 온라인 백업을 지원하는 것도 있지만, 시스템 영역 백업이 대상이기 때문에, 애플리케이션 데이터를 온라인으로 취득 가능한 것은 아닙니다.

온라인 백업을 하기 위해서는 다양하게 고려해야 할 부분이 있으며 간단하지도 않습니다. x86 서버의 무정지 운용에 필요한 기능은 아직까지 개선 및 발전되어야 할 부분이 많습니다.

2.2.2 데이터 백업 기능

상용 백업 제품을 이용한 데이터 백업에 대해 설명하고, 무상으로 간단하게 이용할 수 있는 rsync를 이용한 백업을 소개하도록 하겠습니다.

테이프 미디어 관리 기능

상용 백업 제품은 백업 파일이 어느 테이프에 쓰여져 있는지에 대한 정보는 자동으로 관리되므로 서버 관리자는 데이터가 관리되는 장소를 의식할 필요가 없습니다. 백업 복원 시 대상 파일을 지정하면 필요한 테이프가 자동으로 선택됩니다. 단 증분 백업이나 차등 백업을 반복하다 보면 백업 파일이 테이프에 쌓이게 됩니다.

일반적으로 데이터 백업 설정에서 'Generation Management: 세대 관리'라고 하는 기능이 있어 몇 회차까지 백업한 데이터를 테이프에 남겨 둘지 설정하는 것이 가능합니다. 예를 들어 어떤 파일에 대해 3세대 관리 지정을 하면 최초에 백업 데이터를 포함한 3회차까지의 백업 데이터가 테이프에서 관리됩니다. 최초에 해당 파일이 테이프에 쓰여진 후, 서버상에서 내용이 변경되어 새로운 내용의 파일이 테이프에 쓰여지는 것이 세 번 반복되면 처음에 쓰여진 파일이 삭제됩니다. 이 파일을 복원할 때는 과거 3회차까지의 파일 중, 필요한 시점의 파일을 선택해서 복원하는 것이 가능합니다.

[그림 2-8]은 보관 설정을 1세대로 한 후 전체 백업과 증분 백업을 번갈아 하는 경우의 예입니다. 1회째의 증분 백업에서는 테이프1의 '파일 2'가 삭제되고 그 부분은 빈 상태가

됩니다. 이런 경우의 테이프 빈 부분에는 새로운 데이터를 쓰는 것이 불가능합니다. 2회째 전체 백업을 취득한 타이밍에서 테이프1의 파일이 모두 삭제되면 테이프1은 아무 것도 없는 처음 상태로 돌아가고, 다음 백업부터는 재이용할 수 있습니다. 즉, 증분 백업만 반복으로 하면 새로운 테이프가 점점 소비됩니다. 이런 구조의 백업 제품의 경우는 스케줄 기능을 이용해서 전체 백업을 하는 날과 증분 백업 또는 차등 백업을 하는 날을 적절히 지정하여야 합니다.

IBM의 백업 제품인 'Tivoli Storage Manager[TSM]'에서는 빈 상태를 강제적으로 해소하는 'Reclamation(매립) 기능'이 제공됩니다. 테이프의 빈 공간의 비율이 많아지면 그 테이프 내용을 새로운 테이프에 앞에서부터 다시 쓰는 것으로 테이프를 재이용 가능하게 합니다. 따라서 TSM에서는 정기적으로 전체 백업을 할 필요가 없이, 증분 백업을 반복하는 단순한 스케줄로 운용이 가능합니다. 시간이 걸리는 전체 백업을 하지 않아도 되므로 오프라인 백업의 경우 애플리케이션 정지 시간을 줄일 수 있는 장점이 있습니다.

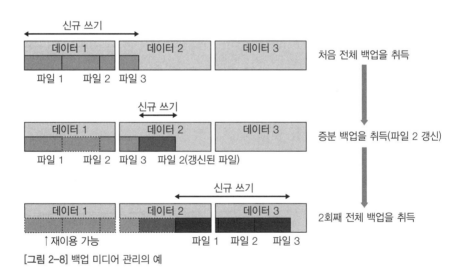

[그림 2-8] 백업 미디어 관리의 예

가상 테이프 라이브러리

많은 상용 백업 제품에서 '가상 테이프 라이브러리'의 기능을 제공합니다. 이는 하드디스크 영역을 마치 테이프 라이브러리 장치인 것처럼 인식하게 하는 기능입니다. 백업 제품의 동작상 테이프 라이브러리 장치를 이용해서 백업하고 있는 것처럼 보이지만, 사실은 하드 디스크에 데이터를 쓰고 있는 것입니다. "하드디스크에 백업하는 것이라면 직접 파일을 복사하면 되지 않을까?"라는 생각을 할 수도 있습니다만, 추가로 테이프 라이브러리 장치를 전제로 한 기존의 백업 설계를 그대로 이용할 수 있다는 장점이 있습니다. 가상 테이프 라이브러리에 백업을 한 후에 별도 가상 테이프 라이브러리를 이용하여 실제 테이프에 복사하는 사용법도 고려할 수 있습니다.

애플리케이션 전용 모듈

관계형 데이터베이스를 온라인으로 백업하는 경우에는 데이터베이스 시스템에서 결정한 순서를 따를 필요가 있습니다. 예를 들어 백업 전후에 데이터베이스에 커맨드를 실행할 필요가 있을 수 있습니다. 오프라인 백업의 경우에도 데이터베이스 종류에 따라서는 데이터베이스가 사용하는 파일을 그대로 백업할 수 없는 경우가 있습니다. 이런 경우 데이터베이스 커맨드로 백업용 파일을 사전에 출력하고 그 파일을 백업합니다.

상용 백업 제품에서는 주요 데이터베이스 제품에 대해 각의 데이터베이스에 맞는 필요한 커맨드를 실행하여 백업·복구를 하는 기능이 옵션으로 제공되고 있습니다. 데이터베이스 외에도 그룹웨어나 업무 애플리케이션과의 연동을 위한 옵션도 있습니다. 이들은 필요로 하는 애플리케이션을 지원하기 위한 기능을 선택해서 추가 구입하는 형태로 이용하곤 합니다.

rsync에 의한 데이터 백업

리눅스에서 표준으로 제공되는 rsync 커맨드를 이용하여 간단히 파일 단위로 데이터 백업을 할 수 있습니다. cron 등을 이용하여 정기적으로 증분 백업을 할 수도 있습니다. 다만 기본적으로 디스크 사이의 복사만 가능하므로, 테이프에 쓰는 것은 불가능합니다.

다음 커맨드는 같은 서버 디렉토리 간 파일을 복사하는 로컬 백업을 합니다.

```
# rsync -av /data01/ /data02/
```

이 예에서는 /data01/ 하위 파일을 디렉토리 구조를 포함하여 /data02/ 밑으로 복사합니다. 같은 파일이 기존에 존재하는 경우는 복사를 하지 않습니다. 단 /data01/ 밑에 새로운 파일이 있거나 변경된 경우에는 덮어쓰기를 합니다. --delete 옵션을 지정하면 /data01/에서 삭제된 파일은 /data02/에서도 삭제됩니다.

다음 커맨드는 리모트 서버에 네트워크를 경유하여 백업을 시행합니다.

```
# rsync -av  /data/  root@xxx.xxx.xxx.xxx:/data/
```

/data/ 밑 파일을 디렉토리 구조를 포함하여 리모트 서버(IP 주소 xxx.xxx.xxx.xxx)의 /data/ 밑으로 복사합니다. 같은 파일이 이미 존재하는 경우는 복사하지 않습니다. 로컬 파일이 새롭게 만들어졌거나 변경된 경우는 덮어쓰기를 합니다. --delete 옵션을 지정하면 로컬에서 삭제된 파일은 리모트 서버에서도 삭제됩니다. 위의 예는 접속 유저에 root를 지정하고 있으므로 파일 쓰기 기능은 root 유저 권한으로 실행됩니다. 따라서 커맨드 실행 시에 root 유저의 패스워드 입력이 요구됩니다. 하지만 SSH 접속 공개키 인증을 설정하면 패스워드 입력을 생략할 수도 있습니다. 공개키 인증 설정에 대해서는 2.3에서 설명하겠습니다.

'rsync에 의한 백업 스크립트'[3]는 위에서 설명한 rsync 커맨드에 백업 결과를 확인 (md5sum 커맨드에 의한 체크섬 확인)하는 것과 오래된 파일을 자동으로 삭제하는 기능 등을 추가한 것입니다. 간단해 보이는 스크립트지만 실용성을 고려하여 작성하였으므로 운용 툴 개발 등에 필요하다면 참고하도록 합시다.

```perl
#!/usr/bin/perl
#
#   backup.pl - Simple rsync backup tool
#
#   2010/08/28 version 1.0
#

use strict;
```

3　rsync에 의한 백업 스크립트의 예

```perl
################################################
my $SRC_DIR="/data/backup";
my $DEST_DIR="/shared/server01";
my $SERVER="xxx.yyy.zzz.www";
my $USER="backup";
my $RETAIN_SRC=7;    # days to reatin
my $RETAIN_DEST=30; # days to retain
################################################

my $TMPFILE="/tmp/backuptmp.$$";

sub logprt {
    print OUT $_[ 0 ] . "\n";
    system ( "echo \"$_[ 0 ]\" | logger -t backup.pl" );
}

MAIN: {
    my ( $line, $res, $md5_src, $md5_dest );

    logprt "== rsync backup : Start ==";

    open ( OUT, ">$TMPFILE" );
    open ( IN, "rsync -av ${SRC_DIR}/ ${USER}\@${SERVER}:
        ${DEST_DIR}/ 2>&1|" );

    $res = "Succeeded";
    while ( $line = <IN> ) {
        chomp $line;
        logprt $line;
        next unless ( -f "${SRC_DIR}/$line" );

        $md5_src='md5sum $SRC_DIR/$line';
        $md5_dest='ssh $USER\@$SERVER "md5sum $DEST_
            DIR/$line"';
        $md5_src =~ m/(^\S+)/; $md5_src = $1;
        $md5_dest =~ m/(^\S+)/; $md5_dest = $1;

        unless ( $md5_src eq $md5_dest ) {
            logprt "***** MD5 doesn't matche for $line *****";
            $res = "Failed";
```

```
        }
    }
    close IN;

    if ( $? ) {
        logprt "***** rsync error RC=$? *****";
        $res = "Failed";
    }

    close OUT;
    logprt "== rsync backup : $res ==";

    system ( <<EOF
find $SRC_DIR -daystart -maxdepth 1 -mtime +$RETAIN_SRC
-exec rm {} \\;;
ssh $USER\@$SERVER "find $DEST_DIR -daystart -maxdepth 1
-mtime +$RETAIN_DEST -exec rm {} \\;";
EOF
    );
    unlink $TMPFILE;

}
```

컬럼 | 참고가 될만한 책 소개

이 장에서 소개한 'logmon' '시스템 기동 데이터 수집 스크립트' 'rsync에 의한 백업 스크립트'는 필자가 작성한 프로그램으로 모두 perl로 작성되어 있습니다. 리눅스 서버 운용을 위해서는 perl과 쉘 스크립트(bash)를 공부하면 좋습니다. 저는 다음 책들을 추천합니다. 『Learning Perl 6판』(O'Reilly) 또는 『Programming Perl 3판』(O'Reilly) 『Learning the bash Shell: Unix Shell Programming In a Nutshell』(O'Reilly)

이 밖에도 Brian W. Kernighan과 Dennis M. Ritchie가 쓴 『C Programming Language(2nd Edition)』를 추천합니다. 이 책은 C 언어 입문서로, 모든 언어에 통용되는 프로그램의 본질에 대해 배울 수 있습니다.

또한 리눅스 커널 구조에 대해 이해하고 싶은 독자도 많을 것이라고 생각합니다. 커널에 관한 책은 『Understanding the Linux Kernel, Third Edition』(O'Reilly) 또는 『리눅스 커널 2.6 구조와 원리』(한빛미디어)를 추천합니다.

필자는 현재 Ruby라는 언어를 재미있게 공부하고 있습니다. Ruby on Rails라는 프레임워크를 이용하여 웹 애플리케이션 손쉽게 개발할 수 있습니다. Java는 오브젝트 지향을 도구로 사용하기 위한 요소가 너무 강해 취미로 하기에는 별로 좋지 않습니다. 모든 함수형 언어는 Haskell을 사용하고 있습니다. 관심이 있다면 배워보는 것도 괜찮을 것입니다.

2.2.3 시스템 백업

이번에는 리눅스 서버 시스템 백업 방법을 설명하겠습니다. 백업 서버를 이용하여 집중 관리를 하는 경우라면 리눅스 시스템 백업을 지원하는 상용 소프트웨어가 필요합니다. 그림 2.9와 같이 가동 중인 리눅스에서 사용하는 백업 클라이언트를 이용한 온라인 백업 방식과 백업 클라이언트가 인스톨된 전용 미디어를 이용한 오프라인 백업 방식이 있습니다.

데이터 백업 방식과 비교하면 시스템 백업을 실시하는 빈도가 낮기 때문에 집중 관리의 필요성이 그다지 높지는 않습니다. 집중 관리가 필요하지 않는 경우라면 레스큐rescue 모드로 부팅하여 시스템 백업을 하는 방법이 있습니다. 이 경우도 백업 서버(NFS 서버)에 네트워크를 경유하여 백업 파일을 보존하는 것은 가능합니다.

온라인 백업

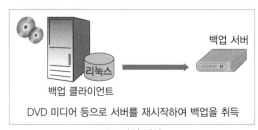

오프라인 백업

[그림 2-9] 상용 소프트웨어에 의한 시스템 백업

레스큐 부트에 의한 시스템 백업의 개요

레스큐 부트rescue boot는 Red Hat Linux Enterprise의 인스톨 미디어를 이용하여 서버를 부팅한 후 백업합니다. 기동 시 "boot: " 프롬프트가 표시되면 "linux rescue"를 입력합니다. 그러면 인스톨 미디어 안의 파일(커널, 초기 RAM 디스크 등)을 사용하여 레스큐 모드로 리눅스가 부팅됩니다.

레스큐 모드에서는 서버의 하드디스크에 있는 파일은 사용하지 않으므로, 하드 디스크의 시스템 영역을 안전하게 백업할 수 있습니다. 백업할 장치는 서버에 접속된 테이프 장치 또는 USB 접속의 외부 하드디스크 등을 이용합니다. 백업 서버의 디스크 영역을 NFS 마운트하여, 그 장치에 쓰는 것도 가능합니다(그림 2-10).

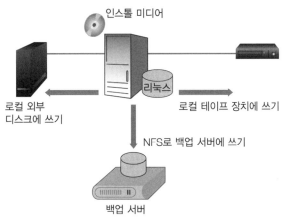

[그림 2-10] 레스큐 부트에 의한 시스템 백업

1.4에서 구축한 킥스타트 서버를 이용해서 레스큐 부트를 하는 것도 가능합니다. 서버를 킥스타트 서버에서 네트워크를 경유하여 부팅한 후, 부트 메뉴 "boot:" 프롬프트가 표시되면, 시작할 서버의 아키텍처(x86_64 또는 x86)에 맞게 '3 rescue' 또는 '4 rescue'를 입력합니다. 그러면 킥스타트 서버에서 필요한 파일(커널, 초기 RAM 디스크 등)을 가져와 레스큐 모드의 리눅스가 메모리에 적재되어 기동됩니다.[4] 여러 대 서버의 시스템 백업을 취득할 때 인스톨 미디어를 교체할 필요가 없어 편리합니다.

---

4 '1 rescue' 또는 '2 rescue'에서도 레스큐 부트가 실행되지만 잘못 입력하면 킥스타트에 의한 자동 인스톨이 시작되므로 안전을 위해 자동 인스톨이 설정되어 있지 않은 번호를 선택하도록 합시다.

시스템 영역의 백업에는 dump 커맨드가 자주 사용됩니다. dump 커맨드는 ext2/ext3 파일시스템 내용을 1개의 파일로 쓰는 커맨드입니다. dump 커맨드로 백업한 내용은 restore 커맨드를 이용해서 복구합니다. dd 커맨드로 디스크 파티션 전체를 1개의 이미지 파일로 쓰는 방법도 있지만, 백업 파일 사이즈가 커지는 등의 단점이 있으므로 추천하지 않습니다. 특히 dd 커맨드에 의한 백업 이미지는 백업할 때와 같은 사이즈의 파티션에 복구할 필요가 있기 때문에 다른 사이즈의 하드디스크에 복구할 경우에 다소 곤란합니다. 시스템 영역(/boot 파일시스템이나 루트 파일시스템)에는 보통 ext3 파일시스템이 사용되므로 특별한 이유가 없는 한 dump 커맨드를 이용할 것을 추천하겠습니다.

그다지 바람직한 상황은 아니지만 루트 파일시스템 용량을 작게 하고, 애플리케이션 영역을 늘리는 등의 시스템 영역 파티션 구성을 변경할 필요가 있는 경우에도 dump 커맨드를 이용할 수 있습니다. dump 커맨드에 의한 백업은 백업 시와 다른 사이즈 파티션에도 복구 가능하므로 각 파일시스템 내용을 dump 커맨드로 백업한 후에 새로운 사이즈로 파티션을 재구성하여 복구[5]합니다. dump 커맨드와 dd 커맨드의 비교 내용을 [표 2-5]에 정리하였습니다.

dump 커맨드로 백업을 하는 경우는, 복구할 때 디스크 파티션과 파일시스템을 재구성합니다. 그때 필요한 디스크 파티션 구성이나 파일시스템 라벨 등의 정보를 백업할 때 보존해 둡니다. 또한 MBR(부트 스트랩 로더) 등 /boot 파일시스템 이외의 서버 기동 처리에 필요한 데이터 영역은 복구할 때 재설치하므로 백업할 필요가 없습니다.

레스큐 부트에 사용되는 인스톨 미디어는 백업 대상의 리눅스와 같은 버전을 사용합니다. 다른 버전의 인스톨 미디어를 사용하면, ext3 파일시스템의 이용 가능한 포맷 옵션이 다르기 때문에 시스템 영역의 ext3 파일시스템을 마운트할 수 없는 경우가 있습니다. 또한 설치 미디어에 시스템 영역의 하드디스크에 대응하는 디스크 드라이버가 포함되어 있지 않은 경우는 [그림 1-6]에 있는 드라이버 미디어(dd 미디어)를 사용할 필요가 있습니다.

---

5 복구할 장치의 파티션 사이즈가 너무 작아서 모든 파일을 복구하기에 용량이 부족한 경우에는 복구가 불가능합니다.

[표 2-5] dump 커맨드와 dd 커맨드의 비교

	dump 커맨드	dd 커맨드
백업 가능한 파일시스템	ext2/ext3 파일시스템	임의
백업 대상	실제 파일시스템만을 백업	파티션 전체를 백업
복구 시 고려할 사항	다른 사이즈의 파티션에도 복구 가능	같은 사이즈 파티션만 복구 가능

레스큐 부트에 의한 시스템 백업

[표 2-6]과 같이 구성된 시스템 영역을 가진 서버의 예를 들어 시스템 백업 순서를 설명하겠습니다. 백업할 장치는 NFS 서버 디스크 영역을 사용합니다.

우선 NFS 서버를 준비합니다. 여기서 1장에서 구축한 킥스타트 서버를 NFS 서버로 가정하도록 하겠습니다. 시스템 백업을 보존할 영역으로 다음 커맨드를 이용하여 디렉토리 /backup을 만듭니다.[6]

```
# mkdir  /backup.
```

설정 파일 /etc/exports에 [그림 2-11]을 추가하고, 다음 커맨드로 NFS 서비스를 시작합니다.

```
/backup     *(rw, no_root_squash)
```
[그림 2-11] /etc/exports의 설정

```
# service portmap start
# service nfs start
```

다음, 백업 대상의 서버가 동작하고 있는 상태에서 파티션 구성 등의 정보를 사전에 확인합니다 다음 커맨드의 출력 결과는 별도의 텍스트 파일에 보존해 둡니다,

---

6 데이터 영역은 시스템 영역과 파티션을 나누는 것을 원칙으로 하므로, 실제 백업을 위한 영역은 전용 파티션을 갖거나 하드 디스크를 나누어 사용하도록 합니다.

우선 /etc/fstab에서 ext3 파일시스템과 swap 영역에서 사용되는 라벨을 확인합니다. 다음 예에서는 루트 파일시스템 라벨은 '/', /boot 파일시스템 라벨은 '/boot', swap 영역 라벨은 'SWAP-sda3'이라는 것을 알 수 있습니다.

```
# cat /etc/fstab
LABEL=/            /            ext3     defaults       1 1
LABEL=/boot        /boot        ext3     defaults       1 2
tmpfs              /dev/shm     tmpfs    defaults       0 0
devpts             /dev/pts     devpts   gid=5,mode=620 0 0
sysfs              /sys         sysfs    defaults       0 0
proc               /proc        proc     defaults       0 0
LABEL=SWAP-sda3    swap         swap     defaults       0 0
```

df 커맨드로 각 파일시스템의 디스크 파티션과 사이즈를 확인할 수 있습니다. 다음 예에서는 루트 파일시스템은 /dev/sda2, /boot 파일시스템은 /dev/sda1이라는 것을 알 수 있습니다. '1K-blocks'의 열은 kb 단위의 사이즈입니다.

```
Filesystem  1K-blocks      Used  Available  Use%  Mounted on
/dev/sda2     3960348   2469892    1286032   66%  /
/dev/sda1       46633     10732      33493   25%  /boot
tmpfs          517568         0     517568    0%  /dev/shm
```

e2label 커맨드로 /dev/sda1과 /dev/sda2의 파일시스템 라벨을 확인합니다. /etc/fstab의 정보와 일치한다는 것을 알 수 있습니다.

```
# e2label /dev/sda1
/boot
# e2label /dev/sda2
/
```

swapon 커맨드로 swap 영역의 파티션을 확인합니다. 다음 예에서는 /dev/sda3이 swap 영역이라는 것을 확인할 수 있습니다.

```
# swapon -s
Filename                        Type      Size      Used   Priority
/dev/sda3                       partition 2096472   0      -1
```

swap 영역의 라벨을 확인합니다. 파일시스템 라벨과는 달리 swap 영역의 라벨은 다음
커맨드로 파티션 내의 정보를 직접 덤프하여 확인합니다. /etc/fstab과 일치한다는 것을
확인할 수 있습니다.

```
# hexdump -C -s 1052 -n 1024 /dev/sda3
0000041c 53 57 41 50 2d 73 64 61  33 00 00 00 00 00 00 00
|SWAP-sda3.......|
0000042c 00 00 00 00 00 00 00 00  00 00 00 00 00 00 00 00
|................|
*
0000081c
```

마지막으로 fdisk 커맨드로 파티션 구성을 확인합니다.

```
# fdisk -l

Disk /dev/sda: 21.4 GB, 21474836480 bytes
255 heads, 63 sectors/track, 2610 cylinders
Units = cylinders of 16065 * 512 = 8225280 bytes

Device Boot    Start    End      Blocks    Id   System
/dev/sda1 *       1       6       48163+    83   Linux
/dev/sda2         7     515     4088542+    83   Linux
/dev/sda3       516     776     2096482+    82   Linux swap / Solaris
```

위의 정보를 모두 확인했다면 서버를 레스큐 부팅합니다. 설치 미디어로 부팅하는 경우
는 'boot:' 프롬프트가 표시되면 'linux rescue' 입력합니다. 킥스타트 서버로부터 네트워
크를 경유하여 부팅하는 경우는 '3 rescue' 또는 '4 rescue'를 입력합니다. 레스큐 부팅가
시작되어 언어 선택 화면이 표시되면 English를 선택합니다. 그 다음 키보드의 종류를 묻
는 화면이 나오면 사용하고 있는 키보드를 선택합니다.

계속해서 설치 미디어로부터 부팅하는 경우는 [그림 2-12]의 네트워크 셋업을 선택하는 화면이 표시되므로 yes를 선택한 후, NFS 서버와 통신 가능하도록 IP 주소를 설정합니다. 킥스타트 서버로 부팅한 경우는 네트워크는 DHCP에서 자동 구성되므로 이 화면은 표시되지 않습니다.

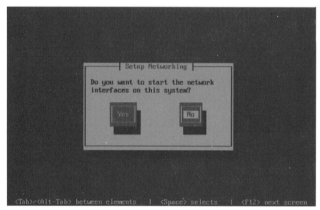

[그림 2-12] 레스큐 부트에서의 네트워크 선택 화면

마지막으로 [그림 2-13]에서 시스템 영역의 마운트 방법을 선택하는 화면이 표시되면 Skip을 선택합니다. 이후 쉘 프롬프트 'sh-3.2#'이 표시되어 레스큐 부트가 완료됩니다.

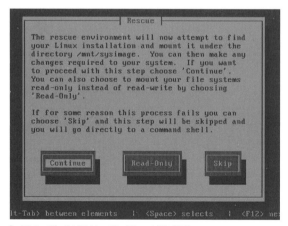

[그림 2-13] 레스큐 부트의 마운트 선택 화면

다음 커맨드로 NFS 서버 백업 영역을 /mnt/backup에 NFS 마운트합니다.

```
# mkdir /mnt/backup
# mount 192.168.1.10:/backup  /mnt/backup
```

/boot 파일시스템과 루트 파일시스템을 dump 커맨드로 파일에 씁니다. 각각 대응하는 파티션 /dev/sda1, /dev/sda2를 지정해서 다음의 dump 커맨드를 실행합니다. -0 옵션은 파일시스템의 모든 내용을 쓰라는 의미입니다. -z9 옵션은 출력 파일 압축 지정으로 -f 옵션은 쓰는 곳의 파일명을 지정합니다. 여기에서는 단순한 파일명(sda1.dump, sda2.dump)을 지정합니다. 서버명이나 백업 일자를 알 수 있도록 파일명에 표기합시다.

```
# dump -0 -z9 -f   /mnt/backup/sda1.dump   /dev/sda1
# dump -0 -z9 -f   /mnt/backup/sda2.dump   /dev/sda2
```

이상으로 백업이 완료되었습니다. NFS 마운트한 영역은 언마운트하고 exit로 쉘을 종료하면 서버가 재기동됩니다.

```
# umount /mnt/backup
# exit
```

[표 2-6] 시스템 영역 파티션 구성의 예

파티션	포맷	라벨	마운트 포인트
/dev/sda1	ext3	/boot	/boot
/dev/sda2	ext3	/	/
/dev/sda3	swap	SWAP-sda3	

레스큐 부트에 의한 복구

이번에는 시스템 백업을 복구하는 순서를 설명하겠습니다. 신규 서버로 복구하는 경우는 사전에 하드웨어 초기 설정(시스템 BIOS의 설정 초기화 및 RAID 구성 등)을 합니다.

시스템 백업을 했을 때와 같은 순서로 복구 대상 서버를 레스큐 모드 부트합니다. 쉘 프롬 프트 'sh-3.2#'이 표시되면 NFS 서버의 백업 영역을 /mnt/backup에 NFS 마운트합니다.

```
# mkdir /mnt/backup
# mount 192.168.1.10:/backup /mnt/backup
```

백업 시에 취득했던 정보를 바탕으로 fdisk 커맨드로 디스크 파티션을 작성합니다.

```
# fdisk /dev/sda
```

[표 2-7]은 fdisk의 주요 커맨드입니다. 구체적인 수순은 지면상 생략하도록 하겠습니다. N 커맨드로 파티션을 나눌 때 파티션의 크기를 지정하는데, 실린더 번호로 지정하는 방법과 용량을 지정하는 방법이 있습니다. 백업 시와 완전히 같은 파티션 구성을 재현하는 경우에는 실린더 번호로 지정합니다. 백업 시에 'fdisk -l'에서 확인한 'Start'와 'End'의 값을 'First Cylinder'와 'Last Cylinder'에 지정합니다. 단 p 커맨드로 표시된 헤더 값과 섹터 값('255 heads, 63 sectors/track' 부분의 2개 값)이 백업할 때와 다른 경우는 실린더 의 용량이 백업 시의 디스크와 다르기 때문에 이 방법은 이용할 수 없습니다.

파티션 구성이 엄밀히 같지 않아도 괜찮기 때문에 보통은 용량을 지정하는 방법을 추천합 니다. 'Last Cylinder'를 지정할 때는 '+2048M'와 같은 메가바이트 단위 값을 지정합니다.

파티션을 작성했다면 mke2fs 커맨드로 ext3 파일시스템의 파티션을 포맷합니다. 또한 e2label 커맨드로 파일시스템 라벨을 설정합니다.

```
# mke2fs -j /dev/sda1
# mke2fs -j /dev/sda2
# e2label /dev/sda1  /boot
# e2label /dev/sda2  /
```

스왑 영역의 포맷을 합니다. swap영역 라벨은 포맷 시에 −L 옵션으로 지정합니다.

```
# mkswap -L SWAP-sda3 /dev/sda3
```

복구용 마운트 포인트 /mnt/sysimage를 만듭니다.

```
# mkdir /mnt/sysimage
```

복구할 파일시스템을 /mnt/sysimage에 마운트하여 restore 커맨드로 파일의 복구를 실시합니다. restore 커맨트의 실행 중에 "./lost+fond : File exists"라는 경고가 표시됩니다만 문제가 있는 것은 아닙니다. 복구를 완료했다면 파일시스템을 언마운트합니다. 이 작업을 복구 대상의 각 파일시스템마다 합니다. 여기서는 /boot 파일시스템 (/dev/sda1)과 루트 파일시스템 (/dev/sda2)에 대해서 다음 커맨드를 실행합니다.

```
# mount /dev/sda1  /mnt/sysimage
# cd /mnt/sysimage
# restore -r -f /mnt/backup/sda1.dump
# cd ..
# umount /mnt/sysimage

# mount /dev/sda2  /mnt/sysimage
# cd /mnt/sysimage
# restore -r -f /mnt/backup/sda2.dump
# cd ..
# umount /mnt/sysimage
```

마지막으로 기동 디스크에 부트 로더(GRUB)를 재인스톨합니다. GRUB에 관련한 파일은 /boot/밑에 복구되어 있습니다만, 이를 이용해서 MBR(부트 스트랩 이미지) 등 서버 기동 처리에 필요한 영역에 데이터를 씁니다.

이를 위한 준비로서 서버가 시작할 때와 같은 상태의 파일시스템을 마운트합니다. 다음 커맨드로 /mnt/sysimage에 루트 파일시스템을 마운트하고, chroot한 후에 /proc, /sys, /dev의 가상 파일시스템과 /boot 파일시스뎀을 마운트힙니다.

```
# mount /dev/sda2 /mnt/sysimage
# chroot /mnt/sysimage
# mount -t proc none /proc
# mount -t sysfs none /sys
# mount -o mode=0755 -t tmpfs none /dev
# /sbin/start_udev
# mount /dev/sda1 /boot
```

이 상태에서 기동 디스크 /dev/sda를 지정하여 grub-install 커맨드를 실행하면 GRUB
의 재인스톨이 시작됩니다.

```
# grub-install /dev/sda
```

이상으로 복구가 완료되었습니다. exit로 chroot 환경에서 나온 뒤 다시 한 번 exit 명령
으로 쉘을 종료하면 서버가 재시작됩니다.

```
# exit
# exit
```

[표 2-7] fdisk에서 주로 사용하는 커맨드

커맨드	설명
p	현재 파티션 구성을 표시
d	불필요한 파티션을 삭제
n	추가 파티션 작성
t	파티션 타입 변경
w	변경을 한 후 종료

2.3

시큐리티 관리

2.1에서 시큐리티 감시라는 관점을 설명했습니다. 2.3.1에서는 리눅스에서 실행되는 커맨드 및 프로세스 감시 및 조사에 이용되는 툴인 psacct를 소개합니다. psacct는 시큐리티의 문제 혹은 예상 외의 동작이 발생했을 경우, 문제의 원인이 되는 커맨드 또는 프로세스를 확인 가능한 툴입니다. 따라서 서버 구축 시에 인스톨할 것을 권장합니다.

2.3.2와 2.3.3에서는 유저 인증에 관한 툴 PAM에 대해 설명합니다. PAM은 설정 방법이 복잡하기 때문에 '원하는 시큐리티 요건을 만족하는 설정'이 매우 어렵습니다. 여기서는 자주 이용되는 설정의 예를 몇 가지 소개하도록 하겠습니다.

이어서 배치 처리 등의 경우 패스워드 입력을 하지 않고도 유저 인증이 가능한 SSH 공개키 인증에 대해 2.3.4에서 설명합니다.

2.3.1 psacct 이용 방법

psacct는 리눅스에서 실행된 모든 커맨드나 프로세스를 기록합니다. 구체적으로는 프로세스 종료 시에 실행 유저나 실행 시각 등의 정보를 바이너리 이력 파일 /var/account/pacct에 기록합니다. lastcomm 커맨드로 실행 프로세스의 이력을 표시합니다. psacct를 이용하기 위해 다음 커맨드로 psacct RPM 패키지를 인스톨하여 psacct 서비스를 시작합니다.

```
# yum install psacct
# chkconfig psacct on
# service psacct start
```

[그림 2-14]는 lastcomm 커맨드로 출력되는 데이터의 예입니다.

```
# lastcomm
......(생략)......
grep              root      __      0.00 secs Mon Oct  7 00:44
mktemp            root      __      0.00 secs Mon Oct  7 00:44
basename          root      __      0.00 secs Mon Oct  7 00:44
......(생략)......
```

[그림 2-14] lasscomm 출력 예

이력 파일은 사이즈가 점차 증가하므로, 설정 파일 /etc/logrotate.d/psacct에서 logrotate
에 의한 로테이션이 설정됩니다. 로테이션된 과거의 이력 파일을 참조할 경우는 lastcomm
커맨드에 -f 옵션을 주고 파일명을 지정합니다. gzip에 의해 압축 파일(.gz)로 되어 있는
경우는 gunzip 커맨드로 압축을 해제한 후 참조합니다. 또는 다음 커맨드를 이용하여 압
축을 해제한 후 파이프하는 것도 가능합니다.

```
# zcat pact.2.gz | lastcomm
```

2.3.2 PAM의 이용 방법

PAM^Pluggable Authentication Modules^은 리눅스에서 동작하는 소프트웨어의 유저 인증에 관
한 기능을 제공하는 플러그인 모듈입니다. PAM을 이용해서 여러 소프트웨어에 공통된
유저 인증 구조를 제공하는 것으로, 유저 인증 구조를 시스템 관리자가 일원적으로 관리
할 수 있습니다. 예를 들어 PAM 설정을 변경하는 것으로 시스템 로그인시 인증 방법을
shadow 파일에 의한 로컬 인증에서 LDAP^Lightweight Directory Access Protocol^ 인증으로 변경
하거나, 또는 패스워드 변경 시에 패스워드 정책(최소 문자수의 지정 등)을 설정하는 것
등이 가능합니다.

PAM이 제공하는 기능

PAM에는 다양한 모듈이 준비되어 있습니다. 각 모듈은 공통으로 auth, account, password, session 등 4종류(또는 그 일부)의 타입 메소드를 제공합니다. [표 2-8]은 각 타입 메소드가 제공하는 기능을 나타내고 있습니다. PAM을 이용하는 소프트웨어는 필요에 따라 메소드를 호출하여 이용합니다. 즉 PAM을 이용하기 위해서는 해당 소프트웨어에서 PAM의 메소드를 호출하도록 작성될 필요가 있다는 의미입니다. ssh, su, passwd 등 리눅스 표준으로 제공되는 툴(커맨드)의 대부분은 PAM을 이용하도록 작성되어 있습니다(그림 2-15).

[그림 2-15] PAM 인증의 예

시스템 관리자는 PAM을 이용하는 소프트웨어가 메소드를 호출할 때, 그 메소드를 제공하는 모듈을 사전에 설정 파일에서 지정합니다.

[표 2-8] PAM 메소드가 제공하는 기능

타입	설명
auth	패스워드 입력 등에 의해 실제 유저임을 확인한다.
account	패스워드의 유효 기간 등 유저 계정의 유효성을 확인한다(보통은 auth 뒤에 이어서 작업).
password	패스워드를 변경한다.
session	유저 인증에 부속하는 태스크를 실행한다.

PAM 설정 파일

각 소프트웨어(프로그램)가 사용하는 PAM 모듈은 설정 파일 /etc/pam.d/〈프로그램〉에 기록합니다. 예를 들어 SSH 데몬의 경우는 /ctc/pam.d/sshd입니다(그림 2-16). 설정 파일을 가지고 있지 않은 프로그램에 대해서는 /etc/pam.d/others 설정이 적용됩니다(그림 2-17). 이 파일에서는 모든 인증 처리가 실패하도록 설정되어 있습니다.[1]

```
#%PAM-1.0
auth           include        system-auth
account        required       pam_nologin.so
account        include        system_auth
password       include        system-auth
session        optional       pam_keyinit.so force revoke
session        include        system_auth
session        required       pam_loginuid.so
```

[그림 2-16] /etc/pam.d/sshd 설정

```
#%PAM-1.0
auth           required       pam_deny.so
account        required       pam_deny.so
password       required       pam_deny.so
session        required       pam_deny.so
```

[그림 2-17] /etc/pam.d/others 설정

설정 파일 다음과 같은 서식을 갖습니다.

타입   컨트롤 플래그   모듈명   옵션

타입에는 auth, account, password, session 중 하나를 지정합니다. 컨트롤 플래그에는 required, sufficient, requisite, option, include 중 하나를 지정합니다. include의 뒤에는 모듈명이 아닌, 다른 설정 파일명(/etc/pam.d/를 뺀 부분)을 기록합니다.

실행 중인 프로그램에서 어떤 타입의 PAM 메소드를 호출하면 설정 파일 /etc/pam.d/〈프로그램명〉에 기록한 타입의 모듈이 기록된 순서로 실행됩니다. 각 모듈은 실행 결과(성공 또는 실패)를 리턴합니다. 이때 다음 모듈을 계속해서 실행할지의 여부가 [표 2-9]의 룰에 의해 결정됩니다. 그리고 마지막으로 지금까지 실행된 requisite/required의 컨트

---

1 이렇게 명시적으로 설정이 없는 경우, 시큐리티가 엄격하게 보안되는 설정을 'fail secure'라고 합니다.

롤 플래그 모듈의 결과가 모두 성공이라면, 프로그램은 인증 성공을 PAM으로부터 받습니다.

조금 복잡한 룰이지만 각 컨트롤 플래그의 의미를 정리하면 다음과 같습니다.

- sufficient: 이 조건이 성공했다면, 모듈 실행을 정지하고, 지금까지의 requisite/required의 결과로 인증 결과를 결정한다. 실패는 인증 결과에는 영향을 미치지 않는다.
- requisite: 이 조건이 실패했다면, 모듈 실행을 정지하고, 인증 결과를 실패로 한다.
- required: 이 조건이 실패했다면, 인증 결과는 실패로 확정되지만, 모듈의 실행은 정지하지 않는다(이 모듈이 실패했다는 것을 유저에 알리고 싶지 않을 경우 등에서 사용).
- option: 이 모듈은 실행 되는 것만으로 인증 결과에는 영향을 미치지 않는다. 인증 결과에 관계 없는 태스크를 실행하기 위해 사용

컨트롤 타입이 include인 행에서는, 지정된 설정 파일 내용을 읽어 들여 그곳에 기록된 모듈을 실행합니다. [그림 2-16]의 예와 같이, 대부분의 설정 파일에서는 system-auth 가 include에 지정되어 있습니다. 즉, 설정 파일 /etc/pam.d/system-auth에는 각 소프트웨어가 공통으로 사용하는 모듈이 지정되어 있습니다. 이후 설정에 관한 예는 대부분의 경우 /etc/pam.d/system-auth로 지정합니다.

컨트롤 플러그의 사용법을 구체적으로 알아보겠습니다. [그림 2-18]은 시스템 유저 로그인 인증에 LDAP 인증을 설정한 환경에서의 /etc/pam.d/system-auth의 설정 예제입니다.

```
❶ auth        required        pam_deny.so
❷ auth        sufficient      pam_unix.so nullok try_first_pass
❸ auth        requisite       pam_succeed_if.so uid >= 500 quiet
❹ auth        sufficient      pam_ldap.so use_first_pass
❺ auth        required        pam_deny.so
❻ password    requisite       pam_cracklib.so try_first_pass retry=3
❼ password    sufficient      pam_unix.so md5 shadow nullok try_first_pass use_authtok
❽ password    sufficient      pam_ldap.so use_authtok
❾ password    required        pam_deny.so
```

[그림 2-18] /etc/pam.d/system-auth 설정의 예

유저가 SSH로 로그인한 경우, /etc/pam.d/sshd의 auth 타입이 실행됩니다. [그림 2-16]과 같이 system-auth가 include로 지정되어 있을 뿐이므로, 실제로는 [그림 2-18]의 auth 타입이 적용됩니다. 이는 다음의 처리를 수행합니다.

❶ 설정 파일 /etc/security/pam_env.conf에 따른 환경 변수를 설정한다. 반드시 성공을 리턴

❷ 로그인 유저명과 패스워드를 받아 로컬 인증을 실시한다. 로컬에 등록된 유저는, 이 부분에서 인증에 성공하면 처리가 종료(sufficient가 성공하기 때문). LDAP에 등록된 유저의 경우 실패

❸ UID가 500 미만의 유저는 실패를 리턴하고 처리를 종료한다(requisite가 실패하기 때문). UID가 500 미만의 유저에게는 LDAP 인증을 이용하지 않도록 하는 설정

❹ LDAP 서버 정보를 이용해서 인증을 실시한다. 이 부분에서 인증에 성공하면 처리가 종료(sufficient가 성공하기 때문). use_first_pass 옵션은 이전의 모듈(pam_unix.so)이 받은 패스워드를 재이용하는 것을 의미한다. 인증이 실패하면 유저에게 패스워드 입력을 재차 요구한다.

❺ 이 모듈은 반드시 실패를 리턴한다. 만약 sufficient 모듈이 1개도 성공하지 못한 경우는 전체의 결과가 반드시 실패가 된다.

같은 방식으로 passwd 커맨드로 패스워드를 변경하는 경우도 /etc/pam.d/passwd의 password 타입이 실행됩니다. 여기서도 system-auth가 include에 지정되어 있기 때문에 실제로는 [그림 2-18]의 password 타입이 적용됩니다.

❻ 새로운 패스워드 입력을 요청하고 단순한 문자열은 거부된다. 실패하면 처리 종료(requisite가 실패하기 때문)

❼ 로컬에 등록된 유저는 로컬 패스워드(/etc/shadow/를 변경하고, 여기서 처리가 종료된다(sufficient가 성공하기 때문). use_authtok은 이전의 모듈(pam_cracklib.so)이 받은 패스워드를 재이용하는 것을 의미한다. 패스워드가 없으면 유저에 패스워드 입력을 재차 요구한다.

❽ LDAP에 등록된 유저는 LDAP 서버의 패스워드를 갱신하고 여기서 처리가 종료된다(sufficient가 성공하기 때문). use_authtok는 이전 모듈(pam_cracklib.so)이

받은 패스워드를 재이용하는 것을 의미한다. 패스워드가 없으면 유저에 패스워드 입력을 재차 요구한다.

❾ 이 모듈은 반드시 실패를 리턴한다. 만약 sufficient 모듈이 한 개도 성공하지 못한 경우 전체 결과가 반드시 실패가 된다.

이 예에서는 컨트롤 파라미터를 이용해서 로컬 인증 처리와 LDAP 인증의 처리를 나누어 사용하고 있는 것을 알 수 있습니다. 이런 설정을 스스로 생각하는 것은 매우 어려운 일이므로 다음은 자주 이용되는 설정의 예를 소개하도록 하겠습니다.

[표 2-9] 컨트롤 플래그에 의한 동작의 차이

컨트롤 플래그	성공했을 때의 동작	실패했을 때의 동작	인증 결과에 영향
sufficient	종료	다음 모듈을 실행	×
requisite	다음 모듈을 실행	종료	×
required	다음 모듈을 실행	다음 모듈을 실행	○
option	다음 모듈을 실행	다음 모듈을 실행	×

2.3.3 자주 이용되는 PAM 설정 예

동일 패스워드 재이용 금지

패스워드 변경 시 이전에 사용했던 패스워드의 재이용을 금지하는 경우는 /etc/pam.d/system-auth의 password 타입에 포함되는 pam_unix.so에 다음의 옵션을 추가합니다.

- remember=n: 현재 패스워드를 제외한 과거 n회까지의 패스워드를 기억하고, 기억된 패스워드와 같은 패스워드 설정을 금지한다.

디폴트 값은 'remember=0'입니다. 이 경우 현재 패스워드와 같은 패스워드를 설정하는 것만 불가능합니다. [그림 2-19]의 7행의 설정 예에서는 과거 3회차까지의 패스워드를 기억합니다. 현재 패스워드를 포함하면 4회차까지 사용한 패스워드의 재이용이 불가능해집니다.

패스워드의 최소 문자 수 지정

패스워드를 변경할 때의 최소 문자 수나 문자의 종류에 관한 설정은 /etc/pam.d/ system-auth의 password 타입에 포함되는 pam_cracklib.so에 다음 옵션을 추가합니다.

- minlen=n: 패스워드의 최소 문자 수를 n문자로 한다(5문자 이하는 설정 불가능함).
- dcredit, ucredit, lcredit, ocredit: 숫자, 대문자, 소문자 그 외의 기호의 문자 종류에서의 추가 조건을 붙인다.

문자 종류의 조건 추가는 조금 복잡합니다. 값이 −N(음수)의 경우는 필요 문자 수를 N에 지정합니다. 예를 들어 (dcredit=−3)의 경우 숫자가 최소 3자 필요합니다. 디폴트 값은 1 이므로 문자 종류의 추가 조건이 불필요한 경우는 명시적으로 0을 지정해야 합니다. 그림 2.19의 6행의 설정 예에서는 패스워드는 최소 12문자로 숫자와 대문자가 각각 2문자 이상 포함되어 있을 필요가 있습니다.

```
auth        required    pam_env.so
auth        required    pam_tally.so deny=3
auth        sufficient  pam_unix.so nullok try_first_pass
auth        requisite   pam_succeed_if.so uid >=500 quiet
auth        required    pam_deny.so
password    requisite   pam_cracklib.so try_first_pass retry=3 minlen=12 dcredit=-2 ucredit=-2 lcredit=0
password    sufficient  pam_unix.so md5 shadow nullok try_first_pass use_authtok remember=3
password    required    pam_deny.so
```

[그림 2-19] /etc/pam.d/system-auth의 설정 예

로그인 실패 횟수의 기록

유저의 로그인 실패 횟수가 지정 횟수에 달하면 로그인을 거부하는 설정은 /etc/pam. d/system-auth의 auth 타입에 pam_tally.so를 추가합니다. [그림 2-19]와 같이 pam_ unix.so의 바로 앞에 추가해서 옵션 deny와 per_user 중에 하나를 지정합니다.

- deny=n: 로그인에 n번 실패했을 경우 유저는 로그인을 거부한다.
- per_user: 로그인에 유저마다 설정한 횟수만큼 실패하면 로그인을 거부한다.

- no_reset: 디폴트로 로그인에 성공하면 실패 횟수는 0으로 리셋되지만, 이 옵션을 지정하면 리셋되지 않는다.

로그인 실패 횟수는 /var/log/faillog에 기록되어 있습니다. 이 파일은 바이너리 형식이므로 faillog 커맨드로 내용을 확인합니다.

```
# faillog -a
```

per_user를 지정한 경우, 최대 실패 횟수는 faillog 커맨드로 설정합니다. 설정 내용은 /var/log/faillog 파일에 기록됩니다. 다음의 예는 유저 user01의 최대 실패 횟수를 5로 설정하는 예입니다.

```
# faillog -a -u user01 -m 5
```

no_reset 옵션을 지정한 경우에는 필요에 따라 시스템 관리자가 faillog 커맨드로 실패 횟수를 리셋할 필요가 있습니다. 다음의 예는 user01의 실패 횟수를 리셋하는 예입니다.

```
# faillog -a -u user01 -r
```

faillog 커맨드의 −u 옵션은 다른 옵션보다 먼저 지정할 필요가 있으므로 주의합시다.

shadow 파일의 패스워드 정책의 이용

/etc/shadow 파일에는 다음과 같은 패스워드의 유효기간 정보가 기록되어 있고, pam_unix.so 모듈이 이용합니다.

- Minimum: 패스워드 변경 후에, 재변경이 가능해질 때까지의 일수. 0의 경우는 언제라도 변경 가능
- Maximum: 패스워드의 유효기간 일수. 패스워드 변경 후에 유효기간이 지나면 로그인 시 패스워드 변경이 요구된다. 10000 이상의 값을 설정하면 무제한이 된다.
- Warning: 패스워드 유효기간이 끝나기 전에 경고 표시를 시작하는 일수

- Inactive: 유효기간이 끝난 후에 계정이 사용불가가 되기까지의 일수. 패스워드 유효기간이 끝난 후, 패스워드를 변경하지 않은 채로 해당 일수가 경과하면 로그인이 불가능해짐

- Last Change: 패스워드의 최종 변경일

기존 유저에 대한 설정 확인 및 변경은 chage 커맨드를 이용합니다. 설정 파일 /etc/login.defs에 새로운 유저에 대한 디폴트 값을 기록하는 것도 가능합니다. 사용법은 chage와 login.def의 매뉴얼 페이지(man 커맨드)를 참조합시다.

그 밖의 PAM 모듈

이번에는 다음과 같은 PAM 모듈도 간단히 설명하겠습니다.

- pam_securetty.so: /etc/securetty에 기록된 콘솔에서만 root 유저의 로그인을 허락한다. /etc/pam.d/login(콘솔 로그인용 프로세스)등에서는 디폴트로 사용되고 있다.

- pam_nologin.so: /etc/nologin 파일이 존재하는 경우, 일반 유저의 로그인을 금지한다(nologin 파일의 내용을 표시하고 접속을 절단). 시스템 유지보수 등 일시적으로 일반 유저의 로그인을 금지하고 싶은 경우 /etc/nologin 파일에 메시지를 써둔다. /etc/pam.d/login, /etc/pam.d/sshd 등에서는 디폴트로 사용되고 있다.

- pam_limits.so: /etc/security/limits.conf에 따라서, 로그인할 유저의 ulimit을 설정한다. /ect/pam.d/system-auth의 session 타입에 기본적으로 포함되어 있다.

- pam_ldap.so: LDAP 인증용 모듈. system-config-authentication, authconfig-tui 등의 툴로 LDAP 인증을 설정하면 /etc/pam.d/system-auth에 자동으로 추가된다.

리눅스에서 이용 가능한 PAM 모듈의 일람과 옵션 상세에 대해서는 [*]를 참조[2]하세요.

---

2 모든 모듈이 Red Hat Enterprise Linux에서 제공되고 있는 것은 아닙니다.

[*] The Linux-PAM System Administrators' Guide
      http://www.kernel.org/pub/linux/libs/pam/Linux-PAM-html/Linux-PAM_SAG.html

2.3.4 SSH의 이용 방법

리눅스 서버에 원격 로그인할 때는 표준으로 SSH가 이용됩니다. SSH를 이용하는 목적 중 하나는 네트워크를 흐르는 데이터 통신 내용을 암호화하여 도청이나 변경을 방지하는 것입니다. SSH가 개발되기 전에 사용되던 telnet 등은 데이터 내용이 암호화되지 않으므로, 로그인 시 입력한 패스워드 등의 문자열을 간단히 제3자가 알 수 있습니다. 특별한 이유가 없는 한 사용하지 않도록 합시다.

SSH의 또 다른 목적으로는 클라이언트 측에서 접속하려는 서버가 실제 서버인지(악의가 있는 서버가 준비한 가짜 서버에 접속하지 않는 것)를 보증하고, 서버 측에서는 접속하려는 유저가 실제 유저인지(악의가 있는 유저가 위장해서 접속하지 않는 것)을 보증하는 것입니다. 각각을 서버 인증, 유저 인증이라고 합니다. 특히 공개키를 이용한 유저 인증을 이용하면, 패스워드 입력을 하지 않고도 SSH 접속(리모트 로그인)이 가능합니다. 배치 처리 스크립트 안에서 SSH를 이용하여 접속할 때 이용되는 경우가 있습니다.

SSH에 의한 통신 암호화

일반적으로 통신내용을 암호화하는 방법에는 대칭키 방식과 비대칭키 방식이 있습니다. SSH에서는 두 방식을 조합해서 이용합니다.

대칭키 방식은, 암호화에 사용하는 키와 복호화에 사용하는 키가 동일한 방식입니다. 송신자와 수신자가 같은 키를 소유합니다. 따라서 이 키가 제3자의 손에 들어가지 않도록 송수신자 간에 관리할 필요가 있습니다.

비대칭키 방식은, 암호화에 사용하는 키(암호키)와 복호화에 사용하는 키(복호키)가 서로 다른 방식입니다. 데이터 수신자는 자신의 전용 암호키와 복호키의 키페어를 작성하여, 암호키를 송신자에게 배포합니다. 송신자는 수신자로부터 받은 암호키로 암호화한 데이터를 보내면, 수신자는 복호키로 복호화합니다. 암호화된 데이터는 그에 대응하는 복호키가 없으면, 복호화되지 않으므로 암호키는 모든 사람에게 공개하더라도 문제가 없습니다. 다만, 복호키는 페어 작성자를 제외한 제3자에게 알려지지 않도록 관리가 필요합니다. 이런 의미에서 암호키와 복호키는 각각 공개키와 비밀키라고도 불립니다.

SSH에서 통신하는 메시지의 암호화에는 대칭키가 이용됩니다. SSH 세션마다 세션키라고 불리는 대칭키를 생성하여 클라이언트와 서버 간에 키를 공유합니다. 다만, 공유하는 대칭키를 보낼 때, 그것이 해킹되면 의미가 없습니다. 따라서 클라이언트가 서버에 SSH로 접속하면, 각각 서버와 클라이언트는 비대칭키를 생성하여 서로 공개키를 교환합니다. 이 비대칭키를 이용해서 제3자가 알 수 없는 방법으로 세션 키를 생성해서 공유합니다. 이것은 Diffie-Hellman 방식으로 불리는 특수한 순서로 진행됩니다. 이후의 통신은 세션키로 암호화하여 진행됩니다. SSH 접속이 종료되면 세션키는 파기됩니다.

SSH에 의한 서버 인증과 유저 인증

SSH에 관한 서버 인증은 다음과 같이 처리됩니다(그림 2-20).

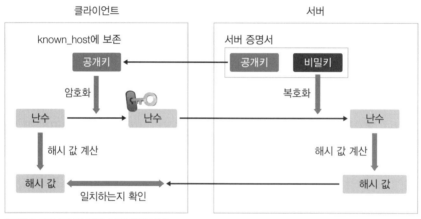

[그림 2-20] SSH에 의한 서버 인증 과정

각 서버는 '서버 증명서'라고 불리는 공개키와 비밀키를 페어로 가지고 있습니다. Red Hat Enterprise Linux의 경우는 서버에 openssh-server RPM 패키지를 인스톨해서, 처음으로 sshd 서비스가 시작될 때 작성됩니다. 앞서 설명한 세션키를 공유하고, 통신의 암호화가 확립되면, 서버는 서버 증명서의 공개키를 클라이언트에게 보냅니다. 클라이언트는 적당한 난수를 발생해서, 이 공개키로 암호화해서 서버에 보냅니다. 서버는 받은 난수를 비밀키로 복호화하여, 해시 값을 클라이언트에 보냅니다. 난수 값을 복호화하기 위한 서버 증명서 비밀키는 '실(진짜)서버'가 가지고 있으므로, 정확한 해시 값이 리턴되면 실서버라는 것이 증명되는 것입니다.

클라이언트는 받은 서버 증명서의 공개키를 ~/.ssh/known_hosts 파일에 기록합니다 ([~]는 SSH 클라이언트를 사용하는 유저의 홈디렉토리). 재차 같은 서버에 접속했을 때, 이전과 다른 서버 증명서를 받은 경우는 가짜 서버일 가능성이 있다고 판단해서 접속을 중단합니다. [그림 2-21]은 최초에 받은 서버 증명서를 known_hosts에 기록하는 것을 확인하는 메시지입니다.

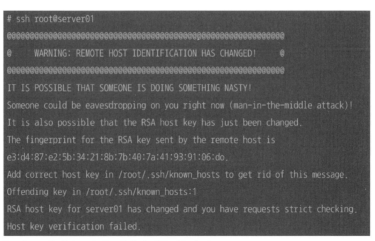

[그림 2-21] 서버 증명서(공개키) 확인 메시지

'yes'를 입력해서 서버 증명서를 받습니다. [그림 2-22]는 이전과 다른 서버 증명서를 받았을 경우의 경고 메시지입니다.

```
# ssh root@server01
@@@@@@@@@@@@@@@@@@@@@@@@@@@@@@@@@@@@@@@@@@@@@@@@@@@@@@@@@@@@@@@
@     WARNING: REMOTE HOST IDENTIFICATION HAS CHANGED!     @
@@@@@@@@@@@@@@@@@@@@@@@@@@@@@@@@@@@@@@@@@@@@@@@@@@@@@@@@@@@@@@@
IT IS POSSIBLE THAT SOMEONE IS DOING SOMETHING NASTY!
Someone could be eavesdropping on you right now (man-in-the-middle attack)!
It is also possible that the RSA host key has just been changed.
The fingerprint for the RSA key sent by the remote host is
e3:d4:87:e2:5b:34:21:8b:7b:40:7a:41:93:91:06:do.
Add correct host key in /root/.ssh/known_hosts to get rid of this message.
Offending key in /root/.ssh/known_hosts:1
RSA host key for server01 has changed and you have requests strict checking.
Host key verification failed.
```

[그림 2-22] 서버 증명서(공개키)가 다른 경우의 경고

서버 증명서가 변경되었다는 것을 알고 있는 경우라면, known_hosts의 해당 엔트리를 에디터로 삭제하고 다시 SSH로 접속합니다. known_hosts는 [그림 2-23]과 같이 1행에 1개의 증명서(공개키)가 기록된 텍스트 파일입니다. 각 행의 선두 부분이 접속하는 서버의 호스트명 또는 IP 주소입니다.

```
server01 ssh-rsa   AAAAB3NzaC1yc2EAAAABIwAAAQEAnakSHxbAkQ0oDML1aYNyKS/2aqIkVDSKfpr+KKR/
VoICon9HlX0TS2oks1oqt/VYt8EFsRjyQgkXjd+hoU71rea+9Wvbya5/54nQeqtyqnlNKFkNMG6r4ewrpjOv1DccYLF5bFo
uXig1SuYM5168QiSW7pjBDFNRKKBMGa3koGpaX1PCBybUwH6aCZe3MYF4BR9zYzwePI3/d6w0Y+PX/3TWEadsXdncrbLguV
qyVbDtQJ2ZQIHV9d8z01IxjjeSL15/0]gm+VtUkt5PntZ9UAm/RDXe81Hmd6S05ieTqfEUpqiiblSw08HnpgCDrjn/74pi/
XJw7mD3wAaYR3xQ==
10.7.7.55 server01 ssh-rsa AAAAB3NzaC1yc2EAAAABIwAAAQEA3K0ppAgND9dVJxQmvLUCaSBblwSDr7xHa4ePuUtdB
VXRdjIiYo9EVNEv0oQDfzrQICJH6HKwf06etJogYiNBc4U0v4Ov4WLEQqoXES56BceD+Sx3uenel7N8T1bjIQfw4gpH1nwC5
BHyaR71dMBpr9nfbhp2NlXZS6Ar9Sd8PiXw/3u6Pa0UiwFB48smLpKxWxqQotWsvWSiUtGPEQBz8FoiDKY2ENECeW8i1LBKJ
A44rxyBVD9JTFBWwZTbvyO9dCCpF6t0VT9vptFTVALm5m2cpKRYg2AU8gRAZo3tmP1QaFZhlSVaJSYoaVj8X+bPJ4bA462B8
3PHdmXrDh/tkw==
10.7.7.10 server01 ssh-rsa AAAAB3NzaC1yc2EAAAABIwAAAQEA9smGT/eCexdhrzUA+GeDrvzqs0mJ4fBViiXoqUD7N
FpMJP5LptdcXW08+n7Lp9rKGGKKeOJM454+0D8XkSkw0tSNfIjhclfkc1n1JtmVtPgniO0xo+Ovh+XrIUeD36EEAL1UWAowW
+KI+6FfpOpsIDFgcNh1rz2BusyBf1kDth2vys57tV3qAmBOlFJ]fQnIR9mMbozxgjceyTBmozh+Nxs21kLJsjRP3G10uZYNd
k7NsQ2mV/XZo6rBQfx/QGgeD2Rpm7kaoEQpnPrei4Eceh3jDKTlKn36zzQOzQRC9yupg6AUyLjsGzxBu8FWU5SIJ5o//+o8h
vYpwCN2PUw==
```

[그림 2-23] 1행에 1개의 증명서(공개키)가 기록된 텍스트 파일

유저 인증은 서버에 로그인 패스워드를 입력하는 패스워드 인증과 유저 증명서를 사용한
인증 방법이 있습니다. 유저 증명서를 이용하는 경우, 유저는 자신만의 비대칭키 페어를
작성하여, 접속할 서버에 사전에 등록해 둡니다. 자신의 공개키로 암호화된 난수가 서버로
부터 전송되므로, 자신의 비밀키로 복호화하여, 해시 값을 응답하는 것으로 본인임을 서버
에 증명합니다(그림 2-24). 이 방법을 이용하면 패스워드 입력을 하지 않고도 로그인 인증
이 가능합니다. 유저 공개키를 사전에 서버에 등록하므로 공개키 인증이라고도 불립니다.

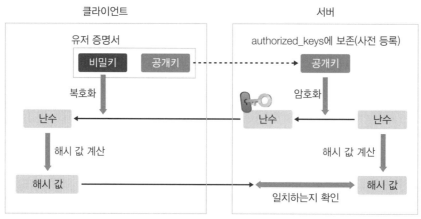

[그림 2-24] SSH 공개키에 의한 유저 인증 과정

SSH 공개키 인증 설정

SSH로 유저 공개키 인증을 설정하는 방법은 다음과 같습니다. 접속 서버의 유저 공개키를 접속할 서버의 유저에 대해 등록하므로, 복수의 서버 또는 복수의 유저가 SSH로 접속하는 경우, 각각 공개키의 등록이 필요합니다.

우선 ssh-keygen 커맨드를 실행해서, 서버에 등록하기 위한 유저 증명서 키페어를 작성합니다. passphrase 입력이 요구되므로 Enter를 2번 입력합니다.[3]

```
ssh-keygen
Generating public/private rsa key pair.
Enter file in which to save the key (/root/.ssh/id_rsa):
Created directory '/root/.ssh'.
Enter passphrase (empty for no passphrase): ←─ Enter 입력
Enter same passphrase again: ←──────────────── Enter 입력
Your identification has been saved in /root/.ssh/id_rsa.
Your public key has been saved in /root/.ssh/id_rsa.pub.
The key fingerprint is:
85:db:d2:d1:5c:d5:3c:72:ed:66:04:3a:cc:3d:41:2d root@
localhost.localdomain
```

이때 공개키 id_rsa.pub과 비밀키 id_rsa가 ~/.ssh/밑에 작성됩니다. 공개키는 [그림 2-25]와 같이 1행의 텍스트 파일입니다. 접속할 서버에서 접속할 유저의 ~/.ssh/authorized_keys 파일에 공개키 id_rsa.pub의 내용(1행의 텍스트)을 기록합니다.

```
server01 ssh-rsa  AAAAB3NzaC1yc2EAAAABIwAAAQEAu5negeqJVlP31tfHw/SD0bUwV0tN8SdODHzZMQJPBNwkkDpl
zQSkouxRtc9076Agqy3IcCpXzhyEcqZca1cRKNgiIMulbsGPo29AEw4Y0CbTnicRMZd9gko4AiTxilQiJbauitaDA9PdS9
ueTIAWABBVwZFw4AI/g/PWdx6QwbiEWJg70bgh7RoxDFzQQJazDLSVJbC9Qchue4/rC9yoacRQmi0s1HVPQ4Rg2uJhvPZ0/
POkUFQElwuL7mkd9S8PT0/dX1zvx8325MTdN3dy13tLWYIm5YJy+bv+K3ekEcwM6CPIMmkti26DmAIQV6Dz/
kxxi40rVYWuLBaxD20RQ==user01@client01
```

[그림 2-25] 유저 공개키 id_rsa.pub의 예

---

3 여기서 passphrase를 설정하면 유저 증명서를 이용할 때, passphrase 입력이 필요합니다.

신규로 authorized_keys 파일을 작성하는 경우, 다음 커맨드로 다른 유저가 액세스 불가능하도록 액세스 권한을 설정합니다. 액세스 권한이 적절하지 않으면 유저 인증에 실패합니다.

```
$ chmod 700 ~/.ssh
$ chmod 600 ~/.ssh/authorized_keys
```

이상 설정 완료입니다. 다음 커맨드는 접속할 서버 server01에 유저 user01로 SSH 로그인하는 예입니다. 처음으로 접속할 때는 [그림 2-21]의 서버 증명서의 받은 메시지가 표시되므로 yes를 입력합니다. 배치 처리 스크립트에서 접속할 때는, 사전에 서버 증명서를 받아 들이지 않으면, 확인 메시지의 부분에서 배치 처리가 정지하는 경우가 있으므로 주의가 필요합니다.

```
$ ssh root@server01
The authenticity of host 'server01 (XXX.XXX.XXX.XXX)' can't
be established.
RSA key fingerprint is 58:49:ae:9d:a5:ea:c3:ef:5d:c4:ff:df:1
d:3b:8c:37.
Are you sure you want to continue connecting (yes/no)? yes
Warning: Permanently added 'server01' (RSA) to the list of
known hosts.
$
```

SSH는 리모트 서버에 로그인하는 것 외에도, 원격에서 커맨드를 실행하는 것도 가능합니다. 다음의 예는 서버 server01의 유저 user01로 커맨드 'uname -a'을 실행해서 그 결과를 표시하고 있습니다.

```
$ ssh user01@server01 "uname -a"
Linux server01@example.com 2.6.9-34.ELsmp #1 SMP Fri Feb 24
16:54:53 EST 2006 i686 i686 i386 GNU/Linux
```

2.4

구성 관리, 변경 관리, 문제 관리

2.4.1 리눅스 서버 운용 프로세스

리눅스 서버 관리자는 다양한 운용 프로세스를 정확하게 이해하고 있을 필요가 있습니다. 안정된 서비스를 제공하기 위해서는 특히 변경 관리 프로세스와 문제 관리 프로세스를 적절히 하는 것이 중요합니다. 하지만 일반적인 시스템 관리 책에서는 복잡하게 설명하고 있어, 관리 프로세스에 대해 어렵다는 이미지를 가지고 있을 수도 있을 것입니다.

여기서는 형식적인 설명보다, 목적을 중심으로 설명하도록 하겠습니다. 단순화한 프로세스의 예를 소개합니다만, 결코 유용하지 않은 것이 아닙니다. 여기서 소개하는 프로세스를 기반으로 변경 관리와 문제 관리의 목적을 생각하면서, 필요한 것들을 추가해 간다면, 복잡한 프로세스를 형식적으로 적용하는 것보다 실용적이고 의미 있는 프로세스를 구축할 수 있습니다.

관리할 시스템의 규모가 커지면 프로세스에 관련되는 관계자가 많아지므로, 운용 프로세스 관리 전용 툴을 활용하는 것은 효과적입니다. 단, 운용에 관련된 멤버가 프로세스의 목적을 정확히 이해한 후에 툴을 활용하는 것이 전제되어야 할 것입니다.

구성 관리의 개념

리눅스 서버 운용의 근간이 되며, 잠시 후 설명할 변경 관리 프로세스의 기반이 되는 것이 구성 관리입니다. 구성 관리에는 다양한 의미가 있지만, 여기에서는 서버 구성 정보의 관리라는 의미로 설명하겠습니다. 단적으로 말하면, 서버의 하드웨어 구성과 OS 및 애플리케이션 설정을 문서화해서 기록하는 것입니다. "필요 시마다 서버에 로그인해서 확인하면 되지, 문서화는 귀찮으니까 안 해도 되겠지…." 같은 자세는 이제 지우도록 합시다. 일시적으로는 귀찮은 작업이겠지만, 나중에 발생할 여러분의 업무 생산성이 향상됩니다.

구성 관리에서 작성할 문서에는 어떤 이유 또는 의도에 의해, 표준적인 구성이나 디폴트 설정과는 다른 부분을 명시하는 것이 중요합니다. 6.1에서 설명하지만, 만약 서버에 문제가 발생했을 때의 원인 조사에서는, 현재의 구성과 원래 있어야 할 구성과의 차이를 확인할 필요가 있습니다. 서버 운용 중 실수로 구성이 변경된 경우, 있어야 할 구성의 정보가 남겨져 있는지의 여부로 문제 해결까지 걸리는 시간이 달라집니다. 서버에 표준과는 다른 설정이 있으면, 문제의 원인이 되지는 않을지 의심할 수도 있겠지만, 그 설정의 의도가 설명된 문서가 있으면 판단의 도움이 됩니다. 또는 한눈에 봐서 아무 관계 없는 2종류의 설정이 조합되어 있을 때에 발생하는 성가신 문제도 있습니다. 이런 경우도 그 서버 고유의 설정이 정리되어 있는 자료를 확인하면 큰 도움이 됩니다.

운용 중 서버에 새로운 툴이나 애플리케이션을 인스톨할 때 자료로서 구성 문서가 필요합니다. 애플리케이션의 전제 조건에 관한 과부족의 확인이나 기존 애플리케이션에의 영향 등을 구성 문서에서 확인할 수 있습니다. 애플리케이션 인스톨 담당자로부터 나온 하나하나 질문에 대해서 서버에 로그인해서 설정을 확인하는 것보다는 현재 구성 정보가 기록된 구성 문서를 정리해서 전달하는 편이 훨씬 효과적입니다 또한 상대방의 질문에 대답하는 것만으로는 인지하지 못한 (질문하려고 생각지도 못한) 숨겨진 정보를 전달하지 못하게 됩니다. 리눅스 서버에 대표되는 분산형 시스템 서버는 다른 다양한 시스템과 연계되어 동작합니다. 리눅스 구성 문서는 관련한 시스템 관계자 전원이 알고 있어야 할 중요한 정보의 패키지라고 생각해야 합니다.

구성 문서에 얼마나 상세한 정보를 기록할지는 시스템의 중요도나 운용 정책에도 의존하지만, 리눅스 서버 관리자로서 최소한 다음과 같은 자료를 정리할 필요가 있습니다.

- 서버 하드웨어 물리 구성과 시스템 BIOS 및 펌웨어 버전
- 네트워크 기기나 외부 스토리지 장치와의 물리적인 접속도
- 디스크 장치의 논리 구성(RAID 구성 등)

- OS의 기본 설정 정보(Red Hat Enterprise Linux라면 sosreport 커맨드로 일괄 수집되는 정보)

- 네트워크 구성 정보(호스트명, IP 주소 등)

- OS에 추가로 인스톨한 툴(RPM 패키지)및 의도적으로 설정을 변경한 장소 등의 정보

변경 관리 프로세스

애플리케이션 설정 변경 등 서버 구성을 변경할 때 적용하는 것이 변경 관리 프로세스입니다. [그림 2-26]은 단순화한 변경 관리 프로세스의 예로, 대략적인 흐름은 다음과 같습니다.

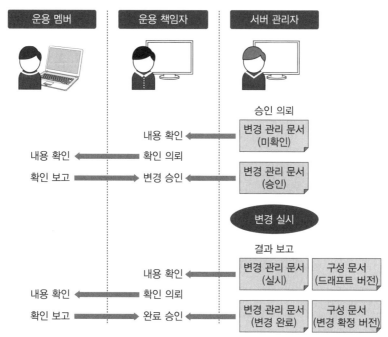

[그림 2-26] 변경 관리 프로세스의 예

서버 관리자 등 변경 작업 책임자는 변경 관리 문서를 기록하여 변경 내용과 실시 일자, 상정된 영향 범위 등을 기록한 후 운용 책임자에게 승인을 의뢰합니다. 운용 책임자는 운

용 멤버 등 변경 내용을 알아야 할 관계자에게 확인을 의뢰하고, 필요 시에는 실시 일자나 일의 순서를 사전 조절합니다. 변경 안내에 따라서 관계자의 합의를 이루면 변경 실시를 승인합니다.

변경 작업자는 승인된 내용을 기반으로 변경 작업을 한 후, 변경 결과를 변경 관리 문서에 기록합니다. 서버의 구성이 변경되었을 것이므로, 구성 문서를 갱신할 필요도 있습니다. 변경 결과를 반영한 새로운 구성 문서의 드래프트 버전을 변경 관리 문서에 첨부해서 운용 책임자에게 변경 결과의 확인을 의뢰합니다. 운용 책임자는 변경 결과를 관계자에게 통지하고 결과에 문제가 없는지 확인한 후 변경 완료를 승인합니다. 이 단계에서 드래프트 버전 구성 문서를 기존 구성 문서와 교체하여 최신 구성 정보를 반영합니다.

위와 같은 처리의 목적은 무엇일까요? 앞서 설명했듯이 리눅스 서버는 다양한 시스템과 연계되어 있습니다. 1대의 서버 안에도 상호 영향을 미치는 다양한 설정이 있습니다. 서버 구성 변경의 영향은 서버 관리자가 생각하는 이상으로 넓은 범위에 미칩니다. 변경에 의해 가정치 못한 영향으로 서버가 제공하는 서비스에 악영향이 발생하는 것을 가능한 막는 것이 변경 관리 프로세스의 목적입니다.

따라서 변경 예정 내용을 얼마나 적절하게 관계자에게 전달하고 영향 범위를 명확하게 할 수 있는지가 변경 관리의 포인트입니다. [그림 2-26]의 예에서는 운용 책임자는 관계자를 특정하고 있지만, 시스템 규모에 따라서는 변경 내용의 종류에 따라 반드시 의뢰할 멤버를 결정할 필요성도 있습니다. 운용 책임자 외에도 서비스 제공에 관계하는 시스템 전체를 이해한 아키텍트가 판단의 보좌 역할을 하는 것도 좋을 것입니다. 대규모 시스템에서는 전임 변경 관리 코디네이터가 변경 관리의 책임자가 되는 경우도 있습니다. 또한 여러 변경이 동시에 이루어지면 상호 영향에 의해 복잡해지므로 복수의 변경 신청 스케줄을 조절할 필요도 있습니다.

변경의 영향이 바로 그 자리에서 나타난다고 장담할 수 없습니다. 가정한 내용 이외의 오류는 가끔 변경한 것을 잊을 즈음 발생합니다. 과거의 변경 신청 문서는 언제라도 참조 가능하도록 보관해 두도록 합시다. 그룹웨어 등을 활용해서 변경 대상 서버나 변경 종류로의 검색이 가능하도록 하면 편리합니다.

문제 관리 프로세스

서비스에 영향이 있는 문제가 발생했을 때, 이를 신속히 해결하기 위해서 적용하는 것이 문제 관리 프로세스입니다. [그림 2-27]은 단순화한 문제 관리 프로세스의 예입니다. 대략적인 흐름은 다음과 같습니다.

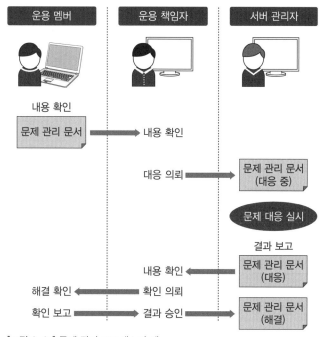

[그림 2-27] 문제 관리 프로세스의 예

유저를 통해 문제의 발생을 확인한 운용 멤버는 빠르게 문제 관리 문서를 기록하여, 운용 책임자에게 전달합니다. 운용 책임자는 문제의 내용에 따라 적절한 멤버에게 문제 대응을 의뢰합니다. 의뢰 내용이나 의뢰할 담당자 등을 문제 관리 문서에 기록합니다. 서버 관리자 등 의뢰를 받은 멤버는 문제 해결을 하고, 결과를 문제 관리 문서에 기록한 후 운용 책임자에게 보고합니다. 운용 책임자는 대응 결과를 관계자에게 전달하고, 확실히 문제가 해결되었는지의 확인을 의뢰합니다. 문제 해결이 확인이 되었다면 결과를 승인하고 문제 관리 프로세스를 종료합니다.

이 예에서는 운용 책임자가 문제에 대응해야 할 멤버를 판단하지만, 이 부분은 빠른 문제 해결이라는 관점에서 고민이 필요합니다. 예를 들어 대응해야 할 멤버가 사전에 결정되어 있는 문제는, 문제 관리 문서를 기록하면 바로 담당 멤버에게 의뢰를 해야 합니다. 단 운용 책임자에게도 문제 보고를 합니다. 운용 책임자는 모든 문제의 발생 상황을 파악해서 각 문제를 알아둘 필요가 있는 관계자에게 정보를 전달할 필요가 있습니다. 또한 상호 관련된 문제를 빌건해서 문제 해결의 힌드가 될 듯한 정보를 긱 담딩 멤버에게 제공힙니다. 이 경우도 운용 책임자만이 판단하는 것이 아니라, 시스템 전체를 이해하고 있는 아키텍트가 판단의 보좌를 하는 것이 효과적입니다. 대규모 시스템에서는 전임 문제 관리 코디네이터가 문제 관리의 책임자가 되는 경우도 있습니다.

문제 해결에 있어서는, 급한 서비스에 영향을 제거하기 위해 1차 대응과 근본 원인을 제거해서 재발을 방지하기 위한 2차 대응을 나누어 생각합니다. 예를 들어 애플리케이션이 갑자기 정지한 경우에 우선 애플리케이션을 재기동하는 것이 1차 대응이라면, 정지한 원인을 조사해서 애플리케이션에 필요한 수정을 하는 것이 2차 대응입니다. 1차 대응을 실시하는 멤버와 2차 대응을 실시하는 멤버가 다른 경우가 자주 있습니다. [그림 2-27]의 예에는 없지만 1차 대응의 의뢰와 완료 확인이 끝난 후에, 새롭게 2차 대응의 의뢰와 완료 확인을 하는 2단계 프로세스를 도입하는 경우도 있습니다. 2차 대응에서는 서버 구성 변경을 같이 하는 경우도 있으므로 이런 경우는 병행해서 변경 관리 프로세스도 실시합니다.

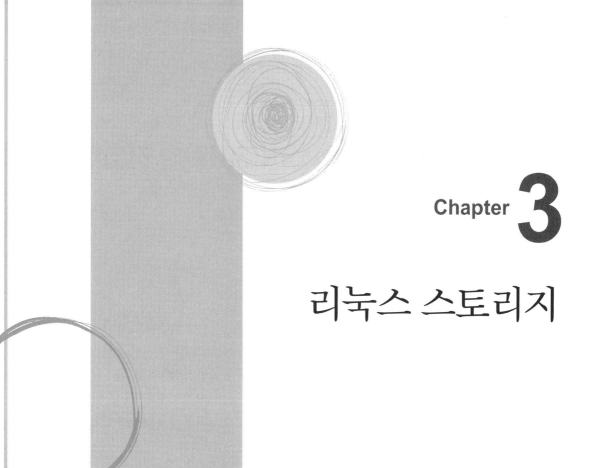

Chapter **3**

리눅스 스토리지

3.1

Storage Area Network(SAN)의 기초

3.1.1 SAN 개요

Storage Area Network는 서버와 스토리지 장치 간에, 물리적인 접속과는 독립된 논리적인 접속을 실현하는 기술입니다. 이를 줄여 SAN이라고도 합니다. SAN 메커니즘에 의해 고성능의 대형 스토리지 장치를 여러 대의 리눅스 서버가 공유하여 사용하는 것이 가능합니다. 일반적으로 SAN에 접속할 수 있는 스토리지 장치를 'SAN 스토리지'라고 합니다. SAN 스토리지에는 디스크 장치뿐만 아니라, 테이프 라이브러리 장치 등도 포함되지만, 이 책에서는 디스크 장치만을 SAN 스토리지라고 하겠습니다.

SAN 기술은 업무 시스템에서 리눅스 서버가 이용되기 시작한 2000년 무렵부터, 기업 시스템에서 보편화되어 왔습니다. 대용량 데이터를 다루는 업무 시스템은 스토리지 성능이 중시되기 때문에, 업무용 서버로서의 리눅스에게는 SAN 스토리지와의 조합이 이상적이었던 것입니다. 이번 장에서는 SAN의 기초가 되는 Zoning 개념과 SAN의 주요 기능에 대해 설명합니다. 또한 리눅스 서버에서 SAN 스토리지를 이용할 때에 필요한 멀티 패스 드라이버^{Multipath Driver}도 알아봅니다.

SAN 패브릭

우선 [그림 3-1]의 '물리 접속'과 같이, SAN 환경은 여러 대의 서버와 스토리지 장치를 SAN 스위치에 FC^{Fiber Channel} 케이블을 이용하여 연결합니다. 이렇게 연결된 서버와 스토리지 장치를 SAN 스위치의 Zoning 기능을 이용하여, [그림 3-1]의 '논리 접속'과 같이 서버와 스토리지 사이에 논리적인 접속을 정의합니다. 1대의 서버에 여러 대의 스토리지 장치를 연결하거나, 1대의 스토리지 장치에 여러 대의 서버를 연결하거나 하는 등, 원하는 대로 연결 관계를 설정할 수 있습니다.

네트워크 스위치처럼, 여러 대의 SAN 스위치를 경유하여 접속하는 것도 가능합니다. SAN 스위치에 의해 관리되는 일련의 네트워크 구성을 SAN 패브릭Fabric이라고 합니다. 1대의 SAN 스위치는 반드시 SAN 패브릭에 종속됩니다. 네트워크 스위치의 경우는 기본적으로 각 스위치에서 개별적인 설정 작업이 필요하지만, SAN 스위치에서는 그럴 필요가 없습니다. 같은 SAN 패브릭에 속한 SAN 스위치는 자동으로 설정 정보를 교환하기 때문에, 특정 SAN 스위치 관리 화면에서 SAN 패브릭 전체에 대한 설정이 가능합니다. 대부분의 SAN 스위치는 웹 브라우저의 GUI 관리 화면을 이용할 수 있습니다.

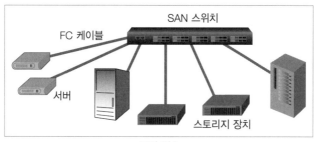

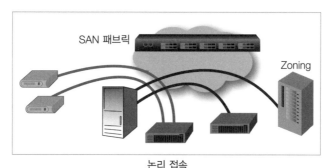

[그림 3-1] SAN의 물리 접속과 논리 접속

WWN와 Zoning

SAN 패브릭 내에서 논리적인 접속을 구성하는 것이 Zoning 기능입니다. 그리고 그 기초가 되는 것이 WWNWorld Wide Name이라는 개념입니다. SAN 스위치에 접속하는 각각의 장비는 WWNN^{World Wide Node Name}라고 하는 유니크한 64비트 주소를 가집니다. 정확하게 말하자면 서버에 탑재된 FC 접속용 어댑터인 HBA^{Host Bus Adapter} 및 디스크 장치에 탑재된 RAID 컨트롤러 등이 각 WWNN을 가집니다. 이후에 설명하겠지만 이중화를 위해, 한 대의 스토리지 장치에 2개의 RAID 콘트롤러가 탑재되어 있는 경우가 있습니다. 이런 경우, 각 RAID 콘트롤러는 자신만의 WWNN을 가집니다. 또한 WWNN을 가진 장비에는 여러 개의 FC 접속 포트가 있으며, 각 포트마다 WWPN^{World Wide Port Name}이라고 하는 유니크한 64비트 주소를 가집니다.

Zoning이란 1개의 SAN 패브릭 안에서 서로 통신 가능한 WWPN을 그룹화한 Zone을 정의하여. FC 포트 사이를 논리적으로 접속하는 것을 말합니다. [그림 3-2]는 Zoning에 관한 가장 단순한 예를 나타낸 것으로, 서버에 탑재된 HBA의 포트 주소 WWPN(10:00:00:00:c9:26:41:8a)과 스토리지 장치에 탑재된 컨트롤러의 포트 주소 WWPN(10:00:00:00:0e:24:4d:19)을 포함한 'Zone #1'을 정의하고 있습니다. 이를 통해 두 개의 포트가 논리적으로 접속됩니다.

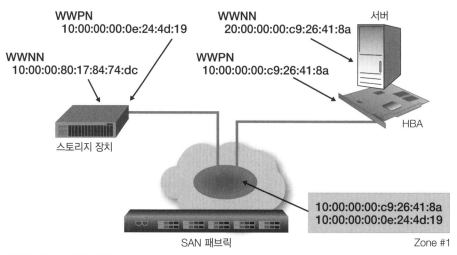

[그림 3-2] WWPN에 의한 Zoning

업무에서 실제 사용되는 조금 복잡한 예를 보도록 하겠습니다. 패브릭 구성 방법 및 Zoning 방법은 스토리지 제품마다 각 벤더에서 추천하는 방법이 있으므로, 여기서는 구체적으로 IBM의 SAN 스토리지 제품인 'System Storage DS3400'의 경우를 예로 설명하도록 하겠습니다. [그림 3-3]은 2대의 서버가 1대의 DS3400에 접속하고 있습니다. DS3400는 이중화를 위해, 두 대의 컨트롤러가 탑재되어 있습니다. 각 서버에도 HBA를 2장 장착하여, 각 HBA 포트를 각 컨트롤러와 1대 1로 연결합니다.

이와 같이 1대의 서버가 복수의 패스를 통해 스토리지 장치에 접속하는 방법을 '멀티 패스 접속'이라고 합니다. DS3400의 논리 디스크는 어느 쪽 컨트롤러를 통해서도 액세스할 수 있으므로, 하나의 패스에서 장애가 발생하더라도, 다른 패스를 이용하여 리눅스 서버는 계속해서 스토리지 장치에 접근하는 것이 가능합니다. 이 예에서는 서버에 탑재된 HBA, SAN 스위치, 스토리지의 컨트롤러를 각각 이중으로 구성하여, 장애에 대응할 수 있도록 설계되어 있습니다. 1대의 서버에 HBA를 2장 탑재하는 대신, 2개의 포트가 탑재된 1장의 HBA를 사용할 수도 있지만, HBA 자체에 장애가 발생하면 스토리지 장치에 접근이 불가능해집니다.

리눅스 서버에서 멀티 패스 접속을 이용할 경우, 각각 스토리지 장치에 대응한 '멀티 패스 드라이버'라고 불리는 디바이스 드라이버를 설치합니다. 장애가 발생할 경우에 패스 전환을 멀티 패스 드라이버가 투과적으로 수행하므로 리눅스를 사용하는 유저나 애플리케이션은 실제로 어느 쪽 패스를 이용하고 있는지 의식할 필요가 없습니다.

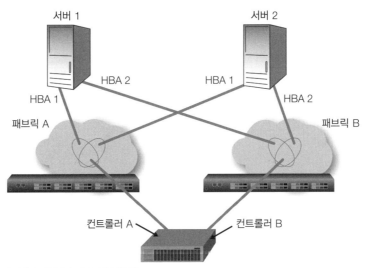

[그림 3-3] 멀티 패스 접속의 예

다시 Zoning에 대한 설명으로 돌아와서 [그림 3-3]의 예에서는 [표 3-1]의 네 종류 포트 간 접속에 대해서 개별적으로 Zone이 정의되어 있습니다. 일반적으로는 1개의 Zone에 여러 개의 포트를 포함하는 것도 가능하기 때문에, 예를 들어 패브릭 A의 2개의 Zone은 '서버1의 HBA1, 서버2의 HBA1, 컨트롤러 A'의 3개의 포트를 묶어 1개의 Zone으로 정의하는 것도 가능합니다. 하지만 이와 같이 Zone을 정의하여 사용해서는 안됩니다. 이론 상으로는 [표 3-1] Zoning과 마찬가지로 동작하겠지만, '서버1의 HBA 포트'와 '서버2의 HBA 포트'는 사실 서로 통신할 필요가 없는 포트임에도 불구하고, 논리적으로 접속됩니다. 따라서 예를 들면 서버1에서 장애가 발생한 경우, 서버2에도 악영향을 미칠 가능성이 있습니다. 이것은 어디까지 가능성에 지나지 않지만 원인을 알 수 없는 문제가 발생한 경우는 모든 가능성이 의심[1]됩니다. 이런 가능성은 사전에 한 가지라도 없애는 것이 좋습니다. 통신이 필요한 포트들에 대해서 Zone을 구축하는 것이 원칙입니다.

SAN 접속의 내부 구조 등, 더욱 자세한 SAN의 기초 지식을 공부하고 싶은 경우에는 [*]을 추천합니다.

[표 3-1] 멀티 패스 접속 Zoning의 예

패브릭	Zone	HBA	컨트롤러
패브릭 A	Zone #1	서버1의 HBA1	컨트롤러A
	Zone #2	서버2의 HBA1	컨트롤러A
패브릭 B	Zone #3	서버1의 HBA2	컨트롤러B
	Zone #4	서버2의 HBA2	컨트롤러B

---

1 이런 Zoning 시스템에서 원인을 알 수 없는 문제가 발생한 경우, SAN 전문가와 상담한다면 "우선은 Zoning을 나눠서 해결할 수 있는지 확인하시겠습니까?"라는 답변이 돌아올 가능성이 높습니다.

[*] http://www.redbooks.ibm.com/abstracts/sg245470.html

3.1.2 SAN 스토리지 기능

SAN 스토리지가 제공하는 대표적인 기능에 대해 설명합니다. 상세 부분은 제품에 따라 다른 경우가 있으므로, 기능의 상세 및 명칭은 System Storage DS3400을 예로 들어 설명하겠습니다.

RAID 구성과 LUN 작성

SAN 스토리지를 사용할 때는 우선 스토리지 장치에 탑재된 디스크 드라이브들을 모아서 RAID 어레이Array를 구성합니다. RAID 어레이에는 몇 가지 종류가 있지만, 업무 시스템에서는 대부분의 경우 RAID5 또는 RAID6를 사용합니다. RAID5 및 RAID6는 [그

---

[*] LWN.net http://lwn.net/

림 3-4]와 같이 RAID 어레이를 구성하는 디스크 드라이브 전체에 걸쳐서 '스트라이프'라고 하는 단위로 데이터를 씁니다. 1개의 스트라이프 안에서 각 디스크 드라이브에 쓰여지는 데이터 단위를 '블록'이라고 합니다. 1개의 스트라이프에 포함되는 블록 중에서 RAID5의 경우는 1개, RAID6의 경우는 2개의 블록에 나머지 블록 데이터로부터 계산되는 '패리티Parity'라는 값을 써넣습니다. 어느 디스크 드라이브 블록을 패리티로 할 것인지는 스트라이프마다 다릅니다.

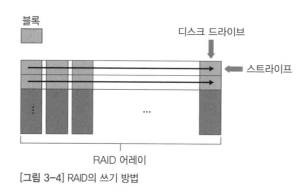

[그림 3-4] RAID의 쓰기 방법

이것은 디스크 드라이브 1개(RAID5의 경우), 또는 2개(RAID6의 경우)에서 장애가 발생하더라도, 데이터가 소실되지 않도록 하는 구조입니다. 어떤 스트라이프에 대해서 장애가 발생한 드라이브의 블록이 패리티라면 실제 데이터에는 영향이 없습니다. 실제 데이터의 블록을 잃은 경우는, 스트라이프 안에서 남은 블록 데이터와 패리티로부터 잃은 블록 데이터를 역계산해서 복구합니다. 'Hot Swap'이라고 불리는 새로운 디스크 드라이브를 사전에 탑재하고 있는 경우 또는 장애가 발생한 디스크 드라이브를 새로운 것으로 교체하면, 자동으로 재계산되어 복구된 데이터를 새로운 디스크 드라이브에 써 넣는 것으로 RAID를 재구성합니다. 이때 스토리지 장치를 정지시킬 필요는 없습니다.

SAN 스토리지를 이용하기 시작할 무렵에는 RAID5가 일반적이었습니다. 그러나 최근 특히 중요한 시스템에서는 2개의 디스크 드라이브가 연속해서 장애가 발생하는 가능성도 무시할 수 없으므로, RAID6의 이용이 증가하고 있습니다. RAID5에서는 디스크 1개의 용량이, RAID6에서 디스크 2개의 용량이 패리티에 사용되므로, 그만큼을 뺀 나머지만 실제 데이터를 쓸 수 있는 용량입니다. 1대의 스토리지 장치에서 다양한 RAID 어레이를 구성하는 것도 가능합니다.

다음으로 RAID 어레이로 구성된 드라이브로부터 복수의 논리 드라이브(LUN)를 임의의 용량으로 작성하여, 스토리지 장치에 접속된 서버에 매핑[2]을 합니다. 서버에서는 LUN 이 1개의 (가상적인) 디스크 드라이브로 인식됩니다. [그림 3-5]에서는 A, B, C 3개의 LUN을 작성해서 3대의 서버에 매핑을 하고 있습니다. 서버1에서는 A, B의 LUN이 2개의 디스크 드라이브로서 인식됩니다. C는 서버2와 서버3의 양쪽에 매핑된 공유 디스크 구성으로 되어 있습니다. 이와 같은 경우, 서버2와 서버3에서는 같은 내용의 디스크 드라이브가 보일 것입니다. 단 서버2와 서버3에서 동시에 LUN을 사용 가능한 것은 아닙니다. 일반적으로는 보통은 서버2에서 사용하고 있다가 서버2가 고장 났을 경우에 서버3에 전환해서 사용하는 'HA 클러스터'로 이용됩니다.

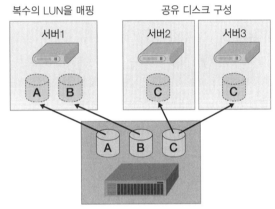

[그림 3-5] LUN 매핑

여러 서버에서 공유 디스크를 동시에 마운트하여 액세스할 때는 '공유 파일시스템'이라고 불리는 소프트웨어 제품을 사용합니다. 리눅스 표준 ex3 파일시스템은 여러 서버에서 동시에 마운트되는 것을 전제로 설계되어 있지 않습니다. 공유 파일시스템 제품을 사용하지 않는 경우에는, 절대로 복수의 서버에서 동시에 마운트해서는 안 됩니다.

---

2   LUN은 Logical Unit Number의 약어로, 정확하게는 '논리 드라이브 빈호'입니다. 현징 엔지니어 사이에서는 관습적으로 '논리 드라이브'의 의미로서 LUN이라는 용어가 사용됩니다. 이 책에서도 논리 드라이브의 의미로서 LUN을 이용합니다.

LUN 사이즈 확장

당연한 얘기지만 RAID 어레이에서 LUN을 작성할 때의 LUN 용량의 합계는 RAID 어레이 전체 용량을 넘을 수 없습니다. 한편 RAID 어레이의 용량이 남은 경우, 기존의 LUN 사이즈를 확장하는 것은 가능합니다. 서버 입장에서 보면, 기존 디스크 드라이브 뒤에 빈 영역이 추가되어 디스크 전체 사이즈가 커진 것처럼 보입니다. 단, LUN의 파일 시스템 사이즈가 확장되는 것은 아닙니다. 서버를 다시 시작하여 새로운 LUN 용량을 리눅스에 인식시킨 후, 이후에 설명할 resize2fs 커맨드로 파일시스템의 사이즈를 확장할 필요가 있습니다.

LUN의 물리 복사와 논리 복사

대부분 SAN 스토리지는 LUN의 물리 복사와 논리 복사 기능을 가지고 있습니다. DS3400에서는 'VolumeCopy' 및 'FlashCopy'라고 불리는 기능입니다. 물리 복사는 기존의 LUN 내용을 같은 사이즈 LUN에 그대로 복사합니다. 예를 들어 서버A에서 서버B로 물리 복사를 하는 경우에는, 서버A의 LUN 파일시스템을 언마운트합니다. 마운트한 상태에서 복사를 하면 파일시스템 안의 데이터의 정합성이 보증되지 않습니다. LUN 용량의 복사 처리가 완료할 때까지의 시간이 길어지고, 그 사이 서버에서는 LUN을 사용할 수 없다는 점에 주의가 필요합니다.

논리 복사는 기존 LUN에 대해서 외관상 물리 복사된 것과 같은 LUN을 작성합니다. 실제 복사가 되는 것이 아니고, 기존 LUN과의 차분 데이터를 보존하기 위한 소용량의 데이터 영역을 작성하고 복사 처리를 완료합니다. 그런 다음 LUN에 쓰기가 발생하여 차분이 생기면, Destination LUN에서는 차분 데이터만을 보존합니다. Destination에서 데이터를 읽을 때에는 차분 데이터가 아닌 부분은 Source 측 LUN에서 데이터를 읽습니다.

논리 복사의 처리는 매우 단시간(수초 이내)에 완료합니다. 논리 복사를 할 때도 마찬가지로 서버는 파일시스템을 언마운트할 필요가 있지만, 이에 의한 애플리케이션 정지 시간은 물리 복사에 비해서는 아주 짧은 시간입니다.

논리 복사의 경우 Source와 Destination과의 차분이 커져서 차분의 데이터를 보존할 용량이 부족해지면 Destination LUN은 사용할 수 없습니다. 따라서 논리 복사는 데이터 백업의 중간 데이터로서 사용하는 것이 일반적입니다. 예를 들어 논리 복사의 Destination 측 LUN으로부터 한 번 더 물리 복사를 하고, 물리 복사가 완료한 시점에서 논리 복사를 파기합니다. 최초의 논리 복사가 완료하면 원래의 LUN은 서버에서 사용 가능하므로, 물리 복사 중에 장시간 애플리케이션을 정지할 필요가 없어집니다. [그림 3-6]에서와 같이 논리 복사를 수행한 LUN을 백업 서버에 매핑하여, 테이프에 데이터를 쓰는 방법도 있습니다. 이 경우 역시 데이터 백업에 따른 애플리케이션 정지 시간은 논리 복사가 종료할 때까지 몇 초 안에 끝납니다.

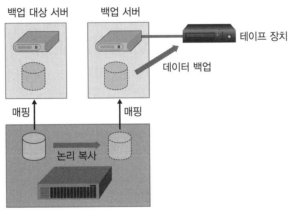

[그림 3-6] 논리 복사를 이용한 데이터 백업

멀티 패스 드라이버의 이용

[그림 3-3]과 같은 멀티 패스 접속 시에 필요한 멀티 패스 드라이버에 대해 설명하겠습니다.

멀티 패스 드라이버를 인스톨하지 않고, 멀티패스 접속을 시도하면 리눅스에서는 동일한 LUN이 서로 다른 디스크 드라이버로 인식되어 버립니다. 예를 들어 내장 하드 디스크가 /dev/sda 서버의 경우, 1개의 LUN을 매핑하면 /dev/sdb, /dev/sdc로 인식됩니다. 그리고 /dev/sdb에 액세스하면 컨트롤러 A에서 LUN에 액세스하며, /dev/sdc에 액세스하면 컨트롤러 B에서 LUN에 액세스합니다. 다만 이 방법을 이용하면 한 쪽의 패스에 장애가 발생한 경우 자동 패스 전환이 불가능합니다.

DS3400의 경우는 'RDAC 드라이버'라고 불리는 전용 멀티 패스 드라이버가 제공되고 있습니다. RDAC 드라이버를 인스톨하면 1개의 LUN이 /dev/sdb로, 즉 1개의 디스크 드라이버로 정확하게 인식됩니다. 또한 LUN마다 우선적으로 사용할 컨트롤러를 설정합니다. RDAC 드라이버는 DS3400 컨트롤러와 통신을 하여, 우선 지정된 컨트롤러로 LUN에 액세스를 합니다. 패스 장애로 우선 지정 컨트롤러에서 액세스가 불가능해지면 다른 컨트롤러로 자동 전환됩니다.

RDAC 드라이버를 사용하는 환경에서, 레스큐 부트를 하는 경우에는 약간의 주의가 필요합니다. RDAC 드라이버는 1.1에서 설명한 초기 RAM 디스크에 인스톨해서, 서버 부팅 시 읽어 들이는 구조로 되어 있습니다. 한편 2.2에서 설명한 것과 같이 레스큐 부트 환경에서는 자체 커널과 초기 RAM 디스크로 리눅스를 부팅하기 때문에 RDAC 드라이버를 이용할 수 없습니다. 따라서 레스큐 부트 환경에서 내장 하드디스크 이 외의 LUN은 앞서 설명한 것과 같이 1개의 LUN이 2개의 LUN으로 인식됩니다. 특히 복수의 LUN을 매핑하고 있는 경우는, 각각 LUN에 대응하는 디바이스명 /dev/sdX가 통상의 기동 시와 다릅니다. 레스큐 부트를 이용하는 목적은 내장 하드디스크 시스템 영역의 백업 또는 유지보수를 하기 위한 경우가 일반적이므로, 레스큐 부트 환경에서는 내장 하드디스크 이 외의 LUN에 액세스하지 않도록 주의합시다.

스토리지 제품에 따라서는 전용 멀티 패스 드라이버가 아닌, 리눅스에 표준의 DMMF^{Device-Mapper Multipath}라고 불리는 멀티 패스 드라이버를 사용하는 것도 있습니다. DMMP에서는 RDAC 드라이버와는 달리 /dev/sdb, dev/sdc와 같이 이중 인식 상태는 그대로 남습니다. 그 대신 /dev/mapper/mpathX(X는 번호)라는 추가 디바이스가 작성됩니다. /dev/mapper/mpathX에 액세스하면, 우선순위 패스에서의 액세스와 장애 시 패스의 전환이 일어납니다. 멀티 패스 드라이버와 인식 디아비스 관계를 [표 3-2]에 정리하고 있습니다. 이는 매핑된 LUN이 1개일 경우의 예입니다.

System Storage DW3400을 리눅스에서 사용하기 위한 참고 자료 및 전용 멀티패스 드라이버(RDAC 드라이버) 환경에서 SAN 스토리지를 사용하기 위한 참고 자료는 IBM 홈페이지를 참조하기 바랍니다.

[표 3-2] 멀티 패스 드라이버에 의한 인식 디바이스명의 차이

멀티 패스 드라이버	인식 디바이스
없음	/dev/sdb
	/dev/sdc
RDAC 드라이버	/dev/sdb
DMMP	/dev/mapper/mpathX
	/dev/sdb
	/dev/sdc

3.2

LVM 구성 관리

3.2.1 LVM 개요 및 기본 조작

데이터 영역으로 사용할 디스크는 LVM^{Logical Volume Manager}을 이용해서 관리하면, 여러 대의 물리 디스크를 1개로 묶어서, 대용량 파일시스템을 작성하거나 파일시스템 사이즈를 운용 중에 확장할 수 있다는 이점이 있습니다.

한편, SAN 스토리지를 사용하는 경우는 스토리지 장비의 기능을 이용해 RAID를 구성하기 때문에, 서버 측에서 복수의 물리 디스크를 묶을 필요 없고, LUN 사이즈도 운용 중에 확장할 수 있습니다. 따라서 LVM을 사용할 필요성이 낮아집니다. 실제 데이터 영역으로서 필요한 사이즈의 LUN을 매핑해서, LUN 전체를 1개의 파일시스템으로 사용하는 경우도 자주 있습니다.

단, 퍼포먼스 향상을 위해 LVM을 이용해서, 우선 패스^{Preferred Path}가 다른 2개의 LUN에 걸친 스트라이핑 구성의 파일시스템을 작성하는 경우가 있습니다. 그다지 바람직한 상황이 아니지만, RAID 어레이 자체 용량을 다 쓰고 LUN 사이즈를 확장할 수 없게 된 경우에, 복수의 RAID 어레이의 LUN을 LVM으로 묶는 방법을 사용하는 경우도 있습니다. SAN 스토리지 환경에서도, 여기서 설명하는 LVM 개념과 기본적인 조작을 적용할 수 있도록 합시다.

LVM의 개념

리눅스의 LVM에서는 물리 볼륨(PV), 볼륨 그룹(VG), 논리 볼륨(LV)의 3개의 개념을 이용해서 디스크 관리를 합니다. 리눅스에서 인식하는 개개의 디바이스 /dev/sdX를 '물리 볼륨'이라고 합니다. 여러 개의 물리 볼륨을 그룹화 한 것을 '볼륨 그룹'이라고 합니다. 볼륨 그룹 안에 작성하는 가상적인 디바이스를 '논리 볼륨'이라고 합니다.

볼륨 그룹 안에서는 복수의 논리 볼륨을 작성할 수 있습니다. 그리고 논리 볼륨에서 파일 시스템을 작성하여 사용합니다. LVM을 사용하지 않는 환경에서는 디스크 전체를 여러 개의 파티션으로 나누어서 사용합니다. 논리 볼륨에 액세스는 파티션 액세스에 해당한다고 생각할 수 있습니다(그림 3-7). 논리 볼륨의 디바이스 파일은 '/dev/〈볼륨 그룹명〉/〈논리 볼륨명〉'이 됩니다. 그리고 '/dev/mapper/〈볼륨 그룹명〉-〈논리 볼륨명〉'은 심볼릭 링크입니다.

 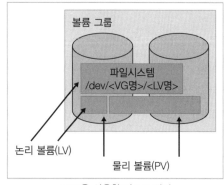

LVM을 사용하지 않는 디스크 관리　　　　LVM을 사용한 디스크 관리

[그림 3-7] LVM 사용 여부에 따른 디스크 관리의 차이

논리 볼륨은 볼륨 그룹 안의 복수의 물리 볼륨에 걸쳐 작성하는 것이 가능합니다. RAID 스트라이프와 같이, 복수의 물리 볼륨에 순서대로 쓰는 '스트라이핑' 설정도 가능합니다. System Storage DS3400의 LUN을 LVM의 물리 볼륨으로 하는 경우, 우선 패스가 다른 2개의 LUN으로 스트라이핑하면 복수 패스(컨트롤러)에 대한 부하 분산을 할 수 있습니다.

논리 볼륨 사이즈를 나중에 확장하는 것도 가능합니다. Red Hat Enterprise Linux 5에서는 파일시스템을 마운트한 상태에서 논리 볼륨 확장과 파일시스템 확장이 가능합니다. 구체적인 수순은 잠시 후에 설명하도록 하겠습니다.

볼륨 그룹 전체 용량을 확장하는 방법은 2가지가 있습니다. 첫 번째는 신규 물린 볼륨을 볼륨 그룹에 추가하는 방법입니다. 두 번째 방법은 SAN 스토리지 LUN을 논리 볼륨으로 사용하고 있는 경우에 스토리지 장치 기능을 이용하여 LUN 사이즈를 확장하는 방법입니다. 이에 대한 수순에도 잠시 후에 설명하도록 하겠습니다.

LVM 기본 조작

구체적인 예로, 서버에 /dev/sdb, /dev/sdc, /dev/sdd 3개의 LUN이 매핑되어 있는 것을 가정하여, LVM의 기본적인 조작 순서를 설명하겠습니다(그림 3-8). 우선 다음 커맨트는 /dev/sdb, /dev/sdc 2개의 LUN으로부터, 볼륨 그룹 vg_data01을 구성해서 논리 볼륨 lv_data01을 작성하는 예입니다.

```
# pvcreate /dev/sdb
# pvcreate /dev/sdc
# vgcreate vg_data01 /dev/sdb /dev/sdc
# lvcreate -i 2 -L 2048M -n lv_data01 vg_data01.
```

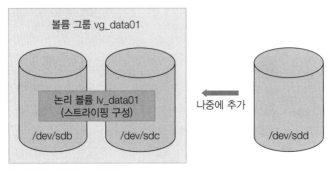

[그림 3-8] LVM 구성의 예

pvcreate 커맨드로 /dev/sdb와 /dev/sdc를 LVM에서 관리할 물리 볼륨으로 등록하고 있습니다. vgcreate 커맨드로 물리 볼륨 /dev/sdb와 /dev/sdc로부터 구성되는 볼륨 그룹 vg_data01을 작성하고 있습니다. -i 옵션으로 복수(위의 예에서는 2개)의 물리 볼륨에 스트라이핑하여 데이터를 배치하겠다는 지정을 합니다. 물리 볼륨, 볼륨 그룹, 논리 볼륨의 정보는 각각 pvdisplay, vgdisplay, lvdisplay 커맨드로 확인할 수 있습니다.

또한 pvcreate 커맨드로 LVM 관리 대상이 된 물리 볼륨(LUN)에는 'UUID'라고 하는 고유 ID 번호가 할당됩니다. LUN의 선두 부분의 메타 데이터 영역에 UUID 및 볼륨 그룹 등 LVM의 구성 정보가 기록되어 있습니다. 논리 볼륨 UUID는 pvdisplay 커맨드로 확인할 수 있습니다.

계속해서 논리 볼륨 lv_data01을 ext3 파일시스템으로 포맷한 후 /data에 마운트합니다. 논리 볼륨 디바이스 파일은 /dev/⟨볼륨 그룹명⟩/⟨논리 볼륨명⟩입니다.

```
# mke2fs -j /dev/vg_data01/lv_data01
# mkdir /data
# mount /dev/vg_data01/lv_data01 /data
```

다음 커맨드는 논리 볼륨 사이즈를 확장한 후, 파일시스템을 확장하는 예입니다.

```
# lvextend -L +1024M /dev/vg_data01/lv_data01
# resize2fs /dev/vg_data01/lv_data01
```

lvextend 커맨드로, 기존 논리 볼륨 /dev/vg_data01/lv_data01에 1024MB의 용량을 추가하고 있습니다. 단 논리 볼륨의 파일시스템 사이즈는 아직 확장되지 않았습니다. 다음 resize2fs 커맨드로, 파일시스템 사이즈를 논리 볼륨 사이즈에 맞춰 확장하고 있습니다. resize2fs 커맨드를 실행할 때는 논리 볼륨 파일시스템을 마운트한 상태에서 합니다.

파일시스템을 언마운트한 상태에서 resize2fs를 실행하는 경우는, 다음과 같이 ex2fsck 커맨드에 의해 파일시스템 정합성 체크를 강제적으로 할 필요가 있습니다.

```
# umount /data
# ef2fsck -f /dev/vg_data01/lv_data01
# resize2fs /dev/vg_data01/lv_data01
# mount /data
```

다음 커맨드는 새로운 논리 볼륨인 /dev/sdd를 작성하여, 기존 볼륨 그룹 vg_data01에 수가하는 예입니다.

```
# pvcreate /dev/sdd
# vgextend vg_data-1 /dev/sdd
```

마지막으로 지금까지 작성한 논리 볼륨, 볼륨 그룹, 물리 볼륨을 삭제하는 순서입니다.

```
# umount /data
# lvremove /dev/vg_data01/lv_data01
# vgremove vg_data01
# pvremove /dev/sdb /dev/sdc /dev/sdd
```

논리 볼륨 파일시스템을 언마운트한 후에, lvremove 커맨드로 논리 볼륨 lv_data01을 삭제합니다. "Do you really want to remove active logical volume lv_data01? [y/n]:" 이라는 확인 메시지가 나오면 y를 입력합니다. 이때 논리 볼륨상의 파일시스템 내용은 파기됩니다. 다음으로 vgremove 커맨드로 볼륨 그룹 vg_data01을 삭제합니다. 마지막으로 pvremove 커맨드로 물리 볼륨을 삭제합니다.

LVM에 관련된 커맨드 리스트는 lvm 매뉴얼 페이지(man 커맨드)로 확인합시다. 각 커맨드 옵션도 각각의 매뉴얼 페이지에서 참고할 수 있습니다.

LUN 확장

이번에는 LVM의 물리 볼륨으로 사용하고 있는 LUN을 확장하여 볼륨 그룹의 용량을 늘리는 방법을 설명하겠습니다.

구체적인 예로, 기존 볼륨 그룹에 포함되는 물리 볼륨 /dev/sdb에 대응하는 LUN 사이즈를 스토리지 장치의 기능을 이용하여 확장하는 것을 가정하겠습니다. 새로운 LUN 사이즈를 리눅스에서 인식하도록 하기 위해 서버를 재시작해야 합니다.

```
# reboot
```

서버를 재시작했으면 pvextend 커맨드로 물리 볼륨의 사이즈를 새로운 LUN 사이즈에 합쳐서 확장합니다.

```
# pvextend /dev/sdb
```

이것으로 /dev/sdb를 포함한 볼륨 그룹의 용량이 확장되었습니다. 이후 필요에 따라 앞서 설명한 수순으로 논리 볼륨 확장과 파일시스템 확장을 합니다.

LVM을 사용하지 않고 LUN 전체를 1개의 파일시스템으로 사용하는 경우도 있습니다. 보충 설명으로 LVM을 사용하지 않는 환경에서의 LUN 확장에 대해서 설명하겠습니다. 예를 들어 다음 커맨드로 /dev/sdb의 LUN 전체를 ext3 파일시스템으로 포맷해서 사용하고 있다고 가정합니다.

```
# mke2fs -j /dev/sdb
# mkdir /data
# mount /dev/sdb /data
```

여기서는 스토리지 장치의 기능을 이용하여 LUN 사이즈를 확장합니다. 새로운 LUN 사이즈를 리눅스가 인식하도록 하기 위해 서버를 재시작합니다.

```
# reboot
```

서버가 재시작되면 다시 파일시스템을 마운트해서, resize2fs 커맨드로 파일시스템을 새로운 LUN 사이즈에 맞춰 확장합니다.

```
# mount /dev/sdb /data
# resize2fs dev/sdb
```

파일시스템을 언마운트한 상태에서 resize2fs를 실행하는 경우는 논리 볼륨의 확장 때와 마찬가지로 e2fsck 커맨드로 시스템 정합성 체크를 강제적으로 해야 합니다.

또한 /dev/sdb에 /dev/sdb1, /dev/sdb2 등의 파티션을 작성하고 있는 경우에는 이 순서를 사용할 수 없습니다. LUN을 확장한 후에 파티션 사이즈를 변경할 필요가 있습니다. 파티션 사이즈 변경에는 고려할 부분이 많고, 데이터를 파손할 위험성이 있으므로 여기서는 설명하지 않습니다. 사실 데이터 영역의 LUN을 파티션으로 분할하는 장점은 없습니다. LUN 전체를 파일시스템으로 사용하던가 또는 데이터 영역을 분할하고 싶은 경우는 LVM을 사용하도록 합시다.

3.2.2 LVM 고도의 조작

여기서는 볼륨 그룹의 상태 전이에 대해 설명하겠습니다. 이는 LVM에 관한 다양한 관리를 위한 필요 지식이 됩니다. 또한 볼륨 그룹의 구정 정보를 파일에 백업하고, 스토리지 장치의 장애 등으로 LVM의 구성을 잃어버렸을 때, 이전과 같이 같은 구성의 볼륨 그룹을 재작성할 수 있는 방법을 설명합니다.

볼륨 그룹의 상태

[그림 3-9]는 볼륨 그룹의 다양한 상태 전이를 나타내고 있습니다. 볼륨 그룹에는 크게 'Imported'와 'Exported'의 2개의 상태가 있습니다. 보통은 Imported 상태에서 변화하는 경우는 없습니다. Exported 상태에 대해서는 후에 설명하도록 하겠습니다.

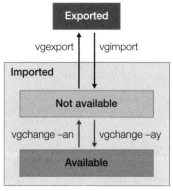

[그림 3-9] 볼륨 그룹의 상태 전이

Imported 상태의 볼륨 그룹은 다음의 vgchange 커맨드를 이용하여 'Available'과 'Not available'로 상태 전환을 하는 것이 가능합니다. 〈볼륨 그룹명〉을 생략하면 모든 볼륨 그룹이 대상이 됩니다.

```
# vgchage -ay <볼륨 그룹명> ==> Available로 변경
# vgchage -an <볼륨 그룹명> ==> Not available로 변경
```

볼륨 그룹 상태가 Available일 때, 해당 볼륨 그룹 안에 포함되는 논리 볼륨 파일시스템을 마운트해서 사용하는 것이 가능합니다. 리눅스가 부팅 시 볼륨 그룹 상태는 Not available 이지만, 기동 처리 중 vgchange 커맨드가 실행되어 자동으로 Available이 됩니다.

Not available로 변경할 때는, 볼륨 그룹에 포함되는 모든 논리 볼륨 파일시스템을 언마운트합니다. 논리 볼륨명이나 볼륨 그룹명의 변경을 할 때는 Not available 상태에서 합니다. 다음은 /data에 마운트되어 있는 /dev/vg_data01/lv_data01을 /dev/vg_data02/lv_data02로 변경해서 다시 마운트하는 예입니다. lvrename 커맨드 및 vgrename 커맨드로 논리 볼륨명과 볼륨 그룹명을 변경하고 있습니다.

```
# umount /data
# vgchange -an vg_data01
# lvrename /dev/vg_data01/lv_data01 /dev/vg_data02/lv_data02
# vgrename vg_data01 vg_data02
# vgchange -ay vg_data02
# mount dev/vg_data02/lv_data02 /data
```

Exported 상태로의 변경은 볼륨 그룹을 구성하는 물리 디스크를 서버에서 빼고, 다른 서버에 붙일 때에 사용합니다. Not available 상태의 볼륨 그룹을 다음 커맨드로 Exported와 Imported의 상태를 변경합니다.

```
# vgexport <볼륨 그룹명> ==> Exported로 변경
# vgimport <볼륨 그룹명> ==> Imported로 변경
```

이 두 가지 상태는 볼륨 그룹에 포함되는 물리 디스크의 메타 데이터 영역에 쓰여집니다. Exported 상태의 볼륨 그룹은 LVM 관리 대상에서 제외되므로, 대응하는 물리 디스크를 안전하게 서버로부터 분리하여, 다른 서버로 이동하는 것이 가능합니다. 이동할 서버에서 다시 볼륨 그룹을 Imported 상태로 변경하면, 볼륨 그룹 안의 데이터를 이용할 수 있습니다.

업무용 서버의 경우, 물리 디스크를 서버 간에 이동하는 것은 그다지 고려할 부분이 아니지만, LVM을 사용하는 LUN에 [그림 3-6]에서 소개한 논리 복사를 이용한 데이터 백업을 하는 경우에 이동이 필요할 수도 있습니다. LUN의 논리 복사를 백업 서버에 매핑하는 것은, 백업 서버 입장에서 보면 백업 대상 서버에 접속되어 있던 LUN이 그대로 이동해 오는 것과 같습니다. 백업 대상 서버에서 사용하고 있는 볼륨 그룹을 Exported 상태로 변경한 후에 논리 복사를 합니다. 이를 백업 서버에 매핑하여 다시 Imported 상태로 변경한 후에, 볼륨 그룹 안의 물리 볼륨 파일시스템을 마운트해서 백업을 합니다.

구성 정보 백업

논리 볼륨의 파일시스템은 일반적인 파일시스템과 같은 방법으로 데이터 백업이 가능합니다. 다만, 물리 디스크 장애 등으로 볼륨 그룹 구성이 파기된 경우는 볼륨 그룹을 재구성한 상태에서, 파일시스템 복구가 필요합니다. 여기서는 볼륨 그룹의 구성 정보를 백업하는 순서와 백업해둔 구성 정보를 이용해서 볼륨 그룹을 재구성하는 순서를 설명하겠습니다.

다음 커맨드는 볼륨 그룹 vg_data01의 구성 정보를 구성 정보 파일 vg_data01.cfg에 씁니다.

```
# vgcbackup -f vg_data01.cfg vg_data01
```

vg_data01.cfg에는 vg_data01에 포함되는 물리 볼륨과 논리 볼륨 정보가 텍스트 형식으로 쓰여져 있습니다. 이 구성 정보 파일을 구성 정보 백업으로 보존합니다.

```
physical_vlumes {
        pv0 {
                id = "S02fAI-ZjTW-16QH-U4Zu-ZH91-gbrz-dGlLGc"
                device = "/dev/sdb"     # Hint only

                status = ["ALLOCATABLE"]
                flags = []
                dev_size = 4016187      # 1.91406 Gigabytes
                pe_start = 384
                pe_count = 490          #1.91406 Gigabytes
        }
        pv1 {
                id = "JomPH1-ROog-RMEH-HPK5-EPK5-Epvk-zHV0-EcPguI"
                device = "/dev/sdb"     # Hint only

                status = ["ALLOCATABLE"]
                flags = []
                dev_size = 4016187      # 1.91406 Gigabytes
                pe_start = 384
                pe_count = 490          #1.91406 Gigabytes
        }
}
```

[그림 3-10] 볼륨 그룹의 구성 정보 파일(physical_volume 섹션)

신규 LUN을 이용해서 볼륨 그룹을 재구성할 때는 우선 물리 볼륨을 작성합니다. 이때 재구성할 볼륨 그룹과 같은 UUID를 가진 물리 볼륨이 필요합니다. 구성 정보 파일 vg_data01.cfg의 'physical_volumes' 섹션에 물리 볼륨의 UUID 정보가 기록되어 있으므로 이를 확인합니다. [그림 3-10]의 'id=' 부분이 물리 볼륨의 UUID가 됩니다. pvcreate 커맨드의 --uuid 옵션에 해당 UUID를 지정해서 물리 볼륨을 작성합니다.

```
# pvcreate -uuid S02fAI-ZjTW-16QH-U4Zu-ZH91-gbrz-dGlLGc
  /dev/sdb
# pvcreate -uuid JomPH1-ROog-RMEH-HPK5-EPK5-Epvk-zHV0-
  EcPguI /dev/sdc
```

또한 UUID가 같다면 물리 볼륨의 디바이스명 /dev/sdb, /dev/sdc는 백업 시와 달라도 상관 없습니다. 다만 사용할 LUN 사이즈는 반드시 백업 시와 동일하게 해야 합니다. 그런 후 구성 정보 파일을 이용해서 볼륨 그룹을 재작성합니다.

```
# vgcfgrestore -f vg_data01.cfg vg_data01
# vgchange -ay vg_data01
```

vgcfgrestore 커맨드로 백업 시와 같은 구성의 볼륨 그룹 vg_data01이 작성됩니다. 백업 시와 같은 UUID 물리 볼륨으로 구성되어, 백업 시와 같은 논리 볼륨을 포함하고 있습니다. 작성 직후는 Not Available 상태이므로 vgchange 커맨드로 Available 상태로 변경하고 있습니다. 이로써 볼륨 그룹 vg_data01에 포함된 논리 볼륨이 사용 가능해졌습니다. 이제 논리 볼륨에 파일시스템을 작성한 후 데이터를 복구합니다.

3.3

iSCSI와 FCoE

3.3.1 SAN 환경으로의 네트워크 기술 적용

SAN의 이용이 시작된 2000년 무렵 이더넷 통신 속도는 100Mbps가 중심이었지만, FC 케이블을 이용한 SAN 접속에서는 1Gbps 또는 2Gbps 속도를 이용할 수 있었습니다. 현재는 4Gbps 또는 8Gbps까지 이용 가능합니다.

한편, 기가비트 이더넷gigabit Ethernet 기술로 인해 이더넷에서는 1Gbps가 표준으로 이용되도록 되었으며, 최근에는 10Gbps를 이용할 수 있는 장비도 등장하고 있습니다. 이렇게 이더넷의 고속화와 함께 이더넷을 이용한 SAN을 구성하는 기술이 주목 받기 시작했는데, 현재 널리 이용되고 있는 것이 iSCSI입니다. 최근에는 FCoE라고 불리는 기술도 등장했습니다. 단 iSCSI와 FCoE는 "이더넷 케이블로 접속한다"라는 공통점이 있을 뿐, 그 목적이나 내부에서 이용되는 기술 요소는 전혀 다른 것입니다. 이번에는 iSCSI와 FCoE를 비교하면서 각각의 목적과 기술적인 특징을 설명하도록 하겠습니다.

3.3.2 iSCSI

iSCSI는 FC 케이블과 FC 스위치 대신, IP 네트워크를 이용하여 SAN을 구축하는 기술입니다. 일반적으로 FC 관련 하드웨어 제품보다 저비용으로 구축이 가능하여, 비교적 소규모 SAN 환경 구축 시에 채용되고 있습니다. 리눅스에서 iSCSI에 대응한 스토리지 장치를 사용하는 경우는, iSCSI 접속 전용 어댑터 카드를 사용하는 경우와 일반적인 NIC을 사용하는 경우가 있습니다. 전용 어댑터 카드는 자체 하드웨어 기능을 이용하여

iSCSI를 처리하므로 '하드웨어 이니시에이터initiator'라고 합니다. 일반적인 NIC을 이용하는 경우는 리눅스 기능을 이용하여 소프트웨어적으로 iSCSI 처리를 하므로 '소프트웨어 이니시에이터initiator'라고 불립니다.

또한 Red Hat Enterprise Linux 5에서는 리눅스 서버가 iSCSI 스토리지 장치로서 동작하도록 하는 툴이 제공되고 있습니다. 실제 서비스 중의 업무용 서버에서는 성능과 신뢰성을 생각하면 전용 스토리지 장치를 사용해야 하겠지만, 테스트 환경과 같이 일시적으로 iSCSI 스토리지가 필요한 경우에 대체 수단으로 이용할 수 있습니다. 이 기능은 '소프트웨어 타깃'이라고 불립니다.

여기서는 iSCSI의 기본적인 개념을 설명한 후, 소프트웨어 타깃과 소프트웨어 이니시에이터 사용법을 설명하겠습니다.

iSCSI의 기초

IP 네트워크에 의한 접속 환경에서 리눅스 서버가 원격 스토리지를 사용하는 방법 중에 NFS라는 것이 있습니다. Windows 서버라면 Windows 파일 공유(CIFS)입니다. NFS나 CIFS에 의해 파일 공유 기능을 제공하는 전용 어플라이언스appliance 제품이 NAS Network Attached Storage입니다. 최근에는 콘슈머 타입의 NAS가 흔하게 판매되고 있으므로, NAS 기능에 대해서는 그다지 설명할 필요가 없을 것입니다. 대신 알아두어야 할 포인트는, NAS를 이용하는 서버는 NAS에 대한 파일 레벨의 읽고 쓰기를 한다는 것입니다. 파일을 저장하는 파일시스템은 NAS에서 작성, 관리됩니다.

한편 iSCSIinternet SCSI는 IP 네트워크를 통해서 SCSI 접속을 실현하는 기술입니다. SCSI 접속은 물리적인 디스크 장치를 서버에 접속하는 것이므로, 리눅스 서버에 iSCSI로 접속된 디스크 영역은 내장 하드디스크나 SAN 접속의 LUN과 마찬가지로 /dev/sdX 형식의 물리디스크로 인식됩니다. 따라서 리눅스 서버에서 파일시스템을 작성할 필요가 있습니다. 또한 NAS와 마찬가지로 1개의 영역을 복수의 서버에서 동시에 액세스 가능한 것은 아닙니다. iSCSI의 스토리지 장치(iSCSI 스토리지)의 사용법은 NAS보다는 SAN 스토리지에 가깝다고 생각하면 됩니다.

최근에는 iSCSI 접속도 가능한 NAS가 있어 혼동하기 쉽지만, 이것은 내부적으로 NFS의 디스크 영역과 iSCSI 디스크 영역을 나눠서 관리하고 있습니다. 같은 영역을 NFS와 iSCSI로 동시에 액세스 가능한 것은 아닙니다.

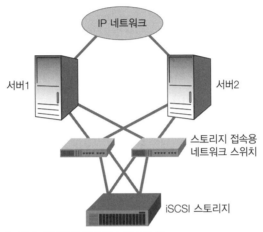

[그림 3-11] iSCSI 멀티 패스 접속의 예

[그림 3-11]은 iSCSI 스토리지에 2대의 서버를 접속하는 예입니다. 일반적인 IP 네트워크용 NIC이 아닌, 스토리지 장치에 접속하기 위한 전용 NIC으로 2개의 네트워크 스위치를 경유하여 접속하고 있습니다. 이는 스토리지 장치의 장애 극복을 위해 컨트롤러 2개를 가지고 있는 경우의 접속 방법입니다. [그림 3-3]은 SAN 스토리지 멀티 패스 접속과 비슷합니다. 네트워크 스위치와 스토리지 장치 간의 접속이 약간 복잡하지만, 이 부분은 스토리지 장치 벤더마다 추천되는 방법이 있습니다. [그림 3-11]은 IBM의 iSCSI 스토리지 장치인 'System Storage DS3300'의 예입니다. 그 밖의 iSCSI 스토리지 제품은 해당 제품에서 추천하는 방법을 따르면 됩니다. 장애 시 패스의 전환 방법은 잠시 후 설명합니다.

기존 IP 네트워크를 사용해서 iSCSI 스토리지 접속하는 것도 가능하지만, 업무용 서버에서는 스토리지 접속 전용 네트워크를 준비하는 것이 일반적입니다. 이는 스토리지 액세스와 보통의 네트워크 통신이 네트워크 대역대를 나누어 사용하는 경우 트래픽에 따른 지연 및 네트워크 장애 시 영향 범위를 제한하는 효과가 있으며, 일반적인 네트워크 접속과 스토리지 접속에 있어서는 동시에 장애가 발생하는 상황을 피하도록 하는 것이기도 합니다.

하드웨어 이니시에이터와 소프트웨어 이니시에이터

SCSI 용어에서 디스크 장치 등 액세스 요구를 받는 기기를 '타깃', 서버에 탑재된 어댑터 카드 등 액세스 요구를 하는 기기를 '이니시에이터'라고 합니다. iSCSI의 경우는 iSCSI 스토리지가 타깃에 해당됩니다. 이니시에이터에는 하드웨어 이니시에이터와 소프트웨어 이니시에이터가 있습니다.

하드웨어 이니시에이터는 iSCSI 접속 전용 어댑터 카드입니다(그림 3-12). 이것은 이더넷 포트가 탑재되어 있으며, IP 주소 등의 설정은 전용 툴을 이용해서 합니다. 해당 디바이스 드라이버를 인스톨하면 리눅스에서는 SCSI 어댑터로 인식됩니다. 리눅스에서 SCSI 프로토콜로 액세스를 요구하면, 어댑터 카드에서 자신의 기능을 이용하여 iSCSI 액세스 요구로 변환하여 IP 네트워크를 경유해 iSCSI 스토리지 엑세스합니다. SCSI와 iSCSI 교환을 어댑터 카드의 하드웨어 기능으로 하므로 하드웨어 이니시에이터라고 불립니다. 멀티 패스 접속시의 패스 전환은 스토리지 장치가 제공하는 멀티 패스 드라이버를 사용합니다. 멀티 패스 드라이버가 스토리지 장치 컨트롤러와 통신을 하여 사용해야 할 패스를 판단합니다. 리눅스에서는 네트워크 카드로서 인식되지 않으므로, 리눅스의 네트워크 기능으로 패스 전환을 하는 것이 아닙니다.

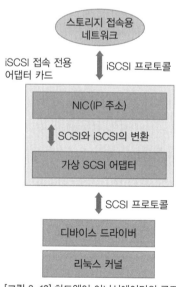

[그림 3-12] 하드웨어 이니시에이터의 구조

소프트웨어 이니시에이터는 리눅스 자체 기능을 이용하여 SCSI와 iSCSI의 변환을 하는 방법으로서, 통상의 NIC을 이용해서 iSCSI 스토리지에 액세스를 하는 것이 가능합니다. IP 주소는 리눅스의 일반적인 NIC과 같이 설정합니다. 리눅스의 소프트웨어 기능으로 SCSI와 iSCSI의 변환을 하므로 소프트웨어 이니시에이터라고 합니다. 리눅스 Bonding 드라이버를 이용하면 NIC 장애 시의 패스 전환이 가능[1]합니다. 단, Bonding 드라이버 가 제공하는 것은 NIC과 네트워크 스위치 간의 접속이 끊긴 경우에 다른 NIC으로 전환 할 뿐입니다. 네트워크 스위치와 스토리지 장치 간의 접속이 끊긴 경우는 스토리지 장치 의 기능이나 네트워크 스위치 기능을 이용하여 패스를 전환할 필요가 있습니다. 이 부분 은 스토리지 장치에 따라 추천되는 방법이 다릅니다. 또한 퍼포먼스 관점에서 보면 하드 웨어 이니시에이터가 당연히 좋습니다.

결함 허용Fault Tolerance 또는 퍼포먼스가 중시되는 환경에서는 전용 멀티 패스 드라이버가 제공되는 스토리지 제품을 하드웨어 이니시에이터와 조합하여 사용하는 것이 확실한 방 법입니다. 스토리지 접속용 네트워크 구성도 제품에서 추천하는 구성을 이용하도록 합시 다. 스토리지 제품에 따라서는 특정 하드웨어 이니시에이터에 대한 접속만이 제공되므로 제품 선택 시 주의를 기울여야 합니다.

다음은 System Storage DS3300을 Windows 및 리눅스에서 사용하기 위한 기술 가이드 입니다. 하드웨어 이니시에이터와 전용 멀티 패스 드라이버(RDAC 드라이버) 환경에서 iSCSI 스토리지를 사용하는 예로 참고하도록 합시다.

- IBM System Storage DS3300 Storage Subsystem Installation, User's, and Maintenance Guide

  ftp://ftp.software.ibm.com/systems/support/system_x_pdf/46m1393.pdf

---

1 Bonding 드라이버의 상세한 설명은 4.2에서 합니다.

소프트웨어 타깃과 소프트웨어 이니시에이터의 사용 방법

리눅스에서 iSCSI를 사용하는 예로, 2대의 리눅스를 이용한 iSCSI 접속 환경을 구성합니다. [그림 3-13]과 같이 한 대의 리눅스에는 scsi-target-utils 패키지를 인스톨하여 iSCSI 스토리지로서 사용합니다. 이는 소프트웨어 타깃이 됩니다. 다른 한 대는 iscsi-initiator-utils 패키지를 인스톨하여 타깃에 접속해서 iSCSI 디바이스를 사용합니다. 이는 소프트웨어 이니시에이터가 됩니다. 각 서버의 iSCSI 접속에 사용하는 IP 주소는 [그림 3-13]과 같습니다. 또한 소프트웨어 이니시에이터가 되는 서버에는 내장 하드디스크 /dev/sda만이 탑재되어 있고, iSCSI 디바이스는 /dev/sdb, /dev/sdc로 인식된다고 가정합니다.

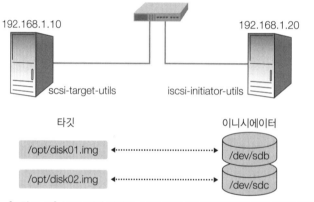

[그림 3-13] 소프트웨어 타깃과 소프트웨어 이니시에이터에 의한 iSCSI 이용 예

우선 소프트웨어 타깃이 되는 서버를 구성합니다. 다음 커맨드를 이용하여 scsi-target-utils 패키지를 인스톨합니다. [2]

```
# yum install scsi-target-utils
```

---

2 scsi-target-utils RPM은 인스톨 미디어의 /ClusterStorage 디렉토리에 포함되어 있습니다. rpm 커맨드로 RPM 파일을 지정해서 인스톨 하는 경우에는 주의하기 바랍니다.

계속해서 iSCSI 디바이스로 공개할 디스크 영역을 준비합니다. 여기서는 다음 커맨드를 이용하여 512MB 디스크 이미지 파일 /opt/disk01.img, /opt/disk02.img를 작성합니다. 디스크 이미지 파일 외에 디스크 디바이스 /dev/sdb나 디스크 파티션 /dev/sdb1 등을 사용하는 것도 가능합니다.

```
# dd if=/dev/zoro of=/opt/disk01.img bs=1M count=512
# dd if=/dev/zoro of=/opt/disk02.img bs=1M count=512
```

/etc/tgt/targets.conf에 타깃 정보를 설정합니다. 기존에 있던 내용의 마지막에 [그림 3-14]의 내용을 추가합니다.

```
<target iqn.2010-09.com.example.server01:tgt01>
    backing-store /opt/disk01.img
    backing-store /opt/disk02.img
    initiator-address 192.168.1.20
    incoming user user01 passw0rd
<target/>
```

[그림 3-14] /etc/tgt/target.conf

'iqn.2010-09.com.example.server01:tgt01'은 'iqn.〈YYYY-MM〉.〈서버 FQDN을 역순으로 한 것〉:〈임의의 식별자〉'의 룰에 따라서 유니크한 타깃명을 지정합니다. 그 밖의 파라미터 설명은 다음과 같습니다.

- backing-store: 타깃에서 공개하는 iSCSI 디바이스에 대응하는 디스크 영역을 지정한다. 복수의 디바이스를 공개하는 경우는 backing-store의 행을 복수로 기록한다.
- initiator-address: 타깃에 접속을 허락하는 이니시에이터의 IP 주소를 지정한다. 복수의 IP 주소를 지정하는 경우는 initiator-address의 행을 복수로 기록한다. initiator-address를 지정하지 않는 경우는 임의의 IP 주소로부터 접속이 허가된다.
- incominguser: 타깃에 접속할 때의 인증에 사용한다. 유저명과 패스워드를 지정한다.

이제 tgtd 서비스를 시작합니다.

```
# chkconfig tgtd on
# service tgtd start
```

다음 커맨드로 타깃 설정을 확인합니다.

```
# tgt-admin -s
```

[그림 3-15]와 같이 타깃에 3개의 LUN이 등록되어 잇는 것을 알 수 있습니다. LUN0은 iSCSI 컨트롤러를 나타내고, LUN1과 LUN2가 iSCIS 디바이스(디스크 영역)이 됩니다.

Account information과 ACL information은 인증 유저명과 접속을 허가하는 IP 주소입니다. 이상으로 소프트웨어 타깃의 준비가 되었습니다.

```
# tgt-admin ?s
Target 1: iqn.2010-09.com.example.server01:tgt01
    System information:
        Driver: iscsi
        State: ready
    I_T nexus information:
    LUN information:
        LUN: 0
            Type: controller
            SCSI ID: IET 00010000
            SCSI SN: beaf10
            Size: 0MB
            Online: Yes
            Removable media: No
            Backing store type: rdwr
            Backing store path: None
        LUN: 1
            Type: disk
            SCSI ID: IET 00010000
            SCSI SN: beaf10
            Size: 537MB
            Online: Yes
            Removable media: No
            Backing store type: rdwr
            Backing store path: /opt/disk01.img
        LUN: 2
            Type: disk
            SCSI ID: IET 00010000
            SCSI SN: beaf10
            Size: 537MB
            Online: Yes
            Removable media: No
            Backing store type: rdwr
            Backing store path: /opt/disk02.img
    Account information:
        User01
    ACL information
        192.168.1.20
```

[그림 3-15] tgt-admin -s의 출력 예

계속해서 소프트웨어 이니시에이터가 되는 서버를 구성합니다. 다음 커맨드로 iscsi-initiator-utils 패키지를 인스톨합니다.

```
# yum install iscsi-initiator-utils
```

/etc/iscsi/iscsid.conf에 유서 인증 정보를 설정합니다. 기존 내용의 끝에 [그림 3-16] 내용을 추가합니다.

```
node.session.auth.authmethod = CHAP
node.session.auth.username = user01
node.session.auth.password = passw0rd
```

[그림 3-16] /etc/iscsi/iscsi.conf

유저명 'user01'과 패스워드 'passw0rd'는 [그림 3-14] 설정과 같습니다. 이제 iscsi 서비스를 시작[3]합니다.

```
# chconfig iscsi on
# service iscsi start
```

이때 표시되는 메시지 'iscsiadm: No records found!'는 접속할 타깃이 등록되어 있지 않다는 것을 나타냅니다. 다음 커맨드를 이용하여 접속할 타깃을 등록합니다. 앞서 구성한 타깃 정보가 '192.168.1.10:3260, iqn.2010-09.com.example/server01:tgt01'과 같이 표시됩니다.

```
# iscsiadm -m discovery -type sendtargets -portal 192.168.1.10
```

---

3 iscsi 서비스를 시작한 후에 /etc/iscsi/iscsid.conf를 변경한 경우, 변경 내용을 반영하기 위해서 서버 재시작이 필요합니다. iscsi 서비스를 재시작하는 것만으로 변경이 반영되지 않으므로 주의하세요.

iscsi 서비스를 재시작하면 등록한 타깃에 접속[4]합니다.

```
# service iscsi restart
```

fdisk 커맨드로 확인하면 [그림 3-17]과 같이 2개의 디바이스 /dev/sdb, /dev/sdc가 인식되어 있는 것을 알 수 있습니다. 이 디바이스는 일반적인 디바이스와 같이, 파일시스템을 작성해서 사용할 수 있습니다.

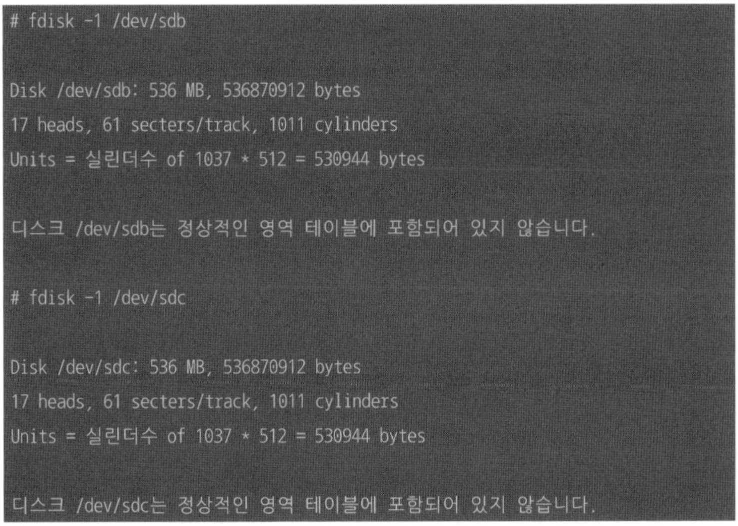

```
# fdisk -1 /dev/sdb

Disk /dev/sdb: 536 MB, 536870912 bytes
17 heads, 61 secters/track, 1011 cylinders
Units = 실린더수 of 1037 * 512 = 530944 bytes

디스크 /dev/sdb는 정상적인 영역 테이블에 포함되어 있지 않습니다.

# fdisk -1 /dev/sdc

Disk /dev/sdc: 536 MB, 536870912 bytes
17 heads, 61 secters/track, 1011 cylinders
Units = 실린더수 of 1037 * 512 = 530944 bytes

디스크 /dev/sdc는 정상적인 영역 테이블에 포함되어 있지 않습니다.
```

[그림 3-17] fdisk에 의한 확인 예

---

4 네트워크 문제 등으로 접속이 잘 되지 않는 경우는 약 2분 후 타임아웃됩니다.

다음은 /dev/sdb, /dev/sdc를 ext3 파일시스템으로 포맷하여, /data01. /data02에 마운트하는 예입니다.

```
# mke2fs -j /dev/sdb
# mke2fs -j /dev/sdc
# mkdir /data01
# mkdir /data02
# mount /dev/sdb /data01
# mount /dev/sdc /data01
```

등록한 타깃을 삭제하는 방법 설명합니다. 우선 파일시스템을 언마운트합니다.

```
# umount /data01
# umount /data02
```

계속해서 [그림 3-18] 순서에 따릅니다.

❶ # iscsiadm -m node
192.168.1.10:3260, 1 iqn.2010-09.com.example:tgt01

❷ # iscsiadm -m session
Tcp: [1] 192.168.1.10:3260, 1 iqn.2010-09.com.example:server01:tgt01

❸ # iscsiadm -m node -T iqn.2010-09.com.example.server01:tgt01 -p 192.168.1.10:3260 -logout
Logging out of session [sid: 1, target: iqn.2010-09.com.example.server01:tgt01, portal:
192.168.1.10, 3260] Logout of [sid: 1, target: iqn.2010-09.com.example.server01:tgt01, portal:
192.168.1.10, 3260]: successful

❹ # iscsiadm -m node -o delete ?T iqn.2010-09.com.example.server01:tgt01 -p 192.168.1.10:3260

❺ # iscsiadm -m node
iscsiadm: no records found!

[그림 3-18] 등록을 끝낸 타깃 삭제 방법

1은 등록을 끝낸 타깃을 표시하고 있습니다. 2는 접속 중의 타깃을 표시하고 있습니다. IP 주소와 포트 그리고 타깃명이 표시되고 있습니다. 3은 타깃에 대한 접속을 해제하고 있습니다. −T 옵션으로 타깃명을 지정하고, −p 옵션으로 IP 주소와 포트를 지정하고 있습니다. 이 타이밍에서 디바이스 /dev/sdb, /dev/sdc의 인식이 해제됩니다. 4는 타깃 등록을 삭제하고 있습니다. 3과 같이 타깃명 및 IP 주소와 포트를 지정하고 있습니다. 마지막으로 5에서 등록된 타깃이 없다는 것을 확인하면 됩니다.

3.3.3 FCoE

FCoE^{Fibre Channel over Ethernet}은 10Gbps의 이더넷을 이용해서, FC 접속에 의한 SAN 환경을 이더넷에 통합하는 것을 목표로 하는 기술입니다. FCoE 규격의 상세는 현재 규정 중인 부분이 있습니다. FCoE에 관련한 제품은 2008년 말경부터 발매되기 시작했지만, 현재 제품으로 이용 가능한 구성은 아직 제한적이어서, 본격적인 보급까지는 시간이 더 필요할 것으로 보입니다.

이번 절에서는 FCoE의 기본적인 개념과 그 목적, 그리고 현재 제품에서 이용 가능한 구성에 대해서 설명합니다. FCoE에 관한 용어는 벤더마다 다른 부분이 있으므로, 여기서는 brocade사의 용어를 이용합니다.

FCoE의 기초

FCoE는 일반적으로 'SAN 접속 FC 프로토콜을 이더넷에 올리는 기술'이라고 설명합니다. IP 네트워크로 스토리지 접속을 하는 iSCSI와 비슷한 기능이라고 생각할 수도 있겠지만, FCoE의 목적은 iSCSI와는 다릅니다.

우선 이더넷과 IP 네트워크 관계를 정리하자면, 이더넷은 IP 네트워크 통신을 전달하는 하나의 규격입니다. IP 네트워크는 이더넷 외에도 무선 LAN이나 프레임 릴레이, 토큰링 등 다양한 규격을 이용해서 전달하는 것이 가능합니다. 네트워크 용어로 말하자면 이더넷은 '데이터 링크 층'이며, IP 네트워크는 그 위에 구성되는 '네트워크 층'입니다. iSCIS는 네드워크 층의 IP 네트워크상에 스토리지 액세스 SCSI 통신을 올리는 기술입니다.

한편 FCoE는 데이터링크 층으로, 이더넷상에 IP 네트워크와 같은 레벨에 FC 프로토콜 통신을 올리는 기술입니다. 원래 FC 프로토콜에는 스토리지 액세스를 위한 SCSI 통신이 올라가므로 [그림 3-19]와 같이 비교할 수 있습니다. 그림에서 볼 수 있듯이, FCoE에서는 기존 이더넷을 그대로 이용하는 것이 아닙니다. FC 프로토콜을 올리기 위해 다양한 기능이 확장된 'Converged Enhanced Ethernet(CEE)'라는 규격을 이용합니다. 즉, CEE에 대응한 네트워크 스위치(CEE 스위치)를 이용해서 IP 네트워크 통신과 FC 프로토콜에 의한 통신을 하는 것이 FCoE의 목적입니다. 이것에 의해 IP 네트워크용 이터넷 스위치와 SAN 접속용 SAN 스위치를 물리저으로 1개이 CEE 스위치에 모으는 것이 가능합니다.

[그림 3-19] iSCSI와 FCoE의 프로토콜 스택 비교

iSCIS 설명에서는 일반적인 IP 네트워크와 스토리지 접속용 네트워크는 나누는 것이 좋다고 설명했었습니다만, 이 개념과 모순되지 않습니까? 대역의 분리에 대해서는 CEE 기능으로 가능합니다. CEE 스위치에는 통신 종류마다 우선순위를 매겨서 IP 네트워크 통신과 FCoE에 의한 스토리지 액세스 대역을 분리하는 기능이 있습니다. 또한 CEE 스위치에서는 10Gbps 통신 속도가 표준으로 되어있으므로, 2개의 네트워크를 통합하는 것에 의한 대역 부족의 염려가 줄어듭니다. 한편 2개의 네트워크의 동시 장애 부분은 찬반 양론이 있습니다. 서버에 탑재하는 CEE용 어댑터 카드(CAN)나 CEE 스위치는 반드시 이중화 하여 결함 허용 'Fault Tolerance'를 높이는 것이 요구됩니다.

FCoE의 구성

앞서 설명했듯이 현재 제공되는 FCoE 관련 제품에서는 아직 FCoE의 모든 기능이 구현되어 있는 것이 아닙니다. 현재 제품에서는 [그림 3-20]과 같이 이용 방법에 제한이 있습니다. 이는 기존 IP 네트워크와 SAN을 CEE 스위치에서 1개로 모아서 서버에 접속하는 것입니다. IP 네트워크와 SAN에 멀티 패스 접속하는 구성이 되어 있습니다.

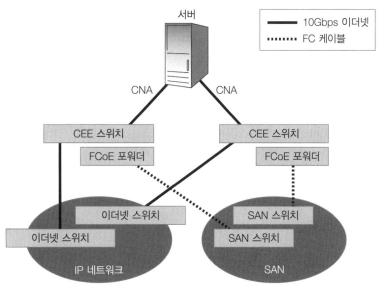

[그림 3-20] FCoE에 의한 IP 네트워크와 SAN 통합 접속

CEE에 대응하는 어댑터 카드인 CNA^{Converged Network Adapter}를 서버에 탑재하면 리눅스에서는 이더넷 NIC과 SAN 접속 HBA가 접속된 것처럼 인식됩니다. 따라서 리눅스에서는 NIC용 디바이스 드라이버와 HBA용 디바이스 드라이버를 인스톨합니다. 이때 리눅스가 NIC용 디바이스 드라이버를 경유하여 CNA를 이용하면 CNA의 포트에서는 IP 네트워크 데이터가 전송됩니다. 마찬가지로 HBA용 디바이스 드라이버를 경유해서 CNA를 이용하면 FCoE 데이터가 전송됩니다. CEE 스위치는 기존 IP 네트워크 이더넷 스위치와 SAN 환경의 SAN 스위치 양쪽에 모두 접속되어 있습니다. CEE는 IP 네트워크 데이터를 받으면 이더넷 스위치로 데이터를 전송하고, FCoE 데이터를 받으면 FCoE 포워더라고 불리는 기능으로 FC 프로토콜의 데이터로 변환하여 SAN 스위치에 전송합니다.

이런 구성에서는 서버에 NIC과 HBA 모두를 탑재할 필요가 없고, 서버에 접속하는 케이블 수가 적어도 됩니다. 하지만 이 이상의 큰 장점이 보이지 않는 것이 사실입니다. 이에 차후에는 스토리지 장치까지 포함하여 SAN 환경 전체가 CEE 스위치에 통합되는 것이 예상됩니다.

Chapter **4**

리눅스
네트워크 관리

IP 네트워크

4.1.1 IP 네트워크의 기초

리눅스 서버를 구축 운용하는 데 있어 네트워크 지식은 필수입니다. 기존 네트워크 환경에 단지 접속할 뿐이라면, 준비된 네트워크 포트에 서버를 접속하고 할당된 IP 주소, 넷마스크netmask, 디폴트 게이트웨이Default Gateway를 설정하면 됩니다. 그리고 네트워크 통신 속도 설정에 주의하는 정도입니다.

하지만 최근 업무용 서버 환경에서는 복잡한 네트워크 환경을 구축하고 있습니다. 예를 들어 일반적으로 단일 네트워크 환경이 아닌 복수의 네트워크 접속, NIC 이중화, VLAN 이용 등이 사용되고 있습니다. 이런 환경을 구축하기 위해서는 리눅스의 네트워크 기능과 네트워크 스위치와 같은 네트워크 장비를 연계할 필요성이 있습니다. 즉, 네트워크 지식과 리눅스 서버에 대한 지식이 풍부한 엔지니어가 아니면 올바른 설계가 불가능하다는 것입니다. 또한 지식 부족으로 인해 네트워크 당담자와 리눅스 서버 담당자 사이에 의사소통의 문제가 생길 수 있으며, 네트워크 접속에 대한 문제를 야기시킬 가능성도 있습니다.

리눅스 서버 관리자가 반드시 알아두어야 할 것에는 리눅스 서버에 특화되지 않는 IP 네트워크의 일반적인 지식과 리눅스 서버 고유한 설정에 대한 지식이 있습니다. 이번에는 우선 IP 네트워크의 일반적인 지식을 정리하도록 하겠습니다.

네트워크 물리 접속과 논리 접속

네트워크 스위치에는 L2 스위치와 L3 스위치가 있습니다. L2 스위치와 L3 스위치의 차이점을 정확하게 설명할 수 있습니까? 기본적으로는 라우터 기능을 가진 것이 L3 스위치이고, 라우터 기능을 가지고 있지 않은 것이 L2 스위치입니다.

IP 네트워크 통신을 하는 경우, 같은 서브넷 IP 주소 장비들 사이는 라우터를 경유하지 않고 직접 패킷을 주고 받습니다. 한편 다른 서브넷과의 통신에서는, 일반적으로 여러 대의 라우터를 통해 패킷이 전송됩니다. 인접하는 서브넷 사이에 패킷을 전송하는 것이 라우터의 역할입니다.

그러므로 같은 서브넷에 있는 장비들은 라우터 기능이 없는 L2 스위치에 연결합니다. 그리고 L2 스위치로 연결된 서브넷을 라우터 기능이 있는 L3 스위치가 상호 연결하는 형태가 됩니다. 바로 [그림 4-1]의 '서브넷1'과 '서브넷2'와 같이, 라우터를 거치지 않고 직접 연결되어 있는 네트워크 구성을 서브넷이라고 생각하면 됩니다.

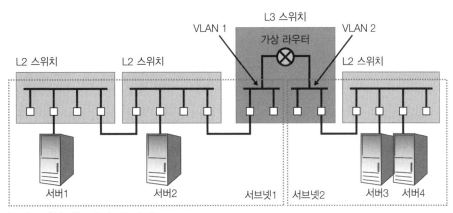

[그림 4-1] 네트워크 물리 접속의 예

[그림 4-1]에서 L3 스위치의 내부를 보면, 논리적으로 분리된 두 개의 네트워크가 가상 라우터로 상호 접속되어 있습니다. 이와 같이 스위치 내부에서 논리적으로 네트워크를 분할하는 기능을 'VLAN'이라고 합니다. L2 스위치에서도 VLAN을 이용할 수 있습니다. VLAN에 대한 자세한 설명은 잠시 후에 하도록 하겠습니다.

[그림 4-1]을 도식화하여 표현한 것이 [그림 4-2]입니다. [그림 4-1]과 [그림 4-2]를 머릿속에서 서로 교환하여 자연스럽게 그려낼 수 있는 연습을 합시다. [그림 4-2]에서는 각 서버 및 가상 라우터에 IP 주소와 각각의 서브넷 네트워크 주소가 할당되어 있습니다. 가상 라우터는 복수의 서브넷에 접속되어 있고, 각각의 접속부분이 해당 서브넷의 IP 주소를 가지고 있다는 점에 주목하기 바랍니다. 가상 라우터의 IP 주소는 L3 스위치 내부에서 설정됩니다.

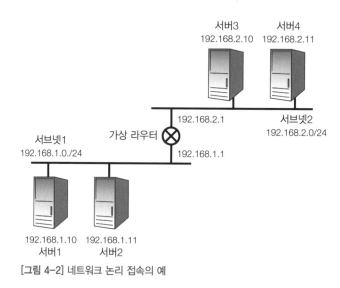

[그림 4-2] 네트워크 논리 접속의 예

여기서 서브넷의 '네트워크 주소'에 대해 설명해 두도록 하겠습니다. 서버에 IP 주소를 설정할 때에는 IP 주소와 넷마스크를 지정하며, 일반적으로 '192.168.1.10/255.255.255.0', 또는 '192.168.1.10/24'와 같이 표기합니다. '/' 뒤의 값이 넷마스크로서, IP 주소의 앞부분부터 어디까지가 네트워크 주소인지를 알려주는 역할을 합니다. 위의 예에서 '/24'라는 것은, 선두에서부터 24비트까지라는 의미입니다. IP 주소는 점(.)으로 구분하여 8비트씩 네 부분으로 나누어 표현하므로, 24비트라는 것은 3번째 숫자까지 즉, '192.168.1'까지가 네트워크 주소인 것입니다. 이 네트워크 주소를 '192.168.1.0/24'로 표기합니다.

[그림 4-2]의 예를 보면, 서브넷1에 접속된 모든 서버 IP 주소는 모두 같은 네트워크 주소 '192.168.1.0/24'를 가지고 있습니다. 이것이 서브넷1의 네트워크 주소입니다. 만약 1

개의 서브넷에 다른 네트워크 주소를 가진 서버를 접속하면 어떻게 될까요? 결론부터 말하자면 그런 접속은 IP 네트워크 규약상 허가되지 않습니다. 여기서는 먼저 서버 IP 주소로 네트워크에 대해 설명했지만, 일반적으로 서브넷에 고유한 네트워크 주소를 먼저 결정해 두고, 그에 속하는 IP 주소의 범위를 서버에 할당하는 것이 보통입니다.

예를 들어 서브넷의 네트워크 주소를 '192.168.1.0/24'로 결정하면, 이 서브넷에 접속하는 서버 IP 주소는 '192.168.1.1/24~192.168.1.254/24' 범위가 됩니다. 서브넷의 범위의 처음과 마지막 주소인 '192.168.1.0/24'와 '192.168.1.255/24'는 특별한 의미를 갖는 IP 주소로, 서버 IP 주소로 사용할 수 없습니다. '192.168.1.0'은 서브넷 자체의 네트워크 주소이며, '192.168.1.255'는 브로드캐스트 주소입니다.

서브넷 마스크의 '/255.255.255.0'은 '/24'와 같은 의미입니다. 255는 2진수로 '1111 1111'이므로 '255.255.255.0'을 2진수로 표현하면 '1111 1111. 1111 1111. 1111 1111. 0000 0000'입니다. 앞에서부터 24비트까지가 네트워크 주소라는 의미입니다.

그럼 여기서 간단한 연습문제를 풀어보도록 하겠습니다. IP 주소인 '192.168.100.5/255.255.255.240'이 속하는 서브넷의 네트워크 주소는 무엇일까요? 240이 2진수로는 '1111 0000'이므로, 서브넷 마스크는 2진수로 '1111 1111. 1111 1111. 1111 1111. 1111 0000'입니다. 앞에서부터 28비트가 네트워크 주소가 됩니다. 이는 '/28'과 같습니다. 여기서 IP 주소 '192.168.100.5'의 선두에서 28비트까지를 추출하고, 마지막 5는 2진수로 '0000 0101'이므로 마지막 4비트를 지우면 '0000 0000'(10진수로 0)이 됩니다. 따라서 답은 '192.168.100.0/28'입니다.

한 문제 더 풀어보도록 하겠습니다. '192.168.100.24/255.255.255.240'이 속하는 서브넷의 네트워크 주소는 무엇일까요? 앞선 방법을 다시 적용하면, '192.168.100.24'의 앞부분에서 28비트를 추출하고, 24는 2진수로 '0001 1000'이므로 마지막 4비트를 지우면 '0001 0000'(10진수로 16)입니다. 따라서 답은 '192.168.100.16/28'입니다. 앞서와는 다른 서브 네트워크 주소임을 알 수 있습니다.

예에서 살펴보았듯이 서브넷 마스크가 '255.0.0.0' '255.255.0.0' '255.255.255.0'이 아닌 경우는, 한눈에 네트워크 주소가 같은지 판단하기 어려우므로 주의가 필요합니다.

컬럼 | "허가되지 않는다"의 의미

앞서 본문에서 "1개의 서브넷에 다른 네트워크 주소 IP를 가진 서버를 접속하는 것은 허가되지 않는다"라고 했습니다. 이와 같이 설명을 하면 "그런 설정이 허가되지 않는다는 것은 알겠는데, 실제로 그렇게 했을 경우에 어떻게 될까?"라는 궁금증이 생깁니다. 과연 어떻게 될 것인가라는 질문의 대답은 "알 수 없다"입니다. 몰라서 알 수 없다는 것이 아니라, "알 수 없다"는 것을 알고 있는 것입니다.

네트워크뿐만아니라 IP 세계에서는, 하드웨어 및 소프트웨어에 관한 다양한 표준 규격이 정의되어 있습니다. 이와 같은 규격에서는 "~이지 않으면 안 된다"라는 조건이 있고, 이 조건을 만족할 때에 그 규격에 따른 하드웨어 및 소프트웨어가 어떤 식으로 동작해야 하는지를 지시하고 있습니다. 하지만 곤란한 것이 바로 지정 조건을 만족하지 않는 경우에 어떻게 되어야만 하는지에 대해 아무런 설명이 없는 경우입니다. "~가 아닌 경우, 에러 처리를 하고 정지한다"와 같은 규칙이 있다면, 앞선 질문에 명확하게 대답할 수 있겠지만, 이와 같은 규칙이 없는 경우 실제로 어떤 일이 일어날지는 그 제품을 설계한 사람이 자유롭게 결정해 두었을 것입니다. 어떤 경우는 "~가 아닌 경우, 결과는 부정"이라는 엄격한 것인지 아닌지 애매모호한 규약도 있습니다. 개인적으로는 이것을 '부정 규약'이라고 부릅니다만, 이 역시 구현한 사람이 자유롭게 결정해도 좋다는 의미입니다.

실제로 제품을 설계한 사람에게 물어보거나, 해당 장비의 검증을 통해 어느 정도 결과를 알 수 있습니다. 하지만 검증으로 어느 정도 알게 되었다고 하더라도, 이와 같이 "허가되지 않는다"와 같은 설정을 시스템에 채용하는 것은 위험합니다. 우연히 그런 환경에서 기대한 대로 동작했다고 하더라도, 장차 다른 장비에서 같은 설계를 채용했을 시에 어떻게 될지는 아무도 알 수 없습니다. 극단적인 경우 네트워크 장비 고장으로 인해, 똑같은 장비를 구입하여 교환하더라도, 같은 동작을 한다고 보증할 수 없습니다. "같은 제품이라면, 같은 동작을 하겠지"라고 누구라도 기대하겠지만, '부정 규약'에 관해서는 제품 메이커가 독자적으로 판단해서 사양을 변경하는 것도 실제로 있을 수 있습니다.

소프트웨어 개발에서도 같은 문제에 맞닥뜨리는 경우가 있습니다. 리눅스와 유닉스에서 동작하는 프로그램을 개발할 때, 같은 규약에 따른 호환성이 보증된 라이브러리를 사용하더라도 리눅스와 유닉스에서 동작이 다른 경우가 있습니다. 이것은 '규약에 없는 라이브러리의 사용법'을 하고 있는 것이 원인입니다. '부정 규약'에 관해서는 리눅스와 유닉스에서 같은 결과를 얻을 수 없는 경우 누구한테도 불만을 얘기할 수 없습니다.

하드웨어에서도 소프트웨어에서도, 제품이 표준 규격에 따르고 있다고 해서 손을 놓고 안심할 것이 아니라 확실히 규격에 대해 이해하고 작성 방법대로 설계 및 개발을 하는 것이 프로로서의 자세입니다. 네트워크에 대해서는 프로 네트워크 담당자에게는 당연한 것이 리눅스 서버 관리자에게는 안타깝게도 잘 알려지지 않은 것들이 있습니다. 프로 리눅스 서버 관리자로서 네트워크는 기초부터 학습할 것을 추천합니다.

서브넷 내부에서의 통신

같은 서브넷 안에 있는 서버 간의 통신은 어떻게 이루어지는지 설명하겠습니다. 우선 중요한 포인트는 L2 스위치는 IP 주소의 개념을 이해하지 못한다는 것입니다. 이더넷을 흐르는 패킷은 [그림 4–3][1]과 같이 선두에 수신Destination 측 MAC 주소와 송신Source 측 MAC 주소가 있고, 이어서 수신 측 IP 주소와 송신 측 IP 주소가 기록되어 있습니다. MAC 주소는 NIC 포트마다 할당된 48비트 값으로 '04–A3–43–5F–43–23'과 같이 표기합니다. 공장에서 NIC을 생산할 때 이 카드에 대한 고유의 값이 설정되어 있습니다.

서버로부터 패킷을 받은 L2 스위치는, 패킷의 수신 측 MAC 주소를 보고, 이 패킷을 전송할 물리 포트를 결정합니다. L2 스위치 입장에서 보면, [그림 4–3]의 '이더넷 헤더' 부분이 봉투에 쓰여진 주소이며, 'IP 패킷' 부분은 봉투의 내용물이 됩니다. 봉투의 내용물에 대해서 L2 스위치는 의식하지 않습니다.

[그림 4–3] 네트워크 패킷 구조(개요)

구체적인 예로, [그림 4–2]의 서버1이 서버2에게 패킷을 보내는 경우를 생각할 수 있습니다. 서버1 리눅스는 자신의 IP 주소와 수신 측 IP 주소가 같은 네트워크 주소를 가지고 있으므로, 수신 측 서버는 같은 서브넷에 있다고 판단합니다.[2] 따라서 L2 스위치에 패킷 전송을 의뢰하기 위해, 수신 측 서버의 MAC 주소를 조사합니다. 리눅스는 'ARP 테이블'이라고 하는 수신 측 서버의 IP 주소와 MAC 주소 대응 테이블을 메모리에 보존하고 있어, ARP 테이블에서 MAC 주소를 알고 있는 경우는 이를 이용합니다.

ARP 테이블에 해당 IP 주소의 엔트리가 없는 경우, 리눅스는 MAC 주소를 알아내기 위해 IP 주소가 기록된 'ARP 요구 패킷'을 전송합니다(그림 4–4[3]). 이 패킷의 수신 측 MAC 주소에는 브로드캐스트 주소 'FF–FF–FF–FF–FF–FF'가 기록되어 있고, 이

---

1 이 장에서 소개하는 패킷 그림은 설명을 위해 단순화하고 있습니다. 실제로는 그 밖의 정보들도 포함되어 있습니다.
2 정확하게는 이후에 설명할 라우팅테이블에서 판단합니다.
3 이 장의 MAC 주소의 예에서는, 설명을 간단히 하기 위해 마지막 8비트만을 사용하고 있습니다.

패킷을 받은 L2 스위치는 모든 포트에 이 패킷을 전송합니다. L2 스위치가 연결되어 있을 때는, 이웃하고 있는 L2 스위치도 마찬가지로 모든 포트에 전송합니다. 결과적으로 같은 서브넷에 연결되어 있는 모든 서버가 ARP 요구 패킷을 받는 것입니다. 그 안에서 질의한 IP 주소를 가지고 있는 서버가 해당하는 NIC의 MAC 주소를 'ARP 응답 패킷'으로 응답합니다. ARP 요구 패킷에 질의했던 서버의 MAC 주소가 기록되어 있으므로, ARP 응답 패킷의 수신 측 MAC 주소로 셋팅됩니다. ARP 응답 패킷을 받은 서버1은 결과를 ARP 테이블에 기록합니다.

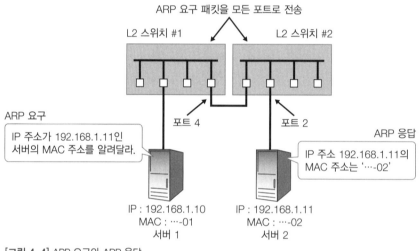

[그림 4-4] ARP 요구와 ARP 응답

[그림 4-5]는 ARP 요구 응답 패킷에 포함되는 정보입니다. L2 스위치는 봉투에 쓰여진 주소인 이더넷 헤더 부분을 보고 이들 패킷을 전송합니다. 그 봉투의 내용물인 ARP 패킷은 MAC 주소를 질의한 질문 용지가 되는 것입니다.

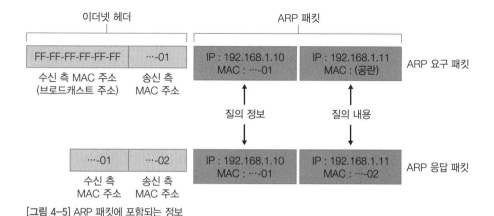

[그림 4-5] ARP 패킷에 포함되는 정보

설명이 약간 길어졌습니다만, 이와 같은 방식으로 수신 측 MAC 주소가 결정되면 서버 1은 정말 보내고 싶었던 패킷을 전송합니다. L2 스위치는 수신 측 MAC 주소를 가진 서버가, 어느 포트에 존재하는지에 대한 정보를 내부 'MAC 테이블'에 기록하고 있습니다. L2 스위치가 MAC 테이블을 참조해서 적절한 포트에 패킷을 보내면 무사히 서버2에게 패킷이 도달합니다.

L2 스위치에서 수신 측 MAC 주소를 MAC 테이블에서 찾을 수 없는 경우, 모든 포트에 패킷을 전송합니다. 각 포트는 자신에게 전달된 패킷이 아닌 경우 그 자리에서 파기합니다.

L2 스위치가 MAC 테이블을 기록하는 방법은 다음과 같습니다. L2 스위치가 어떤 포트에서 패킷을 받으면, 그 패킷에 기록되어 있는 송신 측 MAC 주소를 보고, 해당 포트에 해당 MAC 주소를 가진 서버가 있다는 것을 인식하여 MAC 테이블에 기록합니다. 앞서 [그림 4-4]에서는 서버2가 ARP 응답 패킷을 보낼 때 L2 스위치#2의 MAC 테이블에 포트2에 서버2의 MAC 주소가 있다는 것을 기록합니다. 같은 방법으로 L2 스위치#1에는 포트4에 있다고 기록합니다. ARP 테이블과 MAC 테이블의 동작이 같지 않으므로 혼동하지 않도록 주의하기 바랍니다.

ARP 테이블이나 MAC 테이블에 기록된 정보에는 언제나 무결한 정보가 있다고 할 수 없습니다. 서버의 IP 주소가 변경되거나, 서버를 접속하는 스위치 포트를 변경하면 이들 정보는 의미가 없어지므로, 이런 문제를 해결하기 위해 ARP 테이블이나 MAC 테이블 정보는 일정 시간이 지나면 자동으로 파기되도록 되어 있습니다. 심지어 L2 스위치의 경우는 어떤 포트의 케이블을 빼는 타이밍에서 해당 포트의 MAC 테이블 정보를 모두 파기합니다. 또한 리눅스는 자신이 받은 패킷의 송신 측 IP 주소와 MAC 주소를 확인하여, ARP 테이블에 있는 것과 다른 경우 ARP 테이블 정보를 갱신합니다.

```
# arp ?n
Address          HWtype    HWaddress           Flags Mask    Iface
10.7.0.1         ether     00:06:29:D5:1B:62   C             eth1
10.7.8.11        ether     00:14:5E:EC:AC:50   C             eth1
192.168.1.1      ether     00:0F:8F:50:E3:C1   C             eth0
10.7.7.55        ether     00:0C:29:4E:3A:4E   C             eth1
10.7.7.10        ether     00:1A:64:6E:4F:D0   C             eth1
192.168.1.146    ether     00:02:55:67:4D:8B   C             eth0
```

[그림 4-6] ARP 테이블의 예

잠시 후 설명할 Bonding 드라이버를 사용하는 경우, ARP 테이블 및 MAC 테이블 구조를 이해할 필요가 있으므로 머릿속으로 정리해 두기 바랍니다. 리눅스 서버의 ARP 테이블의 내용은 다음 커맨드를 이용하여 참조할 수 있습니다. [그림 4-6]의 출력에서 HWaddress의 부분이 MAC 주소 정보입니다.

```
# arp -n
```

또한 서버에 탑재된 NIC의 MAC 주소는 ifconfig 커맨드의 HWaddr에서 확인할 수 있습니다. 다음과 같이 grep 커맨드로 필터링하면 결과를 보기 쉽게 출력합니다.

```
# ifconfig | grepp HWaddr
```

라우팅 구조

이어서 서로 다른 서브넷 사이의 네트워크 통신에 대해 설명하도록 하겠습니다. 여기에서는 리눅스 라우팅 테이블을 이해할 필요가 있습니다. 리눅스 서버의 라우팅 테이블은 다음 커맨드로 참조할 수 있습니다.

```
# route -n
```

[그림 4-7]은 [그림 4-2]의 서버1에서 출력한 결과입니다.[4] 'Destination/Genmask'가 수신 측 네트워크 주소를 나타냅니다. 'Gateway' 패킷 전송을 의뢰할 라우트 IP 주소로, 'Iface'는 어떤 NIC에서 패킷을 전송할지를 나타내고 있습니다. Gateway는 서버 자신과 같은 서브넷의 IP 주소가 됩니다.

```
# route -n
Kernel IP routing table
   Destination    Gateway        Genmask         Flags Metric Ref   Use Iface
❶  192.168.1.0    0.0.0.0        255.255.255.0   U     0      0       0 eth0
❷  169.254.0.0    0.0.0.0        255.255.0.0     U     0      0       0 eth0
❸  0.0.0.0        192.168.1.1    0.0.0.0         UG    0      0       0 eth0
```

[그림 4-7] 라우팅 테이블의 예

예를 들어 [그림 4-2]의 서버1이 같은 서브넷에 있는 서버2에 패킷을 전송할 때, 수신 측 네트워크 주소가 '192.168.1.0/255.255.255.0'이므로 엔트리1이 적합합니다. Gateway가 '0.0. 0.0'인 것은 같은 서브넷이므로 라우터를 통하지 않고 패킷을 보낸다는 것을 의미합니다.

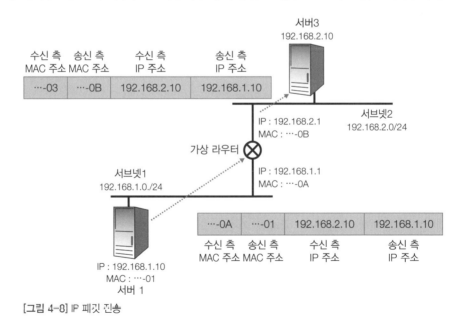

[그림 4-8] IP 패킷 전송

---

4 2의 부분은 APIPA(Automatic Private IP Addressing)이라고 하는 기능을 위해 준비되어 있는 것입니다. 보통 APIPA는 사용하지 않으므로 무시해도 좋습니다.

한편 서버3에 패킷을 보낼 때에는, 수신 측 네트워크 주소가 '192.168.2.0/255.255.255.0' 입니다. 이 경우에는 적합한 엔트리가 없으므로, 디폴트 엔트리 3이 선택됩니다. 여기서 지정된 Gateway가 '디폴트 게이트웨이'입니다. 지금과 같은 경우는 IP 주소 '192.168.1.1' 에 패킷을 보내고, 그 이후의 전송은 그 쪽 네트워크에 맡기게 됩니다.

[그림 4-8]은 서버1에서 서버3으로 보내기 위한 패킷을 게이트웨이 '192.168.1.1'로 보내는 처리의 흐름을 볼 수 있습니다. 서버1은 게이트웨이로의 패킷 전송을 L2 스위치에 의뢰할 필요가 있지만, 앞서 설명했듯이 L2 스위치는 MAC 주소로 전송할 곳을 결정합니다. 여기서 서버1은 ARP 패킷을 이용해서 IP 주소 '192.168.1.1'에 대응하는 라우터 NIC의 MAC 주소 '……….-0A'를 취득합니다.[5] 서버1은 수신 측 MAC 주소에 '………………….-0A'를 셋팅한 패킷을 L2 스위치에 전달하는 것으로 라우터에게 패킷이 전송됩니다.

계속해서 이 패킷을 받은 라우터는 패킷의 수신 측 MAC 주소와 송신 측 MAC 주소는 파기하고 그 뒤의 IP 주소를 확인합니다. 앞서 봉투의 예로 설명하면, 라우터는 봉투를 열어서 내용을 확인하는 기능을 가지고 있습니다. 그래서 라우터 자신이 가지고 있는 라우팅 테이블을 참조하여 패킷을 전송해야 할 게이트웨이를 결정합니다. 이번의 경우는 직접 서버3에 패킷을 전송할 수 있습니다. 여기서 ARP 패킷을 이용하여 서버3의 IP 주소 '192. 168. 2. 10'에 대응하는 MAC 주소 '……-03'을 취득하여 이것을 수신 측 MAC 주소로 셋팅한 패킷을 서브넷2의 L2 스위치에 전달합니다.

[그림 4-8]을 보면 알 수 있듯이, 패킷을 전송하는 과정에서, 수신 측 MAC 주소와 송신 측 MAC 주소는 통과하는 서브넷에 맞게 변화합니다. 한편 수신 측 IP 주소와 송신 측 IP 주소는 IP 주소가 고정되어 있습니다. 라우터를 통과할 때마다, 봉투의 내용물이 새로운 봉투에 돌아간다고 생각하면 됩니다. 라우터에 의한 패킷 전송의 각 스텝에서는 봉투의 안에 기록된 최종 '수신 측 IP 주소'를 기반으로 라우팅 테이블에서 다음에 전송할 곳이 결정됩니다.

---

5   L3 스위치 내부의 가상 라우터는 각 IP 주소에 대응하는 가상 MAC 주소를 가지고 있습니다.

복수 네트워크로의 접속

라우팅 테이블에 대한 심화 학습으로 조금 복잡한 예를 소개하도록 하겠습니다. 우선 [그림 4-9]를 봅시다. 서버1은 NIC이 2장이 있고, 각각 서브넷 '192.168.1.0/24'와 '192.168.11.0/24'에 접속되어 있습니다. 최근에는 서비스 제공을 위한 네트워크와 서버 관리용 네트워크를 나누는 경우가 많아 이와 같은 구성을 가진 서버가 일반적으로 사용되고 있습니다.

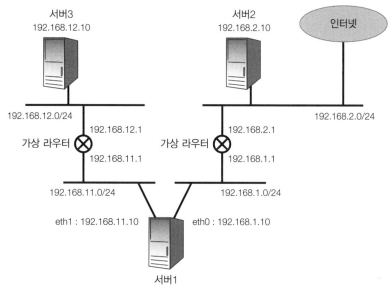

[그림 4-9] 복수 NIC에 의한 구성의 예

[그림 4-9]의 경우 서버1의 입장에서 보면, 서버2와 통신할 경우의 게이트웨이 주소 '192.168.1.1'과 서버3과 통신하는 경우에 사용하는 게이트웨이 주소 '192.168.11.1' 이 다르다는 것을 알 수 있습니다. 이와 같은 구성의 경우에 "eth0 디폴트 게이트웨이와 eth1의 디폴트 게이트웨이를 개별적으로 설정할 수 있습니까?"라는 질문을 할 수도 있을 것입니다. 그러나 유감스럽게도 그것은 불가능합니다. 디폴트 게이트웨이는 라우팅 테이블에 적합한 엔트리가 없는 경우 최종적으로 선택되는 것으로, 해당 엔트리가 2개 있는 경우 리눅스는 어느 쪽을 선택하면 좋을지 알 수 없습니다. 라우팅 테이블은 수신 측 IP 주소만을 기반으로 전송할 곳(게이트웨이)를 결정하는 구조입니다만, 리눅스는 수신 측 IP 주소가 eth0과 eth1의 어느 쪽으로 가야 하는지에 관한 정보는 가지고 있지 않습니다.

이런 경우에 이용하는 것이 '스태틱static 라우트'입니다. 이는 특정 서브넷에 대한 게이트웨이를 명시적으로 지정하는 것입니다. 지금과 같은 상황에 다음의 2가지 선택이 가능합니다.

❶ 서브넷 '192.168.12.0/24'에 대해서 게이트웨이 '192.168.11.1'을 스태틱 라우터로 지정하여 디폴트 게이트웨이를 '192.168.1.1'로 한다.

❷ 서브넷 '192.168.2.0/24'에 대해서 게이트웨이 '192.168.1.1'을 스태틱 라우터로 지정하여 디폴트 게이트웨이를 '192.168.11.1'로 한다.

이 중에서 어느 것을 택할지는 네트워크 전체 구성에 달려 있습니다. 예를 들어 [그림 4-9]와 같이 서브넷 '192.168.2.0/24'에 인터넷이 연결되어 있고, 서버1이 인터넷과도 통신하는 경우에는 1을 선택하는 것이 현명합니다. 인터넷에는 수많은 서브넷이 있습니다. 이들을 수신 측 IP 주소로 한 패킷은 모두 디폴트 게이트웨이 '192.168.1.1'에서 전송됩니다. 만약 2의 설정을 선택한 경우는 디폴트 게이트웨이로부터는 인터넷으로 나갈 수 없으므로, 인터넷의 모든 서브넷에 대해서 스태틱 라우터를 추가해야 됩니다. 이는 현실적인 설정이라고 할 수 없습니다.

[그림 4-10]은 1의 설정을 한 라우팅 테이블의 예입니다. 라우팅 테이블 설정 방법은 4.2에서 설명하겠습니다.

```
# route -n
Kernel IP routing table
Destination     Gateway         Genmask         Flags   Metric  Ref     Use Iface
192.168.12.0    192.168.11.1    255.255.255.0   UG      0       0       0 eth1
192.168.1.0     0.0.0.0         255.255.255.0   U       0       0       0 eth0
192.168.11.0    0.0.0.0         255.255.0.0     U       0       0       0 eth0
0.0.0.0         192.168.1.1     0.0.0.0         UG      0       0       0 eth0
```

[그림 4-10] 복수 NIC 구성의 라우팅 테이블의 예

더욱 복잡한 네트워크 구성에 대한 경우는 복수의 서브넷에 공통의 게이트웨이를 스태틱 라우트로 지정하는 방법과 주위의 라우터에서 정보를 받아 라우팅 테이블을 자동으로 설정하여 다이내믹 라우팅 구조를 이용하는 방법이 있습니다. 이와 같은 고도의 라우팅 방법은 이 책에서 설명하지는 않으므로 웹 페이지와 관련 서적을 참조하길 바랍니다.

4.1.2 네트워크 아키텍처

이번에는 IP 네트워크의 기본적인 지식 중에서, 네트워크 전체의 설계 사상인 네트워크 스위치 이중화 및 VLAN에 대해서 설명하도록 하겠습니다.

우선 데이터센터의 네트워크 구성을 이미지화하겠습니다. [그림 4-1]에서 L2 스위치에 연결된 복수의 서브넷을 L3 스위치로 상호 접속하는 구성을 소개했습니다. 예를 들어 [그림 4-11]과 같이 데이터 센터를 구획화하여, 각 구획에 L2 스위치를 배치해서 서브넷을 만듭니다. 이것을 L3 스위치로 상호 접속합니다. 또한 L3 스위치를 경유하여 외부 네트워크에 접속합니다. 이후의 설명은 이 네트워크 구성 이미지를 참조하면서 학습하도록 합시다.

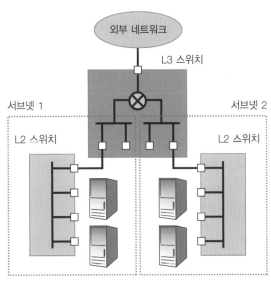

[그림 4-11] 데이터 센터 네트워크 구성의 예

또한 네트워크 스위치 설정 방법에 대한 상세는 스위치 제품 벤더마다 다릅니다. 여기서는 CISCO사(http://www.cisco.com/web/KR/)의 제품을 전제로 하여 설명하도록 하겠습니다.

네트워크 스위치의 이중화

[그림 4-11]에서 서브넷을 L2 스위치와 L3 스위치 관계를 도식화한 것이 [그림 4-12]의 좌측 그림입니다. L2 스위치에 장애가 발생하거나, L2 스위치와 L3 스위치 간의 케이블이 절단되면, 이 서브넷은 외부와의 통신이 불가능해집니다. 여기서 L2 스위치를 이중화한 것이 [그림 4-12]의 우측 그림입니다. 이 접속 방법의 경우, 1개의 서브넷이 loop shape로 접속되기 때문에 스패닝 트리 기능을 사용할 필요가 있습니다.

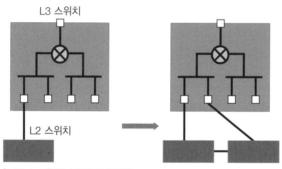

L3 스위치

L2 스위치

[그림 4-12] L2 스위치의 이중화

서브넷을 loop shape로 접속하면 어떤 문제가 일어나는지는, ARP 요구 패킷의 전송을 떠올려보면 쉽게 알 수 있습니다. 이는 수신 측 MAC 주소가 브로드 캐스트 주소이기 때문에 이 패킷을 받은 스위치는 해당 포트 이외의 모든 포트에 같은 패킷을 보냅니다. 그 결과 이 패킷은 서브넷 안을 영원히 돌아다닐 것입니다.

스패닝 트리는 이와 같은 loop shape 접속을 발견하여 일부의 접속을 강제로 블록(차단)하는 것으로 루핑 현상을 해소하는 기능입니다. 간단히 설명하자면 스위치 1대를 '루트 브릿지Root Bridge'로 하여 이를 기점으로 나머지 스위치가 분기되도록 접속 경로를 설정합니다. 따라서 루트 브릿지를 통해서 모든 스위치가 1개의 루트로 접속되므로, 나머지 불필요한 루트를 블록합니다.

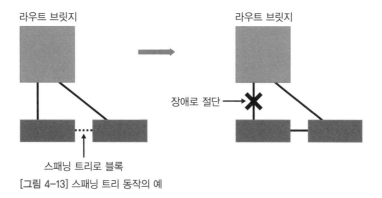

라우트 브릿지

장애로 절단 →

스패닝 트리로 블록

[그림 4-13] 스패닝 트리 동작의 예

예를 들어 L3 스위치가 루트 브릿지로, [그림 4-13]의 왼쪽 그림과 같이 2개의 L2 스위치에 2개의 브릿지가 이어진 형태가 선택되었다고 가정합니다. 이때 L2 스위치 간의 접속은 불필요하므로 이 부분이 블록됩니다. 이렇게 장애로 기존 접속이 끊기면 경로를 다시 만듭니다. [그림 4-13]의 오른쪽 그림에서는 왼쪽 접속이 끊겼기 때문에 L3 스위치에서 1개의 브릿지로 2개의 L2 스위치를 접속한 형태로 변해 있습니다. 스패닝 트리로 새로운 경로를 다시 만드는 것을 '경로 재계산'이라고 합니다.

스패닝 트리를 설정한 스위치 집합에서는 포트의 링크 업과 링크 다운이 발생하면 스위치 전체 경로를 재계산합니다. 재계산 처리 중에는 일시적으로 통신이 정지하므로 주의가 필요합니다. 스패닝 트리 프로토콜에는 몇 가지 종류가 있지만, 스패닝 트리 프로토콜(STP^Spanning Tree Protocol)에서는 약 60초 정지가 발생합니다. 반면 라피드 스패닝 트리 프로토콜(RSPT^Rapid Spanning Tree Protocol)에서는 1초 정도입니다.

서버를 접속하기 위한 포트는 링크 업 다운에 따른 경로 재계산은 불필요하므로 'PortFast' 모드로 설정해서 재계산의 대상에서 제외합니다. 이를 잊으면 서버를 L2 스위치에 접속하는 것만으로 경로 재계산이 발생해서 일시적으로 서브넷 전체에서 통신이 정지합니다. 서버를 접속한 직후에 통신이 불가능하고, 60초 정도 기다리면 통신이 가능해지는 경우는 스패닝 트리에서 경로 재계산이 발생하고 있다고 의심할 수 있습니다.

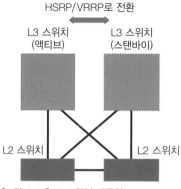

HSRP/VRRP로 전환

L3 스위치
(액티브)   L3 스위치
(스탠바이)

L2 스위치   L2 스위치

[그림 4-14] L3 스위치 이중화

L2 스위치와 마찬가지로 L3 스위치에서도 이중화가 가능합니다. [그림 4-14]와 같이 2
개의 L3 스위치에 이중화된 2개의 L2 스위치에서 각각 접속합니다. L3 스위치는 내부적
으로 가상의 라우터 기능을 가지고 있고, HSRP^Hot Stanby Routing Protocol 또는 VRRP^Virtual
Router Redundancy Protocol 기능을 이용해서 Active-Stanby 구성을 합니다. 보통은 한쪽의 가
상 라우터가 동작하다가 장애로 인해 정지하면 다른 한 쪽의 가상 라우터로 전환합니다.

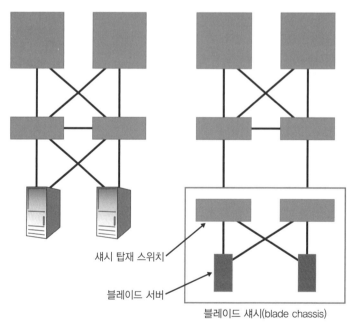

섀시 탑재 스위치

블레이드 서버

블레이드 섀시(blade chassis)

[그림 4-15] 네트워크 구성의 전체 상태

L2 스위치의 이중화에 대응해서 서버의 NIC 역시 Bonding 드라이버를 사용해서 이중화할 필요가 있습니다. 이 방법은 4.2에서 설명하겠지만 접속 이미지를 우선 봐두도록 합시다. [그림 4-15] 좌측 그림은 일반적으로 서버에 2개의 NIC을 탑재해서 각각의 포트에서 2개의 L2 스위치에 접속하는 형태입니다. 예로서 2대의 서버를 접속하고 있습니다. 한편 [그림 4-15]의 우측 그림은 블레이드 서버를 접속하는 경우입니다. 일반적으로 블레이드 서버는 전용 블레이드 섀시 내에 복수의 블레이드 서버와 네트워크 스위치 등을 탑재하고 있습니다. IBM 블레이드 서버 제품인 'BladeCenter E'에서는 섀시에 탑재된 2개의 네트워크 스위치에 대해서 각각의 블레이드 서버에 2개의 NIC 포트가 섀시 내부에서 접속됩니다. 따라서 이중화된 외부 네트워크에 블레이드 서버를 접속하는 경우는 섀시 안의 2개의 스위치를 2개의 외부 스위치에 각각 접속하는 형태가 됩니다.

VLAN

VLAN은 네트워크 스위치 내부에서 여러 개의 서브넷을 구성하는 기술입니다. 스위치 내부에서 구성된 각각의 서브넷을 VLAN^{Virtual LAN}이라고 하며 각 VLAN에는 서로 다른 번호가 할당되어 있습니다.

[그림 4-1]의 L3 스위치 내부에 VLAN 구성의 예가 있었습니다. 이를 보면 물리 포트마다 접속하는 VLAN이 결정되어 있으므로 "물리 포트에 대한 VLAN을 정의한다"라고 생각이 들 수 있겠지만, 개념이 약간 다릅니다. VLAN을 정확하게 이해하기 위해서는 다음과 같이 생각해야 합니다. 우선 스위치 내부에 임의의 갯수의 VLAN, 즉 서브넷을 정의합니다. 그리고 각각의 VLAN에 어떤 물리 포트로부터 접속할지를 설정합니다. 이때 [그림 4-1]과 같이 1개의 VLAN에만 접속하는 물리 포트도 있고, 복수의 VLAN에 접속하는 물리 포트를 설정하는 것도 가능합니다.

1개의 VLAN에만 접속하는 물리 포트를 '포트 VLAN' 또는 '액세스 포트'라고 부릅니다. 복수의 VLAN에 접속하는 물리 포트를 '태그 VLAN' 또는 '트렁크 포트'라고 합니다. 포트 VLAN을 사용하는 경우는 물리 포트를 '액세스 모드'로 설정해서 VLAN 번호를 셋팅합니다. 태그 VLAN을 사용하는 경우는 물리 포트를 '트렁크 모드'로 설정해서 그 포트에서 사용할 복수의 VLAN 번호를 세팅합니다.

'포트 VLAN'과 '태그 VLAN'의 구별은 VLAN에 대한 것이 아닌, VLAN에 접속한 포트에 대한 것임을 기억하기 바랍니다. 1개의 VLAN에 포트 VLAN과 태크 VLAN를 모두 접속 하는 것이 가능합니다. 트렁크 포트에는 'CISCO ISL 프로토콜'과 'IEEE802.1Q 표준 프로 토콜' 두 종류가 있지만, 여기서는 IEEE802.1Q 표준 프로토콜을 전제로 설명하겠습니다.

특히 트렁크 포트에 리눅스 서버를 접속하는 경우는 IEEE802.1Q 표준 프로토콜을 사용 할 필요가 있습니다.

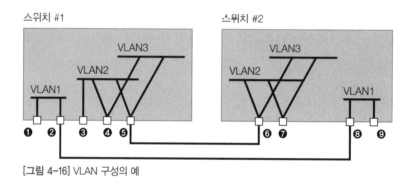

[그림 4-16] VLAN 구성의 예

그다지 현실적인 구성은 아니지만, 설명을 위해 [그림 4-16]을 예로 들어 보도록 하겠 습니다. 스위치 #1과 스위치 #2에는 각각 VLAN1~VLAN3이 정의되어 있으며 각각의 VLAN은 복수의 포트에 접속되어 있습니다. 포트 1,2,3,8,9는 액세스 포트이며, 포트 4,5,6,7은 트렁크 포트입니다.

VLAN에서 패킷을 주고 받을 때는 외부에서 보낸 패킷을 스위치에서 받는 처리와 스위 치에서 외부에 패킷을 보내는 처리를 나누어 생각하면 이해하기 쉽습니다.

외부에서 패킷을 보내는 경우, 액세스 프트는 그 패킷이 흐르는 VLAN이 바로 정해집니 다. 한편 트렁크 포트에 패킷을 보내는 경우는 사용하는 VLAN을 지정하는 'VLAN 태 그'를 패킷에 붙여 둡니다. 패킷을 받은 스위치는 VLAN 태그에 의해, 스위치 내부에서 해당하는 VLAN에 패킷을 보냅니다.

다음에 이 패킷을 보낼 포트는 같은 VLAN 번호가 세팅된 액세스 포트 또는 같은 VLAN 번호가 셋팅된 트렁크 포트 중 하나가 됩니다. 트렁크 포트에서 전송하는 경우는 VLAN 태그를 붙여서 패킷을 전송합니다.

예를 들어 포트1에서 포트 9로 패킷을 전송하는 경우, 포트1에 태그 없는 패킷을 보내면 포트2에서 태그 없는 패킷이 나옵니다. 이는 그대로 포트8에 들어가고 마지막으로 포트9에서 태그 없는 패킷이 나옵니다. 액세스 포트만을 사용하는 경우 VLAN 태그를 생각할 필요가 없습니다.

한편 포트3에선 포트7에 패킷을 전송하는 경우, 포트 3에 태그 없는 패킷이 들어가면 스위치 #1의 VLAN2를 통해서, 포트5로부터는 VLAN2의 태그가 붙은 패킷이 나옵니다. 이 패킷은 다시 포트6에 들어가서 스위치 #2의 VLAN2에 들어갑니다. 마지막으로 포트 7에서 VLAN2의 태그가 붙은 패킷이 나옵니다. 트렁크 포트에 입출력하는 패킷은 기본적으로 태그가 있는 패킷이 된다고 생각하면 됩니다. 트렁크 포트에 리눅스 서버의 NIC을 접속하는 경우 리눅스 서버 측에서 태그가 있는 패킷을 송수신할 수 있도록 VLAN 디바이스를 작성할 필요가 있습니다. 리눅스 VLAN 설정 방법은 4.2에서 설명합니다.

또한 트렁크 포트에서는 접속할 VLAN 1개를 '네이티브 VLAN'으로 지정할 필요가 있습니다. 네이티브 VLAN에서는 태그가 없는 패킷이 다루어집니다. 예를 들어 포트 4,5,6,7에서 VALN3를 네이티브 VLAN으로 지정했다고 가정하면 포트 4에 태그가 없는 패킷을 넣었을 때 스위치 #1의 VLAN3에 들어가 포트 5에서 태그없이 전송됩니다. 이 패킷은 포트 6에 들어가서 스위치 #2의 VLAN3를 통해서 포트7에서 태그가 없는 패킷이 나옵니다. 네이티브 VLAN은 VLAN 태크를 다룰 수 없는 장비를 트렁크 포트에 접속할 경우 이용합니다.

컬럼 | "네트워크 케이블과 운용의 관계"

이번 장 앞부분에서 네트워크와 리눅스 서버의 지식을 가진 엔지니어의 중요성에 대해 설명했습니다. 서버 운용에 대해서 책으로만 네트워크 공부를 하는 것뿐만이 아닌, 실제 관리하고 있는 서버 네트워크 구성에 대해 어느 정도 흥미를 가지고 있는지에 따라 저력을 발휘할 때가 옵니다.

특히 네트워크 설계서만으로는 알 수 없는 현장의 감이 중요합니다. 필사는 방향 감각이 떨어지는 '길치'로, 지도를 봐서 길을 확인할 수는 있지만, 왠지 확인한 길 그대로 가지 못하는 특기(?)가 있습니다. 그래서 처음부터 장소에 갈 때, 길을 헤매지 않도록 스케줄을 세웁니다. 정말로 중요한 모임에는 일부러 현장을 사전 방문하는 경우도 있습니다. 이와 같은 습관과 관계가 있는지는 알 수 없지만, 새롭게 서버 관리를 맡게 되었을 때는 우선은 서버 랙의 후면을 열고 네트워크 케이블의 라벨을 확인하고 있습니다. 제대로 관리된 네트워크라면 서버 측과 네트워크 스위치 간의 종단이 매칭 가능하도록 네트워크 케이블에는 라벨이 붙어 있습니다. 이것을 보면서 네트워크 설계서와 현장의 물리 배선 간의 대응 현황을 머리에 넣어 둡니다. 지도가 머리에 들어 있어도 길을 헤매는 것은 자주 있는 일이므로, 만일의 사태에 대비한 작업입니다. 실제로 네트워크 통신에 문제가 발생했을 경우, 처음은 다양한 관리 툴을 이용해서 문제를 나누고, 마지막으로는 물리적인 스위치를 봐서 현장을 확인하는 경우도 자주 있습니다.

"네트워크는 살아있다"라고 말한 네트워크 엔지니어가 있습니다만, 매일 운용 중에서 다양한 이유로 네트워크 구성은 변합니다. 그다지 바람직하지는 않지만 네트워크 설계서와 실제 설정이 일치하지 않는 경우도 있습니다. 이중화된 L3 스위치가 전환되었을 때, 네트워크 구성 변화가 원인으로 일부 서버만 통신이 재개되는 경우도 있습니다. 장애가 생기면 서둘러 뛰어가 케이블 접속 상태를 확인하지 않아도 될 정도로 확실히 '현장이 보이는 운용'을 실현하고 싶은 것입니다.

4.2

리눅스 네트워크 설정

4.2.1 네트워크 기본 설정

여기서는 리눅스 서버의 기본적인 네트워크 설정에 대해 설명합니다. 네트워크 설정을
한 후에는 서버를 재시작하든가 다음 커맨드를 이용하여 network 서비스를 재시작하면
설정이 반영됩니다.

```
# service network restart
```

물리 NIC 설정

리눅스에서는 각각의 물리 NIC에 디바이스명인 'ethX'이 할당됩니다. 디바이스 번호
X는 디폴트로는 0부터 연속된 번호가 할당되지만, 물리 NIC의 MAC 주소를 지정하
여 특정 번호를 할당하는 것도 가능합니다. 각 디바이스 설정 파일은 /etc/sysconfig/
network-scripts/ifcfg-ethX입니다. [그림 4-17]은 /etc/sysconfig/network-scripts/
ifcfg-eth0 설정의 예입니다.

고정 IP 주소의 경우

```
DEVICE=eth0
ONBOOT=yes
HWADDR=00:06:D5:1B:62
BOOTPROTO=STATIC
IPADDR=192.168.1.10
NETMASK=255.255.255.0
GATEWAY=192.168.1.1
```

DHCP를 사용하는 경우

```
DEVICE=eth0
ONBOOT=yes
HWADDR=00:06:D5:1B:62
BOOTPROTO=dhcp
```

[그림 4-17] /etc/sysconfig/network-scripts/ifcfg-eth0 설정 예

'DEVICE'에는 디바이스명 ethX를 지정합니다. 설정 파일의 파일명 ethX와 같은 이름의 디바이스명을 지정합니다. 'ONBOOT'는 'yes' 또는 'no'를 지정합니다. 서버 시작 시 해당 인터페이스를 자동으로 시작하는 경우에는 'yes'를 지정합니다. 'HWADDR'에는 해당 디바이스명을 할당할 NIC의 MAC 주소를 지정합니다. Red Hat Enterprise Linux 의 경우, 설치 시에 검출된 MAC 주소가 설정되므로 필요한 경우에만 변경을 하면 됩니다. 'BOOTPROTO'에는 'static'또는 'dhcp'를 지정합니다. 'dhcp'로 설정하는 경우에는 DHCP를 이용해서 IP 주소를 할당합니다. 'static'을 지정한 경우에는 IP 주소를 고정으로 할당하기 때문에, 'IPADDR'과 'NETMASK'에 IP 주소와 네트워크를 지정합니다. 네트워크 마스크는 비트 값 형식이 아닌 '255.255.255.0' 형식으로 지정합니다. 마지막으로 'GATEWAY'에는 디폴트 게이트웨이를 지정합니다. 디폴트 게이트웨이는 디바이스마다 설정하는 것은 아니지만, 관습적으로 디폴트 게이트웨이와 같은 서브넷의 디바이스 설정 파일로 지정하게 되어 있습니다.

또한 인스톨 시 디폴트 설정은 'NETWORK'와 'BROADCAST'가 설정되어 있습니다. 이는 서브넷 네트워크 주소와 브로드 캐스트를 지정하는 것이지만 생략해도 무방합니다. 만일 생략을 했을 경우는 서브넷에 포함되는 IP 주소 범위의 처음과 마지막 주소가 자동으로 선택됩니다.

각각의 물리 NIC에 대한 설정이 아닌, 서버 전체에 설정하기 위한 항목은 설정 파일 /etc/sysconfig/network를 참조합니다. [그림 4-18]은 /etc/sysconfig/network의 설정 예입니다. 'NETWORKING'은 'yes'를 지정합니다. 'NETWORKING_IPV6'는 IPv6 를 사용하는 경우는 'yes'를 지정합니다. IPv6를 사용하지 않는 경우는 'no'를 지정합니다. 'HOSTNAME'은 서버의 호스트명입니다. 또한 디폴트 게이트웨이를 지정하는 'GATEWAY'를 이 파일에 설정하는 것도 가능합니다.

[그림 4-18] /etc/sysconfig/network 설정 예

스태틱 라우트 설정

스태틱 라우트를 추가하는 경우는 설정 파일 /etc/sysconfig/network-scripts/route-ethX를 사용합니다. ethX에는 지정할 게이트웨이와 같은 서브넷의 디바이스를 설정합니다. 예를 들어 [그림 4-9]의 서버1에 서브넷 192.168.12.0/24에 대한 게이트웨이를 192.168.11.1로 지정하는 경우는 [그림 4-19]의 내용을 /etc/sysconfig/network-scripts/route-eth1에 설정합니다. 'ADDRESS0'과 'NETMASK0'에 해당 서브넷을 지정하고, 'GATEWAY0'에 게이트웨이 IP 주소를 지정합니다. 같은 디바이스에 대해서 복수의 스태틱 라우트를 추가하는 경우는 마지막 숫자 X를 연속된 번호로 바꾸면서, 'ADDRESSX' 'NETMASKX' 'GATEWAYX'를 추가합니다.

```
ADDRESS0=192.168.12.0
NETMASK=255.255.255.0
GATEWAY0=192.168.1.1
```

[그림 4-19] /etc/sysconfig/network-scripts/route-eth1 설정의 예

IP Alias

1개의 NIC에 복수의 IP 주소를 할당하는 경우는 'IP Alias'를 사용합니다. 예를 들어 eth0에 추가 IP 주소를 할당하는 경우는 설정 파일 /etc/sysconfig/network-scripts/ifcfg-eth0:0을 [그림 4-20]의 내용으로 작성합니다. 'DEVICE' 지정이 Alias명 'eth0:0'인 것과 'HWADDR' 지정이 없는 점을 주의하세요. 콜론(:) 뒤의 Alias 번호는 임의의 값을 사용할 수 있지만 보통은 0부터 연속된 번호를 사용합니다.

Alias 디바이스 'eth0:0'은, 디바이스 'eth0'와 물리적으로 같은 서브넷에 접속되므로 기본적으로는 같은 네트워크 주소의 IP 주소를 사용합니다. 동일한 NIC을 복수의 서브넷에 접속하는 경우에는 이어서 설명할 VLAN을 사용할 필요가 있습니다.

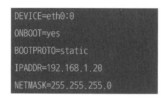

```
DEVICE=eth0:0
ONBOOT=yes
BOOTPROTO=static
IPADDR=192.168.1.20
NETMASK=255.255.255.0
```

[그림 4-20] /etc/sysconfig/network-scripts/ifcfg-eth0:0 설정의 예

VLAN 디바이스 작성

[그림 4-16]과 같이 VLAN을 구성한 네트워크 스위치에 NIC을 접속하는 경우를 생각할 수 있습니다. 수신 측 포트가 액세스 포트라면 태그 없는 일반적인 패킷을 주고 받으므로, 리눅스에서 특별하게 설정은 하지 않아도 됩니다. 한편 트렁크 포트에 접속하는 경우라면 태그가 붙은 패킷을 주고 받으므로 리눅스에 VLAN 디바이스를 작성합니다.

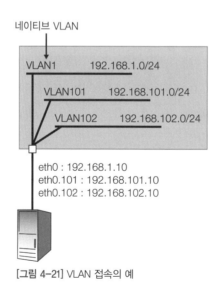

[그림 4-21] VLAN 접속의 예

[그림 4-21]과 같이 eth0가 할당된 NIC을 트렁크 포트에 접속하여 서브넷 VLAN101 과 VLAN102과 통신하는 경우를 생각해봅시다. 만약 각각의 네트워크 주소를 '192.168.101.0/24'와 '192.168.102.0/24'라고 하면, 이 경우 eth0의 VLAN101과 VLAN102에 VLAN 디바이스 'eth0.101'과 'eth0.102'를 작성하여 각각에 대응하는 서브 넷 IP 주소를 할당합니다.

VLAN 디바이스는 가상의 NIC이라고 생각하면 됩니다. 이 예에서는 eth0.101에서 송출 되는 패킷에 VLAN101 태그가 부여되어, 물리 NIC eth0으로부터 전송됩니다. eth0.102 에서 나오는 패킷은 VLAN102 태그가 부여되어 물리 NIC eth0으로부터 전송됩니다. 반대로 VLAN101 및 VLAN102 태그가 부여된 패킷을 eth0이 받으면 각각 eth0.101과 eth0.102에게 패킷이 전송됩니다.

VLAN 디바이스를 작성할 때, eth0 등의 물리 NIC에 대응하는 디바이스에 IP 주소를 할 당할 것인지의 여부는 임의로 결정할 수 있습니다. IP 주소를 할당하는 경우, 해당 디바 이스에는 태그 없는 패킷을 주고 받기 때문에, 수신 측 트렁크 포트의 네이티브 VLAN과 통신하게 됩니다. [그림 4-21]의 예에서 eth0에 IP 주소를 할당하는 경우는 VLAN1의 서브넷 '192.168.1.0/24'의 IP 주소를 사용합니다.

/etc/sysconfig/network

```
VLAN=yes
```

/etc/sysconfig/network-scripts/ifcfg-eth0.101

```
DEVICE=eth0.101
ONBOOT=yes
BOOTPROTO=static
IPADDR=192.168.102.10
NETMASK=255.255.255.0
```

/etc/sysconfig/network-scripts/ifcfg-eth0.102

```
DEVICE=eth0.102
ONBOOT=yes
BOOTPROTO=static
IPADDR=192.168.102.10
NETMASK=255.255.255.0
```

[그림 4-22] VLAN 디바이스 설정 예

[그림 4-22]는 구체적인 설정의 예입니다. VLAN 디바이스를 사용하는 경우는 /etc/sysconfig/network 설정 파일에 'VLAN=yes' 설정을 추가합니다. VLAN 디바이스 설정 파일은 'DEVICE'에 VLAN 디바이스명을 지정한 것과 'HWADDR' 설정이 없다는 점에 주의하세요. eth0에 IP 주소를 할당하지 않는 경우는 [그림 4-17]의 설정에서 'BOOTPROTO=none'을 지정하고 'IPADDR', 'NETMASK' 'GATEWAY'를 삭제합니다.

디폴트 게이트웨이 지정이나 스태틱 라우트 설정은 일반 디바이스와 같습니다. 예를 들어 VLAN 디바이스 eth0.100이 접속하는 서브넷에 디폴트 게이트웨이가 있는 경우는 설정 파일 /etc/sysconfig/network-scripts/ifcfg-eth0.100에 'GATEWAY'를 지정합니다. 같은 방법으로 이 서브넷의 게이트웨이를 가진 스태틱 라우트는 설정 파일 /etc/sysconfig/network-scripts/route-eth0.100에 설정합니다.

```
# cat /proc/net/vlan/config
VLAN Dev name    | VLAN ID
Name-Type: VLAN_NAME_TYPE_RAW_PLUS_VID_NO_PAD
Eth0.101         | 101 | eth0
Eth0.102         | 102 | eth0
```

[그림 4-23] /proc/net/vlan/config 출력 예

```
# cat /proc/net/vlan/eth0.101
Eth0.101  VID: 101        REORDER_HDR: 1 dev->priv_flags: 81
        total frames received          6039
        total bytes received         344057
      Broadcast/Multicast Rcvd           12

        total frames transmitted       83112
        total bytes transmitted      4305254
            total headroom inc             0
            total encap on xmit           0
Device: eth0
INGRESS priority mapping: 0:0: 1:0 2:0 3:0 4:0 5:0 6:0 7:0
ENGRESS priority Mapping:
```

[그림 4-24] /proc/net/vlan/eth0.101 출력 예

VLAN 디바이스 가동 상황은 proc 파일시스템의 /proc/net/vlan/config와 /proc/net/vlan/⟨vlan디바이스명⟩으로 확인할 수 있습니다. [그림 4-23]과 [그림 4-24]는 각각 다음 커맨드로 출력한 예입니다.

```
# cat /proc/net/vlan/config
# cat /proc/net/vlan/eth0.101
```

NIC 통신 속도 설정

물리 NIC 통신 속도의 설정은 NIC 디바이스 드라이버에서 합니다. tg3, bnx2, e1000 등 업무용 서버에서 이용되는 주요 NIC 디바이스 드라이버는 ethtool 커맨드로 관리할 수 있습니다. 물리 디바이스 설정 파일 /eth/sysconfig/network-scripts/ifcfg-ethX에 ETHTOOL_OPTS="autoneg on speed 100 duplex full"과 같이 ethtool 커맨드 옵션을 지정하면 서버 시작 시 자동으로 설정됩니다.

어떤 옵션을 이용할 수 있는지는 디바이스 드라이버의 종류 및 버전에 따라 다릅니다. [표 4-1]은 각 디바이스 드라이버에 공통적으로 자주 이용되는 예입니다. 이는 연결할 스위치 포트 설정에 맞춰 선택할 필요가 있습니다. 자주 있는 실패를 예를 들자면, 한쪽이 오토 네고시에이션automatic negotiation이고 한쪽은 고정으로 설정한 경우, 오토 네고시에이션에 실패하여 가장 늦은 통신 속도로 설정되어 버리는 경우가 있습니다.

[표 4-1]에는 1Gbps에 대한 예는 없지만, 1Gbps에 대응한 네트워크 스위치와 1Gbps에 대응한 NIC을 접속하는 경우는 ETHTOOL_OPTS 설정은 하지 않습니다. 디폴트 오토 네고시에이션에 1Gbps로 설정[1]됩니다.

실제 통신 속도는 다음 커맨드로 확인합니다.

```
# ethtool <물리 디바이스명>
```

---

1 "1Gbps로 고정으로 설정하고 싶은데…"와 같은 질문을 받은 적이 있습니다. 1Gbps의 경우는 오토 네고시에이션가 필수이므로, 그런 설정은 불가능합니다. 이는 기가비트 이더넷 사양으로 결정되어 있습니다.

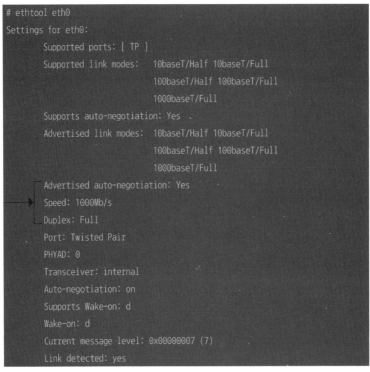

```
# ethtool eth0
Settings for eth0:
        Supported ports: [ TP ]
        Supported link modes:   10baseT/Half 10baseT/Full
                                100baseT/Half 100baseT/Full
                                1000baseT/Full
        Supports auto-negotiation: Yes .
        Advertised link modes:  10baseT/Half 10baseT/Full
                                100baseT/Half 100baseT/Full
                                1000baseT/Full
        Advertised auto-negotiation: Yes
        Speed: 1000Mb/s
        Duplex: Full
        Port: Twisted Pair
        PHYAD: 0
        Transceiver: internal
        Auto-negotiation: on
        Supports Wake-on: d
        Wake-on: d
        Current message level: 0x00000007 (7)
        Link detected: yes
```

[그림 4-25] ethtool 커맨드 출력의 예

[그림 4-25]의 출력의 예에서는 화살표가 있는 행부터 오토 네고시에이션에 의해 1Gbps 전이중 설정이 되어 있는 것을 알 수 있습니다.

[표 4-1] ETHTOOL_OPTS 설정의 예

설정값	설정내용
"autoneg on speed 100 duplex full"	100Mbps 오토 네고시에이션
"autoneg off speed 100 duplex full"	100Mbps 전이중 (고정)
"autoneg off speed 100 duplex half"	100Mbps 반이중 (고정)
"autoneg off speed 10 duplex full"	10Mbps 전이중 (고정)
"autoneg off speed 10 duplex half"	10Mbps 반이중 (고정)

4.2.2 Bonding 드라이버에 의한 NIC의 이중화

Bonding 드라이버는 이더넷 어댑터의 NIC Teaming 기능을 제공하는 커널 모듈입니다. NIC Teaming이란, 복수의 물리 NIC을 하나로 묶은 논리 디바이스에 IP 주소를 설정하는 기능으로서, NIC 부하 분산 또는 이중화를 위해 이용됩니다. Bonding 드라이버에는 다양한 동작 모드가 있습니다만, 업무용 서버에서 주로 이용되는 것은 NIC 이중화를 위한 모드1active-backup입니다. 이 모드에서는 2개의 물리 NIC 중에서 한쪽의 NIC이 장애로 정지하면, 다른 한쪽의 NIC으로 자동으로 전환됩니다(그림 4-26). 통신에 사용하고 있는 어댑터를 '액티브 어댑터', 사용하고 있지 않은 어댑터를 '백업 어댑터'라고 합니다. [그림 4-15]와 같이 2개의 NIC을 각각 별도의 네트워크 스위치에 접속하면 해당 스위치 장애에 대해서도 대응 가능합니다.

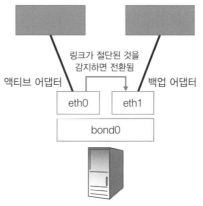

[그림 4-26] Bonding 드라이버에 의한 NIC 이중화

부하 분산이 필요한 경우는 모드4(802.3ad)를 이용합니다. 이는 IEEE802.3ad 표준 규격에 대응한 네트워크 스위치와 연결하여 복수의 NIC을 동시에 사용하는 것으로, 통신의 부하 분산을 해결합니다. 단, 해당 스위치를 나누어 사용하는 것이 불가능하므로 스위치 장애에 대한 Fail Over 기능은 없습니다.

이 밖의 모드는 실험적인 요소가 강하고 이용 레퍼런스도 없으므로, 업무용 서버에서의 이용은 권하지 않습니다 이번에는 가장 자주 이용되는 모드인 모드1active-backup에 대해서 설명합니다. Bonding 드라이버는 리눅스 표준 커널 모듈로, 특정 벤더의 NIC을 전제로 하지 않습니다.

링크 장애 감시 방법

모드1에서는 NIC과 연결된 네트워크 스위치의 접속이 절단되면 NIC 전환이 발생합니다. 연결된 네트워크 스위치와의 접속이 끊기는 것을 '링크 장애'라고 하며, 링크 장애에 대한 감시 방법에는 'MII 감시'와 'ARP 감시'가 있습니다.

MII 감시에서는 MII^{Media Independent Interface} 규격의 링크 정보를 이용합니다. 물리 NIC 의 디바이스 드라이버에서 링크 상태(링크 업 또는 링크 다운)을 취득해서, 링크 장애를 감시합니다. MII 감시를 이용하려면, 디바이스 드라이버가 MII 규격에 대응할 필요가 있습니다. [그림 4-25]의 ethtool 커맨드로 링크 상태 'Link detected:yes'가 표시되어 있으면 됩니다.

한편, ARP 감시는 물리 어댑터의 수신 패킷 카운트에 의해 링크 상태를 확인합니다. 일정 시간 수신 패킷 카운트 수가 증가하지 않으면 링크 장애가 발생하고 있다고 판단합니다. 이 경우 어쩌다 패킷을 수신하는 기회가 없다는 것만으로 링크 장애라고 미스 판단하는 것을 막기 위해서 물리 어댑터가 수신하는 패킷을 강제로 생성합니다. 구체적으로 설명하면 액티브 어댑터에서 사전에 정의한 서브넷에 존재하는 IP 주소에 정기적으로 ARP 요구 패킷을 보냅니다. 액티브 어댑터는 ARP 응답 패킷을 수신하고, 백업 어댑터는 액티브 어댑터가 보낸 ARP 요구 패킷을 수신[2]하여, 각각 수신 패킷 카운트가 갱신됩니다.

여기서 기억해야 할 것이 있습니다. MII 감시와 ARP 감시는 물리 어댑터 자체의 장애 또는 물리 어댑터와 네트워크 스위치와의 접속이 끊긴 경우 등, 물리 어댑터가 전혀 패킷을 수신하지 못하는 상황을 감시하는 기능입니다. 네트워크 스위치보다 앞단의 장애와 같이 그 이외의 장애를 감지하는 것이 아닙니다. 4.1에서 설명한 것과 같이, 상위 네트워크 전체는 스패닝 트리 등 네트워크 장비 기능으로 이중화를 이용해야 합니다.

그런데 ARP 감시에서 생기는 오해가 있습니다. ARP 감시에서는 특정 IP 주소에 ARP 요구 패킷을 보내는 설정을 하기 때문에 '상위 네트워크 장애로 인해 지정 IP 주소와의 통신이 불가능하면 장애로 판단하여 NIC 전환이 발생한다'라고 생각하는 사람이 있습니다. 그러나 이것은 잘못된 생각입니다. ARP 감시는 어디까지나 수신 패킷 카운드 변화로 장애를 인식하므로, 예를 들어 ARP 응답 패킷이 돌아오지 않더라도, 다른 서버와의 통신으

---

2 ARP 요구 패킷은 수신 측 MAC 주소에 브로드 캐스트 주소를 지정하여, 서브넷 전체에 전송되는 것을 기억하세요.

로 수신 패킷 카운트가 갱신되는 한, 링크 장애라고는 판단[3]하지 않습니다.

MII 감시와 ARP 감시는 감시 대상의 장애 종류는 같으므로 기본적으로는 MII 감시 사용을 추천합니다. ARP 감시는 물리 어댑터 디바이스 드라이버가 MII 규격에 대응하고 있지 않은 경우 대체 수단이라고 생각하면 됩니다.

Bonding 드라이버 설정

구체적인 예를 들어, 2개의 물리 NIC eth0과 eth1에 논리 디바이스 bond0를 정의하는 것에 대해 소개합니다. 논리 디바이스명은 일반적으로 bondX를 사용합니다. 이것은 'Bonding 디바이스'라고도 불립니다. 디바이스 번호 X는 임의의 값이지만 보통은 0에서부터 연속된 번호를 사용합니다. [그림 4-27]은 설정의 예입니다.

/etc/modprob.conf

```
alias eth0 bnx2
alias eth1 bnx2
alias bond0 bonding
```

/etc/sysconfig/network-scripts/ifcfg-eth0

```
DEVICE=eth0
HWADDR=00:11:25:9C:6A:65
MASTER=bond0
SLAVE=yes
BOOTPROTO=none
```

/etc/sysconfig/network-scripts/ifcfg-eth1

```
DEVICE=eth1
HWADDR=00:0D:60:5B:64:02
MASTER=bond0
SLAVE=yes
BOOTPROTO=none
```

/etc/sysconfig/network-scripts/ifcfg-bond0

```
DEVICE=bond0
ONBOOT=yes
BOOTPROTO=static
IPADDR=192.168.1.10
NETMASK=255.255.255.0
GATEWAY=192.168.1.1
BONDING_OPTS="mode=1 primary=eth0 miimon=100 updelay=5000"
```

[그림 4-27] Bonding 드라이버의 설정 예

---

3 가끔 다른 서버와의 통신이 없으면 링크 장애라고 판단되는 경우도 있습니다. 즉, 지정 IP와의 통신이 안 되면, 상황에 따라 링크 장애로 판단하기도 하고, 판단하지 못하기도 하는 등 동작이 불안정하게 됩니다. 이는 ARP 감시 결점입니다.

우선 디바이스 드라이버 설정 파일 /etc/modprobe.conf에 논리 디바이스 bond0의 alias 엔트리를 추가해서 디바이스 드라이버에 'bonding'을 지정합니다. 물리 디바이스 eth0, eth1에 대한 디바이스 드라이버는 기존 엔트리를 사용합니다. 물리 디바이스 설정 파일 /etc/sysconfig/network-scripts/ifcfg-eth0 및 ifcfg-eth1에는 'SLAVE=yes'로 자신을 슬레이브 어댑터로 지정하고 'MASTER'에는 bond0을 지정합니다. 'HWADDR'에 대응하는 물리 NIC을 지정하는 경우는 해당 물리 NIC의 MAC 수소를 설정합니다.

계속해서 논리 디바이스 설정 파일 /etc/sysconfig/network-scripts/ifcfg-bond0을 작성해서 논리 어댑터 네트워크 설정을 합니다. 'BONDING_OPTS'에는 Bonding 드라이버의 동작 파라미터를 지정합니다. 네트워크 설정은 'HWADDR' 설정이 없다는 것을 빼고는 물리 디바이스와 설정 내용이 동일합니다. DHCP로 주소를 설정하는 것도 가능합니다. BONDING_OPTS에 설정하는 중요 파라미터는 [표 4-2]와 같습니다. [그림 4-27]의 예는 MII 감시를 이용하는 방법입니다. 'updelay'의 필요성에 대해서는 잠시 후 설명합니다.

```
alias eth0 bnx2
alias eth1 bnx2
alias eth2 bnx2
alias eth3 bnx2
alias bond0 bonding
alias bond1 bonding
```

[그림 4-28] bond0과 bond1을 사용하는 /etc/modprobe.conf의 예

물리 NIC을 4장 이상 사용하는 환경에서, 복수의 논리 어댑터를 정의하는 경우는 모든 논리 어댑터 디바이스 bondY에 대해서도 설정 파일 ifcfg-ethX, ifcfg-ethY를 작성합니다. ifcfg-ethX 'MASTER'에는 대응하는 논리 디바이스 bondY를 지정합니다. modprobe.conf에는 각각 논리 디바이스 bondY에 대해 디바이스 드라이버 'bonding'을 지정합니다(그림 4-28 참고).

Bonding 디바이스에 VLAN 디바이스를 작성하는 것도 가능합니다. 앞서 설명한 VLAN 디바이스 작성 순서에서 물리 디바이스 eth0 부분을 Bonding 디바이스 bond0 등으로 대체하면 됩니다.

[표 4-2] BONDING_OPTS의 주요 설정 파라미터

파라미터	설정 항목	설명
mode	동작 모드	동작 모드를 지정한다. active-backup 모드는 1을 지정한다.
primary	프라이머리 어댑터	active-backup 모드에서, 기동 시 우선적으로 액티브로 하는 어댑터를 지정한다.
miimon	MII 감시 간격	MII 감시에 의한 링크 확인 시간 간격을 1/1000초 단위로 지정한다. MII 감시를 하는 경우에 지정하며 보통은 100을 지정한다. arp_interval과 동시에 지정 불가능
updelay	링크 업 연장 시간	MII 감시에서 링크 업을 감시한 후, 해당 어댑터를 액티브로 할 때까지의 연장 시간을 1/1000 단위로 지정한다. miimon의 정수배 단위로 할 필요가 있다. 보통은 5000 정도로 지정한다.
arp_interval	ARP 감시 간격	ARP 감시에 의한 링크 확인 시간 간격을 1/1000초 단위로 지정한다. ARP 감시를 하는 경우에 지정한다. 보통은 1000을 지정한다. miimon과 동시에 지정은 불가능
arp_ip_target	ARP 감시 대상 IP 주소	ARP 감시 시에 ARP 요구 패킷을 전송하는 IP 주소를 지정한다 (같은 서브넷에서 항상 응답 가능한 IP 주소를 지정한다). 최대 16개의 IP 주소가 지정 가능 예) "arp_ip_target=192.168.1.1, 192.168.1.2"

Bonding 디바이스 컨트롤

설정 파일에 필요한 설정을 했다면 서버를 재시작하든가, 다음 커맨드로 network 서비스를 재시작하면 설정이 반영되어 Bonding 디바이스가 시작됩니다. 이때 시스템 로그 /var/log/message에 시작 시의 로그 및 에러 메시지가 출력됩니다.

```
# service network restart
```

```
# cat /proc/net/bonding/bond0
Ethernet Channel Bonding Driver: v3.4.0 (October 7, 2008)

Bonding Mode: fault-tolerance (active-backup)
Primary Slave: eth0 (primary_reselect always)
Currently Active Slave: eth0
MII Status: up
MII Polling Interval (ms): 100
Up Delay (ms): 5000
Down Delay (ms): 0

Slave Interface: eth0
MII Status: up
Link Failure Count: 0
Permanent HW addr: 00:11:25:9c:6a:65

Slave Interface: eth1
MII Status: up
Link Failure Count: 0
Permanent HW addr: 00:0d:5b:64:02
```

[그림 4-29] /proc/net/bonding/bond0 출력의 예

Bonding 디바이스 가동 상황은 proc 파일시스템 /proc/net/bonding/〈Bonding 디바이스명〉으로 확인할 수 있습니다. [그림 4-2]는 다음 커맨드의 출력 예입니다.

```
# cat /proc/net/bonding/bond0
```

Bonding 드라이버 동작을 확인할 때는 출력 내용을 확인하면서 액티브 어댑터에 접속된 네트워크 케이블을 뽑아 봅니다. 액티브 어댑터의 전환이 발생하여, Bonding 디바이스에 설정한 IP 주소로의 외부 접속이 끊기지 않으면 정상으로 동작하고 있다는 것을 알 수 있습니다. proc 파일시스템 출력을 정기적으로 확인할 때는 watch 커맨드를 사용하면 편리합니다. 다음과 같이 이용하면 됩니다.

```
# watch -n1 "cat /proc/net/bonding/<Bonding 디바이스명>"
```

액티브 어댑터를 수동으로 전환하는 경우는 ifenslave 커맨드를 사용합니다. 다음 커맨드는 eth1를 bond0의 액티브 어댑터로 변경하는 예입니다.

```
# ifenslave -c bond0 eth1
```

[표 4-2]의 primary 파라미터로 프라이머리 어댑터를 지정하고 있는 경우, 프라이머리 어댑터가 한 번 정지하여, 다시 복구하면 자동으로 프라이머리 어댑터가 액티브로 돌아옵니다. 이와 같은 자동 기능을 이용하고 싶지 않은 경우는 primary 파라미터를 지정하지 않도록 합니다. 단, 이 경우 서버 기동 시에 어느 쪽 어댑터가 액티브가 될지는 알 수 없습니다. 기동 시에 액티브로 할 어댑터를 지정하고 싶은 경우는 /etc/rc.local에 ifenslave 커맨드를 설정하고 액티브 어댑터를 명시할 수 있습니다.

ARP 테이블과 MAC 테이블 갱신에 대해서

Bonding 디바이스를 모드1^{active-backup}로 구성하면 두 개의 물리 디바이스^{ethX}와 논리 디바이스^{bondX}에 공통의 MAC 주소가 설정됩니다. 본래 MAC 주소는 각각의 NIC에 고유한 것이지만 Bonding 드라이버가 논리적인 MAC 주소를 덮어 씁니다. [그림 4-30]은 ifconfig 커맨드로 MAC 주소를 확인하는 예지만, eth0, eth1, bond0가 같은 MAC 주소를 가지고 있습니다.

```
# cat /proc/net/bonding/bond0

Bond0      Link encap:Ethernet   HWaddr 00:11:25:9C:6A:65

eth0       Link encap:Ethernet   HWaddr 00:11:25:9C:6A:65

eth1       Link encap:Ethernet   HWaddr 00:11:25:9C:6A:65
```

[그림 4-30] Bonding 디바이스의 MAC 주소

이는 액티브 어댑터가 전환된 경우에도 통신 상대 서버에서 바라보는 MAC 주소가 바뀌지 않도록 하는 구조입니다. 만약 액티브 어댑터 전환과 함께 MAC 주소가 바뀐다면, 통신 상대의 ARP 테이블에 기록된 IP 주소와 MAC 주소가 대응할 수 없습니다. 그래서 같은 MAC 수소를 설정하는 것으로 이와 같은 문제를 피하고 있습니다.

한편 네트워크 스위치의 MAC 테이블 정보에 대해서는 주의가 필요합니다. MAC 테이블은 네트워크 스위치가 각 포트에 접속된 장비의 MAC 주소를 기억하는 영역입니다. 네트워크 스위치는 MAC 테이블을 참조해서 패킷을 보내는 포트를 결정합니다. 따라서 액티브 어댑터가 전환되면 같은 MAC 주소의 어댑터가 다른 포트로 이동하기 때문에, MAC 테이블 정보가 적절하게 갱신될 때까지 통신이 재개되지 않을 수 있습니다. 네트워크 스위치는 전환되기 전의 NIC을 향해 패킷을 보내려고 합니다.

여기서 Bonding 드라이버에서는 액티브 어댑터의 전환 시에 MAC 테이블을 갱신하기 위해 ARP 패킷Gratuitous ARP 패킷을 새로운 액티브 어댑터로부터 보냅니다. 이 패킷은 서브넷 전체에 전송되어, 서브넷 안의 각 네트워크 스위치는 해당 MAC 주소에 도달하기 위한 새로운 포트를 인식합니다.

단, MII 감시를 사용하고 있는 경우에 프라이머리 어댑터가 링크 다운한 상태에서 회복해서, 액티브 어댑터 자동변환이 발생했을 경우에는 더욱 주의가 필요합니다. 어댑터 링크 업 감지 후에, 접속 스위치 상태가 안정되기 전에 Gratuitous ARP 패킷이 전송되면 Gratuitous ARP 패킷이 서브넷 전체에 전송되지 않고 MAC 테이블 갱신이 적절하게 되지 않는 경우가 있습니다. 이를 위해 [표4-2]의 updelay 파라미터로 링크 업을 감지한 후에 어댑터가 액티브로 될 때까지의 시간을 조절하고 있습니다. updelay가 5000의 경우 프라이머리 어댑터가 링크 업을 한 후 5초 후에 전환이 발생합니다.

ARP 감시를 사용하고 있는 경우는 updelay 파라미터는 설정할 수 없지만, ARP 감시용 패킷으로 MAC 테이블이 갱신되므로 문제 없습니다.

블레이드 서버에서 사용할 때의 주의점

블레이드 서버에서 Bonding 드라이버를 사용할 때의 주의점이 있습니다. 앞서 강조했듯이 Bonding 드라이버는 물리 NIC과 네트워크 스위치 접속이 끊긴 것을 감시하여 액티브 어댑터를 전환하는 구조입니다.

한편 블레이드 서버를 사용하는 경우는 [그림 4-15]의 우측 그림과 같이 물리 NIC에 접속하는 네트워크 스위치는 블레이드 섀시에 탑재되어 있어, 이 사이에는 섀시 안에서 접속됩니다. 이와 같은 접속 환경에서는 섀시에 탑재한 스위치와 외부 스위치 간의 접속이 끊기더라도 내부 접속은 끊겨 있지 않기 때문에 액티브 어댑터의 전환이 발생하지 않습니다. 그 결과 블레이드 서버는 외부와 통신이 불가능해집니다.

이 문제를 회피하기 위해서는 섀시에 탑재한 스위치의 '트렁크 fail over 기능'을 이용해야 합니다. 스위치 간의 접속은 일반적으로 [그림 4-31]과 같이 복수 케이블을 논리적으로 묶은 '포트 트렁킹'에 의해 이중화됩니다. 트렁크 fail over 기능은 이 이중화된 접속이 모두 끊기면, 섀시 내부의 포트를 강제적으로 다운시킵니다. 이로써 블레이드 서버의 물리 NIC에도 링크 다운이 발생하여 액티브 어댑터의 전환이 일어납니다.

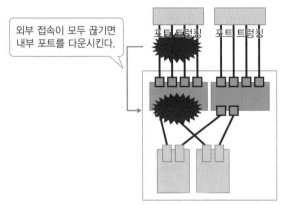

[그림 4-31] 트렁크 Fail over 기능

또한 "ARP 감시를 이용하면 트렁크 Fail Over 기능을 사용하지 않더라고 액티브 어댑터의 전환이 발생한다"라고 생각하는 사람도 있겠지만 이것은 오해입니다. 앞서 강조했듯이 ARP 감시가 감지하는 것은 어디까지나 물리 NIC의 링크 장애이므로 내부 접속이 끊기지 않는 한 링크 장애를 감지한다고는 장담할 수 없습니다.

4.3

고도의 네트워크 설정

4.3.1 소켓 통신

4.1에서는 IP 네트워크에서 패킷이 전송되는 구조를 설명했습니다만, IP 네트워크 그 자체로는 패킷이 수신 측 주소에 도착했다는 것을 보증하는 구조는 아닙니다. 전송 경로상의 라우터가 정지하고 있는 경우에는 패킷을 잃어버리게 됩니다. 또한 서버의 애플리케이션과 통신하는 경우 수신 IP 주소를 지정하는 것으로 수신 측 서버는 결정되지만, 그 패킷이 어떤 애플리케이션에 대해 보내는 것인지는 알 수 없습니다.

이와 같은 문제를 해결하기 위해 이용하는 것이 '소켓 통신'입니다. 소켓 통신에는 TCP와 UDP라는 두 종류의 프로토콜이 있습니다. 소켓 통신에서는 서버 애플리케이션과 클라이언트 애플리케이션으로 구별할 수 있습니다. 서버 애플리케이션 프로세스는 네트워크로부터의 접속을 항상 대기하고 있고, 이에 대해 클라이언트 애플리케이션이 접속하러 가는 형태입니다.

소켓 통신 구조는 애플리케이션 프로그래머가 이해해야 하는 내용이므로, 리눅스 서버 관리자는 그다지 의식할 필요가 없지만, 네트워크 통신에 기인하는 애플리케이션 문제가 발생했을 때에는 리눅스에서 소켓 통신 상태를 확인할 필요가 있습니다. 잠시 후 설명할 TCP 접속에 관한 커널 파라미터의 확인도 필요합니다. 이번에는 리눅스 서버 관리자로서 알아 두어야 할 소켓 통신의 기본 사항을 설명하도록 하겠습니다.

소켓 통신의 개요

소켓 통신에서 수신 측 애플리케이션을 특정하기 위한 구조가 '포트 번호'입니다. 소켓 통신을 하는 서버 애플리케이션 프로세스는 각각의 고유한 포트 번호로 클라이언트 접속을 받습니다. TCP와 UDP 중 어느 쪽을 사용할 지는 애플리케이션에 따라 다릅니다. 유명한 예로서 SSH 서버는 TCP 22번 포트에서 접속을 받습니다. DNS 서버는 TCP 53번 포트와 UDP 53번 포트 양쪽에서 접속을 받습니다.

서버 애플리케이션에 접속하는 클라이언트 애플리케이션은 해당 머신의 미사용 포트 번호를 한 개 선택하여, 접속할 상대의 IP 주소와 포트 번호를 지정해서 통신을 합니다.

이때 '서버 IP 주소와 포트 번호, 클라이언트 IP 주소와 포트 번호'의 페어로 서로 통신 상대가 결정됩니다. 일반적으로 'IP 주소와 포트 번호'의 조합을 '소켓'이라고 부릅니다.

TCP와 UDP의 차이는, 통신을 개시하기 전에 '세션' 확립의 여부에 있습니다. 간단하게 설명하면, UDP에서는 통신할 클라이언트 애플리케이션은 서버 애플리케이션이 동작하고 있는지의 여부를 확인하지 않고 단순하게 IP 주소와 포트 번호를 지정해서 패킷을 전송합니다.

애플리케이션으로부터 응답이 없는 경우, 네트워크 문제인지 애플리케이션 문제인지 구별은 할 수 없습니다. 응답이 없는 경우에 패킷 재전송 처리는 각 애플리케이션에서 구현할 필요가 있습니다.

한편 TCP로 통신하는 경우는 사전에 서버 애플리케이션과 클라이언트 애플리케이션의 세션을 확립합니다. TCP 세션이 확립되면 각각의 전송 패킷에는 '시퀀스 번호'라고 하는 번호가 할당됩니다. 수신 측에서는 몇 번까지 패킷을 수신했는지에 대한 수신 확인 'ACK 패킷'을 전송합니다. 이것에 의해서 패킷이 확실히 수신되었다는 것이 보증됩니다. 또한 일정 시간 'ACK 패킷' 응답을 받지 못한 경우, 같은 패킷을 재전송합니다. 이와 같은 TCP 세션 구조는 리눅스가 제공하는 TCP 레이어 기능을 이용하므로, TCP로 통신하는 애플리케이션은 패킷 재전송 처리를 신경 쓰지 않아도 됩니다.

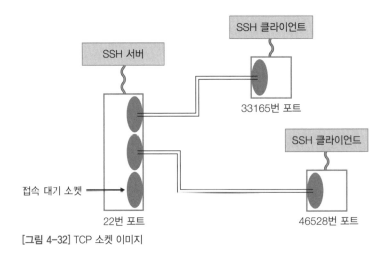

[그림 4-32] TCP 소켓 이미지

TCP 통신에 관한 소켓은 멀티 탭을 이미지화하면 이해하기 쉽습니다(그림 4-32 참고). 서버 포트 번호마다 멀티 탭이 준비되어 있으며 복수의 클라이언트와 접속합니다. 접속 대기를 하고 있는 소켓에 클라이언트가 접속하면 새로운 접속 대기 소켓이 작성됩니다. 서버 애플리케이션은 한 개의 포트 번호로 여러 클라이언트로 부터의 접속을 하며, 클라이언트 애플리케이션은 접속마다 각각의 포트 번호를 준비합니다.

TCP 세션 상태 프로세스

TCP 통신에서는 세션의 확립 상태에 관한 서버 측과 클라이언트 측에 각각의 상태가 존재합니다. 크게 다음 세 가지로 분류할 수 있습니다.

❶ TCP 세션 확립
❷ TCP 데이터 전송
❸ TCP 세션 절단

[그림 4-33]을 보면서 각 상태에 대한 설명을 하겠습니다. 'SYN' 'ACK' 'FIN'은 TCP 소켓 헤더에 포함되는 플러그입니다. 복수의 플러그를 동시에 지정하는 것도 가능합니다.

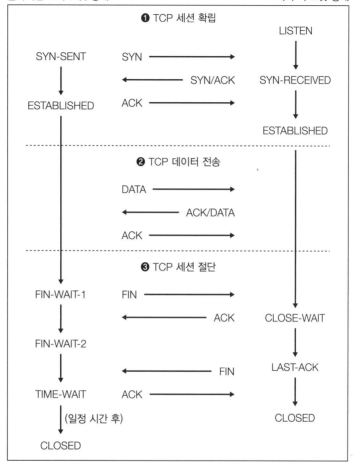

❶ TCP 세션 확립

LISTEN

SYN-SENT　　SYN →

　　　　　　← SYN/ACK　　SYN-RECEIVED

ESTABLISHED　ACK →

　　　　　　　　　　　　　　　ESTABLISHED

❷ TCP 데이터 전송

DATA →

← ACK/DATA

ACK →

❸ TCP 세션 절단

FIN-WAIT-1　FIN →

　　　　　　← ACK　　CLOSE-WAIT

FIN-WAIT-2

　　　　　　← FIN　　LAST-ACK

TIME-WAIT　ACK →

(일정 시간 후)　　　　CLOSED

CLOSED

[그림 4-33] TCP 세션 상태 프로세스

❶의 'TCP 세션 확립'에서는 서버 측 소켓은 'LISTEN' 상태로, 클라이언트로부터의 접속을 기다리고 있습니다. 클라이언트는 SYN 패킷을 전송해서 세션 확립을 요구하면 서버는 수신 확인 SYN/ACK 패킷을 반송합니다. 클라이언트는 다시 수신 확인 ACK 패킷을 보냅니다. 이 세 개의 패킷 교환을 성공하면 TCP 세션이 확립되어 2단계로 진행됩니다. 이때 클라이언트와 서버의 소켓 상태는 'ESTABLISHED'가 됩니다. 세 개의 패킷을 교환하는 것으로부터 '3-way handshake'라고 불립니다.

❷의 'TCP 데이터 전송'에서는 클라이언트와 서버는 이제 데이터 패킷을 보내는 것이 가능합니다. 데이터 패킷을 수신한 측은 수신 확인 ACK 패킷을 반송합니다. 이때 신규 데이터 패킷에 ACK 플러그를 이용하여 수신 확인 및 신규 데이터 패킷의 전송을 겸하는 것도 가능합니다.

❸의 'TCP 접속 절단'에서는 절단을 희망하는 측에서 FIN 패킷을 전송합니다. [그림 4-33]의 예에서는 클라이언트에서 절단을 요구합니다. FIN 패킷을 수신한 측은 수신 확인 ACK 패킷을 반송한 후 자신도 FIN 패킷을 전송합니다. 절단을 희망하는 측이 FIN 패킷을 받아 그에 대한 수신 확인 ACK 패킷을 전송하면 서로 TCP 소켓이 클로즈됩니다. 단 최초에 FIN 패킷을 전송한 측은 마지막에 소켓을 클로즈하기 전에 일정 시간 TIME-WAIT 상태가 됩니다. 이는 상대측이 마지막의 ACK을 수신하지 못하고 FIN 패킷을 재전송할 가능성이 있기 때문입니다.

```
# netstat -nat
Active Internet connections (servers and established)
Proto Recv-Q Send-Q Local Address          Foreign Address        State
tcp       0      0 0.0.0.0:37924           0.0.0.0:*              LISTEN
tcp       0      0 0.0.0.0:111             0.0.0.0:*              LISTEN
tcp       0      0 0.0.0.0:3260            0.0.0.0:*              LISTEN
tcp       0      0.10.7.7.55:46528         10.7.7.56:3260         CLOSE_WAIT
tcp       0      0.10.7.7.55:682           10.7.0.1:2049          ESTABLISHED
tcp       0      0 127.0.0.1:51456         127.0.0.1:22           TIME_WAIT
tcp       0      0 :::80                   :::*                   LISTEN
tcp       0      0 :::22                   :::*                   LISTEN
tcp       0      0 :::3260                 :::*                   LISTEN
tcp       0      0::ffff:10.7.7.55:22      ::ffff:10.7.0.3:33173  ESTABLISHED
```

[그림 4-34] TCP 소켓 상태 확인의 예

리눅스 TCP 세션 상태는 다음 커맨드로 확인합니다. [그림 4-34]는 출력의 예입니다.

```
# netstat -nat
```

'State'가 [그림 4-33]의 '소켓 상태'에 해당됩니다. Local Address와 Foreign Address 는 각 로컬 및 리모트 측의 소켓 'IP 주소 : 포트 번호'입니다. 상태가 LISTEN인 소켓 은 클라이언트의 접속 대기 상태이므로 로컬 소켓만 표시되고 있습니다. 접속 대기 소 켓은 서버가 복수의 IP 주소를 가진 경우에, 특정 IP 주소에 대한 접속만을 받아 들이는 것이 가능합니다. 이와 같은 경우는 Local Address에 접속을 받는 IP 주소가 표시됩니 다. 0.0.0.0:111이나 :::22와 같은 표기는 임의의 IP 주소에 대한 접속을 받는 다는 것을 의미합니다. 마지막 부분(밑에서부터 4개의 행)에 복수의 콜론(:)으로 이루어진 주소는 IPv6 대응 애플리케이션의 경우에 표시되는 IPv6 주소입니다.

클라이언트 사용 포트

소켓 통신에서 사용하는 포트 번호는 0~66535 값을 사용할 수 있습니다. 0~1023 값은 주요 서버 애플리케이션 예약 포트 번호로, Well-Known 포트라고 불립니다. 리눅스에 서는 Well-Known 포트로 접속을 대기하는 프로세스는 root 권한으로 기동할 필요가 있 습니다.

설정 파일 /etc/services에는 애플리케이션명과 포트번호 대응 값이 기록되어 있습니다. [그림 4-34]의 netstat 커맨드로 -n 옵션을 붙이지 않는 경우에는 포트 번호 대신 이 파 일에 기록된 애플리케이션명이 표시됩니다.

클라이언트 애플리케이션이 사용하는 포트 번호는 1024~65535 중에서 선택할 필요가 있습니다. 리눅스에서는 커널 파라미터 net.ipv4.ip_local_port_range에 실제 클라이언트 애플리케이션이 사용할 범위가 지정되어 있습니다. 디폴트로는 32768~61000이 지정되 어 있습니다.

커널 파라미터 변경 방법에 대해서는 6.1에서 설명합니다. 현재의 설정 값은 다음 커맨드 를 사용하면 확인할 수 있습니다.

```
# sysctl -a            => 모든 파라미터를 표시
# sysctl <커널 파라미터> => 지정 파라미터를 표시
```

4.3.2 TCP 세션 타임아웃 시간

TCP 통신에서는 [그림 4-33]과 같이 서버 사이에 교환되는 패킷에 대해 ACK 패킷으로 수신 확인을 진행합니다. 일정 시간 내에 ACK 패킷이 수신되지 않는 경우에는 패킷을 재전송합니다. 일정 횟수의 재전송에 연속해서 실패하면 통신 에러라고 판단하여 통신을 절단합니다. 패킷을 재전송하기까지 기다리는 시간은 RTO^{Retransmission timeout}라고 불리며, 통신 상황에 따라 동적으로 변경하는 것이 IETF 규격으로 결정되어 있습니다. 디폴트 값은 3초이며, 0.2초~120초 사이에서 변합니다. RTO 값은 TCP 세션마다 할당됩니다.

이번에는 [그림 4-33]의 1~3에 대해 RTO의 변화 및 그에 기반한 TCP 세션 타임아웃 시간에 대해서 설명하겠습니다. 애플리케이션 요건에서 타임아웃 시간을 변경하고 싶다는 요구를 받는 경우가 있으므로 타임아웃 시간을 변경하기 위한 커널 파라미터에 대해서도 설명하도록 하겠습니다.

'TCP 세션 확립'에서의 타임아웃

앞서 'TCP 세션 확립'에서는 클라이언트는 SYN 패킷을 전송해서 SYN-SENT 상태로 이동한 후, 수신 측 서버의 SYN/ACK패킷이 반송되는 것을 기다립니다. 이때 RTO는 디폴트 값인 3초이므로, 3초 안에 SYN/ACK 패킷을 수신하지 않으면 다시 SYN 패킷을 전송합니다. SYN 패킷을 재전송할 때마다 RTO는 (최대 값이 120초에 도달할 때까지) 2배로 증가합니다. 최종으로 TCP 세션 확립에 실패했다고 판달할 때까지의 재전송 횟수는 커널 파라미터 'net.ipv4.tcp_syn_retries'에서 지정합니다. 디폴트로는 5가 지정되어 있으므로 [표 4-3]과 같이 TCP 세션 확립에 실패할 때까지 189초가 걸립니다.

접속 측 서버는 SYN 패킷을 수신한 후에 SYN/ACK 패킷을 반송한 후, 클라이언트에서 ACK 패킷이 반송되는 것을 기다립니다. 이때도 마찬가지로 RTO은 디폴트 값이 3초부터 SYN/ACK 패킷 전송시마다 (최대 값 120초에 도달할 때까지) 2배로 증가합니다. TCP 접속의 확립에 실패했다고 판단할 때까지 재전송 횟수는 커널 파라미터 net.ipv4.tcp_synack_retries에서 지정합니다. 디폴트 값은 5입니다.

RTO 값은 유저 레벨에서는 변경 불가능하므로 이들 접속 실패까지의 시간을 변경하고 싶은 경우는 재전송 횟수 커널 파라미터를 변경합니다. 예를 들어 net.ipv4.tcp_syn_retries

의 값을 큰 값으로 변경해 가면, TCP 세션 확립에 실패할 때까지의 시간은 지수적으로 증가합니다. RTO가 최대 값이 120초에 도달했을 때부터는 직선적으로 증가합니다.

또한 서버가 동일 서브넷에 존재하는 경우는 SYN 패킷을 전송하기 전에 ARP 리퀘스트에 의한 MAC 주소를 취득합니다. 여기서 서버의 응답이 없는 경우는 ARP 타임아웃에 의해 접속 에러가 됩니다.

[표 4-3] TCP 세션 확립 타임아웃 시간

시간(초)	RTO	이벤트
0	3	SYN 패킷 전송
3	6	1회째 재전송
9	12	2회째 재전송
21	24	3회째 재전송
45	48	4회째 재전송
93	96	5회째 재전송
189		TCP 접속 에러 발생

'TCP 데이터 전송'에서의 타임아웃

'TCP 데이터 전송'에서는 RTO에 대해서 복잡한 계산이 이루어집니다. IETF 규격에서는 1개의 패킷 수신을 확인(전송한 데이터 패킷에 대한 ACK 패킷을 수신)할 때마다 다음 계산 식으로 RTO를 계산[1]합니다.

❶ RTTVAR ← (3/4) x RTTVAR + (1/4) |SRTT−R|

❷ SRTT ← (7/8) x SRTT + (1/8) x R

❸ RTO ← Max(SRTT + 4 x RTTVAR, 1Sec)

---

1 계산식에 흥미가 없다면 이 부분은 넘어가도 상관없습니다.

R은 데이터 패킷 전송으로 부터 그에 대응하는 ACK 패킷 수신까지의 시간round-trip time 입니다. SRTT는 R의 가중 평균치smoothed mean round-trip time로써 ❷는 최근 R의 값을 1/8로 곱한 값을 더한 것으로 평균치를 수정하고 있습니다. RTTVAR는 |SRTT−R|(SRTT와 R의 오차)의 가중치 평균Variation of RTT로 ❶은 최근 값을 1/4로 곱한 값을 더하는 것으로 평균값을 수정하고 있습니다. 마지막으로 ❸에 의해 RTO는 R의 가중치 평균인 SRTT에 SRTT와 R의 오차 가중치 평균의 4배를 더하는 것으로(단 이것이 1초보다 작은 경우 RTO는 1초가 됨) 결정되어 있습니다. 정리하자면 RTO는 패킷 평균 왕복 시간인 SRTT를 기준으로, 각 패킷에서의 오차(의 4배)를 더해서 보정하고 있습니다.

하지만 이 계산식에는 문제점이 있습니다. 예를 들어 네트워크 부하가 갑자기 감소해서 R이 극단적으로 작아지는 경우 이에 따라 RTO도 작아져야 하지만 실제로는 오차 |SRTT−R|이 갑자기 커지기 때문에 3에서 계산되는 RTO는 커집니다. 리눅스에서는 이 문제를 회피하기 위해서 RTTVAR의 정의와 계산 알고리즘 자체적으로 변경하고 있습니다. 여기서는 상세하게 설명하지는 않겠지만, 크게는 RTTVAR이 증가하는 경우와 감소하는 경우를 각각 다루는 형태가 됩니다. 또한 RTO의 최소 값을 IEFE 규격인 1초보다 작게 하고 있습니다.

그리고 RTO 시간 이내에 패킷의 수신 확인이 불가능한 경우에는 데이터 패킷을 재전송합니다. 이때 RTO의 값은 (최대 값이 120초에 도달하기까지) 2배로 증가합니다. 여기서도 RTO 값은 유저 측에서 변경 불가능하므로 통신 에러가 발생할 때까지의 시간을 조절하는 경우는 커널 파라미터 'net.ipv4.tcp_retries2'에서 재시도 횟수를 지정합니다. 이는 TCP 접속을 절단하기까지의 재전송 횟수로, 디폴트 값은 15입니다. 즉 16회째의 재전송이 되어야 할 타이밍에서 재전송을 포기하고 통신을 절단합니다.

실제로 절단하기까지의 시간은 RTO값에 의존하지만, RTO가 최소 값 0.2초부터 시작된 경우에서 약 15분, 최대 값 120초부터 시작된 경우에서 약 30분에 상당합니다. 이는 [표 4-3]과 같은 계산으로 확인할 수 있습니다. 예를 들어 0.2초부터 시작된 경우의 계산의 예는 [표 4-4]와 같습니다. TCP 접속 에러 발생시간은 924.6초(약 15분)이 됩니다.

[표 4-4] TCP 데이터 전송 타임아웃 시간

시간(초)	RTO	이벤트
0	0.2	최초 데이터 전송
0.2	0.4	1회 재전송
0.6	0.8	2회 재전송
1.4	1.6	3회 재전송
3	3.2	4회 재전송
6.2	6.4	5회 재전송
12.6	12.8	6회 재전송
25.4	25.6	7회 재전송
51	51.2	8회 재전송
102.2	102.4	9회 재전송
204.6	120	10회 재전송
324.5	120	11회 재전송
444.6	120	12회 재전송
564.6	120	13회 재전송
684.6	120	14회 재전송
804.6	120	15회 재전송
924.6		TCP 접속 에러 발생

'TCP 세션 절단'에서의 타임아웃

'TCP 세션 절단'에서는 양쪽 서버가 서로 FIN 패킷과 확인 ACK 패킷을 전송한 후에 소켓을 절단합니다. FIN 패킷을 전송 후 ACK 패킷을 받을 때까지 대기 시간이 RTO에 의해 결정됩니다. RTO 시간 내에 ACK 패킷을 수신 못한 경우는 FIN 패킷을 재전송과 함께 RTO값을 (최대 값이 120초에 도달할 때까지) 2배로 증가시킵니다.

먼저 FIN 패킷을 송신한 측이 ACK 패킷의 수신을 포기하고 소켓을 강제로 클로즈할 때까지의 횟수는 커널 파라미터 'net.ipv4.tcp_orphan_retries'에서 지정합니다. 디폴트는 7로서 RTO에 의해 약 50초에서 16분에 달합니다.

컬럼 | "커널 소스를 읽자"

2장 컬럼에서 언젠가 리눅스 커널 구조를 소스코드 레벨에서 이해하고 싶다고 생각하고 있는 독자도 있을 것이라고 했습니다. 필자의 경우, 실제 업무에서 언제 소스코드를 읽는지를 소개하겠습니다. 자주 있는 패턴은 '어디에도 문서화되어 있지 않은 리눅스 사양을 확인하는 경우'입니다.

Bonding 드라이버 ARP 감시 설명에서 "지정 IP 주소와 통신이 끊기면 장애라고 판단한다"라는 오해를 소개했습니다. 실은 필자도 Bonding 드라이버를 처음 사용했을 때는 같은 오해를 하고 있었습니다.

2006년까지 IBM 서버에 탑재되어 있던 NIC(tg3)에서는 basp 드라이버라는 전용 Teaming 드라이버가 있기 때문에 Bonding 드라이버를 사용할 경우가 없었습니다. basp 드라이버 제공이 종료가 되어 Bonding 드라이버 검증을 시작했지만 블레이드 서버 환경에서 ARP 감시를 설정하면 이상한 현상이 일어났던 것입니다. 섀시에 내장 네트워크 스위치와 외부 네트워크 스위치 사이의 케이블을 빼면 프라이머리 어댑터가 정기적으로 업/다운을 반복해서 액티브 어댑터 전환이 몇 번이고 발생했던 것입니다.

ARP 감시 구조를 바르게 이해한 여러분은 어떤 일이 일어났는지 알 수 있을 것입니다. 우선 블레이드 서버에서 송신하는 APR 요구에 대해서 ARP 응답 패킷이 돌아오지 않으므로 프라이머리 어댑터의 패킷 수신 카운트가 갱신되지 않습니다. 따라서 링크 장애라고 판단되어 액티브 어댑터가 전환됩니다. 그런데 같은 섀시에 탑재된 다른 블레이드 서버가 가끔 ARP 요구 브로드캐스트 패킷을 전송하고 있던 것입니다. 외부 접속 케이블이 절단되어 있어도 이 패킷은 블레이드 내부 네트워크 스위치를 경유해서 모든 블레이드 서버에 도달합니다. 이 패킷으로 수신 카운트가 갱신되어 링크 장애가 복귀한 것이라고 판단한 것입니다.

처음은 이런 원인에 대해 전혀 이해를 못하고 혼자 서버실에서 고민한 끝에 "원래 ARP 감시라는 것이 어떻게 링크 장애를 판단하고 있는가?"라는 궁금증이 생겼고, Bonding 드라이버 소스 코드를 조사하기 시작했습니다. 당시는 이런 기본적인 구조를 설명한 Bonding 드라이버 문서가 없었습니다. 커널 문서에도 설명되어 있지 않았습니다. 소스 코드를 쫓아, 실제 수신 패킷 카운트를 보고 있다는 것을 알았을 때는 "왜 이런 기본적인 것을 커널 문서에 쓰지 않는가"라고 생각하며 기운이 쏙 빠지던 기억이 있습니다. 여기까지 이해하면 다음은 tcpdump 커맨드 등으로 서버가 수신하는 패킷을 조사해서 금방 블레이드 서버로부터 브로드캐스트가 원인이라고 알 수 있는 것은 간단했습니다. 결국 문제는 본문에 소개한 트렁크 페일 오버 기능으로 해결했습니다.

소스코드를 읽고 있으면 개발자가 어떤 것을 생각해서 구현했는지를 상상할 수 있어 재미있는 경우도 있습니다. RTO 계산 설명의 부분에서 이 계산식에는 문제가 있다고 설명했지만, 실은 소스코드에도 같은 주석이 달려있습니다. 굉장히 직설적인 주석으로서 개발자의 인간미가 느껴지는 부분입니다.

```
/*     The following amusing code comes from Jacobson's
 *     article in SIGCOMM '88. Note that rtt and mdev
 *     are scaled versions of rtt and mean deviation.
 *     This is designed to be as fast as possible
 *     m stands for "measurement".
 *
 *     On a 1990 paper the rto value is changed to:
 *     RTO = rtt + 4 * mdev
 *
 * Funny. This algorithm seems to be very broken.
 * These formulae increase RTO, when it should be decreased,
   increase
 * too slowly, when it should be increased fastly, decrease
   too fastly
 * etc. I guess in BSD RTO takes ONE value, so that it is
   absolutely
 * does not matter how to _calculate_ it. Seems, it was trap
 * that VJ failed to avoid. 8)
 */
```

또한 TCP 패킷 재전송마다에 RTO가 2배로 증가하지만 이 처리를 하는 부분의 소스코드에는 다음의 주석이 쓰여있습니다. RTO 최대 값은 120초이지만 "화성과 통신하기 위해서는 이것으로는 부족하다"라고 말하고 있습니다.

```
/* Increase the timeout each time we retransmit. Note that
 * we do not increase the rtt estimate. Rto is initialized
 * from rtt, but increase here. Jacobson (SIGCOMM 88) suggests
 * that doubling rto each time is the least we can get away
   with.
 * In KA9Q, Karan uses this for the first few times, and then
 * goes clamps at 1 to 64 sec afterwards. Note that 120sec is
 * defined in the protocol as the maximum possible RTT. I guess
 * we'll have to use something other than TCP to talk to the
 * University of Mars.
 *
 * PAWS allows us longer timeouts and large windows, so once
 * implemented ftp to mars will work nicely. We will have to fix
 * the 120 second clamps though!
 */
```

4.3.3 이용 가능한 소켓 수의 제한

인터넷에 공개된 웹 서버 등 다수의 네트워크 접속이 발생하는 시스템에서는 서버에서 동시에 이용할 수 있는 소켓 수가 제한이 있어서, 그 이상 클라이언트 접속을 받을 수 없는 경우가 있습니다. 이와 같은 제한 값을 정하는 파라미터에는 프로세스마다 설정되는 '파일 디스크립터 값'의 제한과 서버 전체에서 설정되는 '파일 오브젝트 값'의 제한이 있습니다. 여기서는 이런 파라미터의 변경 방법을 설명합니다.

파일 디스크립트 값의 제한

리눅스에서는 각 프로세스가 동시에 오픈 가능한 파일 갯수를 ulimit에 의해 제한하는 기능을 가지고 있습니다. 이는 정확하게는 각 프로세스가 사용할 수 있는 파일 디스크립터 값의 제한입니다.

파일 디스크립터는 리눅스 커널이 관리하는 각 프로세스가 오픈하고 있는 파일을 식별하는 라벨입니다. 리눅스에서는 가상 파일시스템 기능을 이용해 물리 디스크상의 파일 외에도 표준 입출력이나 TCP 소켓 등의 리소스 역시 파일로 다룹니다. 즉 이들 리소스를 사용할 때도 파일 디스크립터가 필요합니다. 따라서 HTTP 데몬 등 네트워크 통신을 이용하는 프로세스에서는 ulimit에 의한 파일 디스크립터 값의 제한으로 동시 접속 가능한 클라이언트 수를 제한하는 경우가 있습니다. 다수의 네트워크 접속이 예상되는 시스템에서는 ulimit로 파일 디스크립터 값을 제한할 필요가 있습니다. 설정 가능한 최대 값은 1048576입니다.

파일 디스크립터 값의 제한 값을 변경하는 방법은 다양하므로 목적에 따라 선택합니다. 사용할 애플리케이션에서 변경 방법이 지정되어 있는 경우도 있으므로 각 애플리케이션 문서 역시 확인하도록 합시다.

```
*          hard      nofile      60000
*          soft      nofile      2000
```

[그림 4-35] /etc/security/limits.conf의 설정 예

우선 유저의 로그인 쉘에 대한 설정은 설정 파일 /etc/security/limits.conf에 [그림
4-35]의 내용을 설정합니다. soft(소프트 리밋)가 실제 제한 값이고, hard(하드 리밋)는
각 유저가 ulimit 커맨드 변경 시 변경 가능한 상한 값입니다. 소프트 리밋과 하드 리밋에
대해서는 5.1에서 설명합니다.

기동 중의 쉘의 실제 설정 값은 다음 커맨드로 확인할 수 있습니다. 각각 소프트 리밋과
하드 리밋을 표시합니다.

```
# ulimit -Sn
# ulimit -Hn
```

이 쉘에서 기동한 프로세스는 해당 설정 값을 상속합니다. 또한 각 유저는 로그인 쉘에서
ulimt 커맨드로 설정 값을 변경할 수 있습니다. 다음 커맨드는 소프트 리밋을 변경하는
예입니다.

```
# ulimit -Sn 4000
```

단 하드 리밋을 넘는 값을 지정할 수는 없습니다. 다음 커맨드는 하드 리밋을 변경하는
예입니다. root 유저 이외에는 하드 리밋 값을 증가시키는 것은 불가능하지만, 감소시키
는 것은 가능합니다.

```
# ulimit -Hn 10000
```

다음 커맨드는 소프트 리밋과 하드 리밋을 동시에 변경하는 예입니다.

```
# ulimit -n 4000
```

유저 로그인 쉘 외에, 서버 기동 시에 자동 시작되는 프로세스에 대한 설정은 /etc/iniscript에 [그림 4-35]의 내용으로 설정합니다. /etc/initscript가 사전에 존재하는 경우는 ulimit의 행의 마지막 exec의 앞에 추가합니다. 이것에 의해 init에서 기동되는 모든 프로세스에 대해서 여기에 설정된 ulimit이 적용됩니다. ulimit 커맨드의 의미는 앞서 설명했습니다. initscript의 상세에 대해서는 매뉴얼 페이지(man 커맨드)를 참조하세요. init 구조는 5.1에서 설명합니다.

```
Ulimit -Hn 60000
Ulimit -Sn 2000
Eval exec "$4"
```

[그림 4-36] /etc/initscripts 설정의 예

마지막으로 서버 전용의 기동 쉘 스크립트를 가진 프로그램에 설정하는 경우는 앞선 설명한 ulimit 커맨드를 기동 쉘 스크립트에 추가합니다. 기동 쉘 스크립트가 root 이외의 유저에서 기동되는 경우는 하드 리밋 증가에 대한 설정이 불가능하므로, 하드 리밋 증가가 필요한 경우는 /etc/initscript를 이용하던지, 기동 쉘 스크립트 자신을 기동시키는 root 유저 권한 스크립트를 준비하여, 그곳에 하드 리밋을 증가시키는 등의 방법을 이용하도록 합니다.

각 프로세스가 사용 중인 파일 디스크립터를 확인하기 위해서는, 프로세스 ID를 〈pid〉로서 다음 커맨드를 실행합니다.

```
# ls -l /proc/<pid>/fd
```

이 프로세스가 사용 중인 파일 디스크립터와 거기에 대응하는 파일 리스트가 표시됩니다. 파일 디스크립터 번호 0,1,2는 표준 입출력 오픈에 사용됩니다. [그림 4-37]의 예에서는 표준 입출력은 모두 /dev/null로 리다이렉트되고 있다는 것을 알 수 있으며 3,4,5는 소켓 통신에 사용되고 있습니다.

```
# ls ?l /proc/11800/fd
Total 0
Lrwx------   1 root   root      64 Oct 27 11:04 0 -> /dev/null
Lrwx------   1 root   root      64 Oct 27 11:04 1 -> /dev/null
Lrwx------   1 root   root      64 Oct 27 11:04 2 -> /dev/null
Lrwx------   1 root   root      64 Oct 27 11:04 3 -> /socket:[21077]
Lrwx------   1 root   root      64 Oct 27 11:04 4 -> / socket:[21082]
Lrwx------   1 root   root      64 Oct 27 11:04 5 -> / socket:[21083]
```

[그림 4-37] 사용 중인 파일 디스크립터 확인 예

파일 오브젝트 값의 제한

앞서 설명했듯이 리눅스에서는 가상 파일시스템 기능에 의해 다양한 시스템 리소스를 가상적인 파일로 다룹니다. 리눅스 커널은 내부적으로 파일 오브젝트라고 불리는 변수를 준비해서 이와 같은 가상 파일 정보를 저장합니다. 이때 유저 프로세스가 무작위로 파일을 오픈하거나 너무 자주 네트워크 접속을 하거나 하면, 커널이 사용하는 파일 오브젝트가 증가하므로 결국 시스템 메모리 부족을 초래합니다.

파일 디스크립터 값의 제한은 이와 같은 트러블을 막기 위한 것이지만, 리눅스에서는 각 프로세스 파일 디스크립터 값 외에 시스템 전체에서 사용 가능한 파일 오브젝트 값에도 제한을 할 수 있도록 하고 있습니다. 파일 오브젝트 값의 제한은 커널 파라미터 fs.file-max에서 설정합니다. 설정 가능한 최대 값은 1073741823이지만, 시스템 메모리 부족을 보호하기 위한 파라미터이므로 극단적으로 큰 값을 설정하는 것은 피하도록 합시다.

디폴트 값은 서버에 탑재된 물리 메모리 용량에 따라 결정됩니다. 현재의 설정 값은 다음 커맨드로 확인합니다.

```
# sysctl fs.file-max
```

커널이 실제로 사용하고 있는 (메모리를 할당하고 있는) 파일 오브젝트 값은 다음 커맨드로 확인합니다. 3개의 값이 표시되지만 처음 값이 사용 중인 파일 오브젝트 값입니다.

```
# sysctl fs.file-nr
```

Chapter **5**

리눅스 내부 구조

프로세스 관리

5.1.1 프로세스 시그널과 프로세스 상태 변화

애플리케이션에 문제가 발생한 경우, 프로세스 실행 상태를 확인해야 하는 경우가 있습니다. 이번에는 프로세스 시그널 및 프로세스 상태 변화 등 프로세스 관리의 기본 내용을 설명하도록 하겠습니다.

프로세스 시그널

리눅스에서는 실행 중인 프로세스에 대해 '프로세스 시그널'을 보내 프로세스 동작을 제어할 수 있습니다. 유저가 kill 커맨드로 시그널을 보내는 경우와 실행 중인 프로세스가 kill() 시스템 콜을 이용해서 다른 프로세스에 시그널을 보내는 경우가 있습니다. [표 5-1]은 리눅스의 주요 프로세스 시그널입니다.

예를 들어 로그인 쉘에서 많은 시간을 소비하는 커맨드를 실행한 경우, Ctrl + C 로 해당 커맨드를 종료하는 것이 가능합니다. 이는 로그인 쉘 프로세스가 실행 중인 커맨드 프로세스에게 INT 시그널을 보내는 것입니다. 마찬가지로 Ctrl + Z 로는 STOP 시그널이 전송되며 프로세스를 일시정지시킵니다. fg 커맨드 또는 bg 커맨드를 이용하여 프로세스를 재개하는 경우는 CONT 시그널이 전송됩니다.

실행 중인 프로세스의 프로그램 안에서 '시그널 핸들러'라고 불리는 서브 루틴이 정의되어 있는 경우가 있습니다. 이런 경우 시그널을 받은 프로세스는 [표 5-1]의 '디폴트 처리' 대신 해당 프로그램이 구현한 시그널 핸들러를 실행합니다. 예를 들어 TERM 시그널을 받은 경우, 프로세스 안에서 필요한 처리를 우선 실시하게 한 후, 종료시키는 등의 사용법을 이용할 수 있습니다. 또는 HUP 시그널에 대해서 설정 파일을 다시 읽도록 하는 시그널 핸들러를 준비해 두면, 프로세스를 정지하지 않고서 설정 파일 변경을 반영시키는 것도 가능합니다.

다만 [표 5-1]의 KILL 시그널과 STOP 시그널은 프로그래머가 프로그램 코드에서 자유롭게 핸들링할 수 없습니다. 이 시그널을 받은 프로세스는 반드시 디폴트 처리를 실행합니다.

kill 커맨드로 시그널을 보내는 경우, 시그널명(또는 시그널 번호)과 '프로세스 ID'를 지정합니다. 다음 두 개의 커맨드는 프로세스 ID가 3382인 프로세스에 HUP 시그널을 보냅니다.

```
# kill -HUP 3382
# kill -1 3382                        .
```

프로세스 ID는 ps 커맨드로 확인할 수 있습니다. ps 커맨드는 옵션에 따라 다양한 정보가 표시됩니다. 보통은 다음의 옵션을 이용하곤 합니다. 여기서 'PID'는 프로세스 ID를 나타냅니다.

```
# ps -ef
# ps aux
```

```
#ps -ef
UID        PID  PPID  C STIME TTY       TIME CMD
root          1     0  1 23:54 ?     00:00:02 init [5]
root          2     1  0 23:54 ?     00:00:00 [migration/0]
root          3     1  0 23:54 ?     00:00:00 [ksoftirqd/0]
root          4     1  0 23:54 ?     00:00:00 [watchdog/0]
root          5     1  0 23:54 ?     00:00:00 [events/0]
root          6     1  0 23:54 ?     00:00:00 [khelper]
------(중략)-----------
root          7     1  0 23:54 ?     00:00:00 [kthread]
root         10     7  0 23:54 ?     00:00:00 [kblockd/0]
```

```
root          11      7  0 23:54 ?          00:00:00 [kacpid]
root         175      7  0 23:54 ?          00:00:00 [cqueue/0]
root         178      7  0 23:54 ?          00:00:00 [khubd]
root         180      7  0 23:54 ?          00:00:00 [kseriod]
root         243      7  0 23:54 ?          00:00:00 [pdflush]
root        3630      1  0 23:56 ?          00:00:00 /usr/sbin/sdpd
root        3654      1  0 23:56 ?          00:00:00 [krfcommd]
root        3691      1  0 23:56 ?          00:00:00 pcscd
root        3701      1  0 23:56 ?          00:00:00 /usr/sbin/acpid
68          3714      1  1 23:56 ?          00:00:02 hald
root        3715   3714  0 23:56 ?          00:00:00 hald-runner
68          3724   3715  0 23:56 ?          00:00:00 hald-addon-acpi: listening on ac
68          3730   3715  0 23:56 ?          00:00:00 hald-addon-keyboard: listening o
root        3739   3715  0 23:56 ?          00:00:00 hald-addon-storage: polling /dev
root        3758      1  0 23:56 ?          00:00:00 /usr/bin/hidd --server
root        3836      1  0 23:56 ?          00:00:00 automount
root        3856      1  0 23:56 ?          00:00:00 /usr/sbin/sshd
root        3878      1  0 23:56 ?          00:00:00 sendmail: accepting connections
smmsp       3887      1  0 23:56 ?          00:00:00 sendmail: Queue runner@01:00:00
```

[그림 5-1] 'ps -ef' 출력의 예

```
# ps aux
USER       PID %CPU %MEM    VSZ   RSS TTY      STAT START   TIME COMMAND
root         1  0.5  0.0   2068   628 ?        Ss   Oct13   0:02 init [5]
root         2  0.0  0.0      0     0 ?        S<   Oct13   0:00 [migration/0]
root         3  0.0  0.0      0     0 ?        SN   Oct13   0:00 [ksoftirqd/0]
root         4  0.0  0.0      0     0 ?        S<   Oct13   0:00 [watchdog/0]
root         5  0.0  0.0      0     0 ?        S<   Oct13   0:00 [events/0]
root         6  0.0  0.0      0     0 ?        S<   Oct13   0:00 [khelper]
root         7  0.0  0.0      0     0 ?        S<   Oct13   0:00 [kthread]
---------(중략)---------
root        10  0.0  0.0      0     0 ?        S<   Oct13   0:00 [kblockd/0]
root        11  0.0  0.0      0     0 ?        S<   Oct13   0:00 [kacpid]
root       175  0.0  0.0      0     0 ?        S<   Oct13   0:00 [cqueue/0]
root       178  0.0  0.0      0     0 ?        S<   Oct13   0:00 [khubd]
root       180  0.0  0.0      0     0 ?        S<   Oct13   0:00 [kseriod]
root       243  0.0  0.0      0     0 ?        S    Oct13   0:00 [pdflush]
root      3654  0.0  0.0      0     0 ?        S<   Oct13   0:00 [krfcommd]
root      3691  0.0  0.1  33216  1312 ?        Ssl  Oct13   0:00 pcscd
```

```
root    3701  0.0  0.0  1672   536  ?     Ss   Oct13  0:00 /usr/sbin/acpid
68      3714  0.6  0.4  6384  4360  ?     Ss   Oct13  0:02 hald
root    3715  0.0  0.0  3156   988  ?     S    Oct13  0:00 hald-runner
68      3724  0.0  0.0  2016   812  ?     S    Oct13  0:00 hald-addon-acpi
68      3730  0.0  0.0  2016   800  ?     S    Oct13  0:00 hald-addon-keyb
root    3739  0.0  0.0  1972   636  ?     S    Oct13  0:00 hald-addon-stor
root    3758  0.0  0.0  1912   452  ?     Ss   Oct13  0:00 /usr/bin/hidd -
root    3836  0.0  0.1  29288 1356  ?     Ssl  Oct13  0:00 automount
root    3856  0.0  0.0  7076  1032  ?     Ss   Oct13  0:00 /usr/sbin/sshd
root    3878  0.0  0.1  9308  1688  ?     Ss   Oct13  0:00 sendmail: accep
smmsp   3887  0.0  0.1  8148  1484  ?     Ss   Oct13  0:00 sendmail: Queue
```

[그림 5-2] 'ps aux' 출력의 예

[그림 5-1]과 [그림 5-2]에서 긴 명령어의 경우에 화면에 전부 표시되지 않는 경우가 있습니다. 이런 경우에 옵션 뒤에 'ww'를 추가하면 모두 표시되는 것을 확인할 수 있습니다.

```
# ps -efww
# ps auxww
```

프로세스를 강제로 정지하고 싶은 경우 'kill −9'(KILL 시그널)을 사용하는 경우가 자주 있습니다. 이는 프로그래머가 구현한 프로세스 핸들러를 무시하고 프로세스를 강제 종료합니다. 'kill −15'(TERM 시그널)은 종료 처리를 위한 프로세스 핸들러가 구현되어 있다면 반드시 그것을 실행하고 종료합니다. 사실상 이를 이용하는 것[1]이 좋습니다.

[표 5-1] 리눅스 주요 프로세스 시그널

시그널명	시그널 번호	디폴트 처리
HUP	1	프로세스 재시작
INT	2	프로세스 종료(일반 종료)
KILL	9	프로세스 종료(강제 종료)
QUIT	3	프로세스 종료(core 덤프)

---

1 여담입니다만 'Kill Dash Nine(kill −9)'이라는 랩이 있습니다. 이 가사가 이해된다면 프로세스 관리의 이해는 별 것 아닐지도 모르겠네요?! http://www.monzy.com/intro/killdashnine_lyrics.html

시그널명	시그널 번호	디폴트 처리
TERM	15	프로세스 종료(일반 종료)
STOP	19	프로세스 일시 정지
CONT	18	프로세스 일시 정지로부터 복귀
CHLD	17	자식 프로세스 종료 통지

프로세스 상태 변화

리눅스 프로세스는 반드시 부모 프로세스로부터 포크(fork/분기)된 자식 프로세스의 형태로 생성됩니다. 예를 들어 로그인 쉘에서 실행한 커맨드 프로세스는 로그인 쉘 프로세스에서 포크됩니다. 부모 프로세스를 갖지 않는 유일한 프로세스는 프로세스 ID가 1인 init 프로세스입니다. 리눅스가 기동하면 커널은 가장 먼저 init을 기동하고, 그 외의 프로세스는 init에서 포크하는 구조입니다. init에 의한 프로세스 기동 처리는 이후에 설명하도록 하겠습니다.

[그림 5-1]의 'PPID'는 부모 프로세스 ID를 나타내며, 부모 프로세스를 갖지 않는 init의 PPID는 0입니다. 자식 프로세스보다 먼저 부모 프로세스가 종료한 경우는 init이 새로운 부모 프로세스가 됩니다. 다음 커맨드로 init을 기점으로 하는 프로세스 관계 트리를 볼 수 있습니다.

```
#pstree
```

ps 커맨드의 'CMD' 또는 'COMMAND' 열에 표시되는, 예를 들어 [kjournald]와 같이 각 괄호로 둘러싸여 있는 프로세스는 일반적인 프로세스가 아닙니다. 이는 커널이 생성한 [커널 스레드]로 커널 처리의 일부를 실행하는 프로세스입니다. 커널과 같은 권한으로 동작하기 때문에 프로세스 시그널로 조작할 수 없습니다.

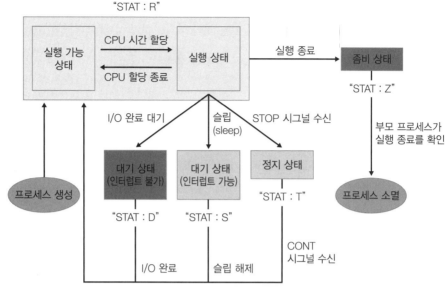

[그림 5-3] 프로세스 상태 변화

부모 프로세스로부터 포크된 프로세스는 [그림 5-3]과 같이 다양한 상태로 변화합니다. [그림 5-3]의 STAT 기호는 [그림 5-2]의 STAT 열의 (R, D, S, T, Z)를 나타냅니다. 이 상태의 설명은 [표 5-2]에 정리해 두었습니다.

'R(실행 가능 상태/ 실행 상태)'은 프로세스에게 CPU 시간이 할당되어 실행되고 있는 상태입니다. 엄밀히 따지면 여러 프로세스가 정해진 순서에 따라 CPU를 사용하기 때문에, 실제 CPU를 사용하고 있는 상태(실행 상태)와 CPU 할당 대기 상태(실행 가능 상태)가 있습니다. ps 커맨드에서는 이 두 상태를 모두 R로 표시합니다.

'D(인터럽트 불가 대기 상태)'는 프로세스에서 디스크 액세스에 대한 명령을 내린 후, 디스크 I/O가 완료될 때까지 기다리고 있는 상태입니다. 이 상태의 프로세스가 다수 존재하는 경우, 시스템 전체에서 디스크 I/O 부하가 높아질 가능성이 있습니다. 또한 이 상태의 프로세스는 시그널에 의한 강제 종료가 불가능합니다. 디바이스 드라이버의 장애로 I/O 처리가 완료되지 못한 상태에서, 심지어 에러 상태로도 변경되지 않는 경우에 'D' 상태인 프로세스가 징지되지 않고서 분세가 뇌는 경우가 있습니다. 이와 같은 경우에는 사실상 시스템을 재부팅하는 수밖에 없습니다.

'S(인터럽트 가능 대기 상태)'는 프로그램이 스스로 슬립sleep된 상태입니다. 웹 서버 프로세스가 클라이언트의 액세스를 대기하고 있는 것과 마찬가지인 상태입니다.

'T(정지 상태)'는 STOP 시그널에 의해 일시 정지인 상태입니다. CONT 시그널을 보내면 프로세스는 실행 상태로 돌아옵니다.

마지막으로 'Z(좀비 상태)'는 프로그램 실행이 종료된 상태입니다. 실행을 완료한 프로세스는 부모 프로세스에 CHLD 시그널을 보내고 이 상태로 정지합니다. 그후 CHLD 시그널을 받은 부모 프로세스가 자식 프로세스의 완료 확인 처리를 하면, 이 프로세스는 완전히 소멸됩니다. 부모 프로세스가 이상이 있어 CHLD 시그널을 제대로 받지 못한 경우, 좀비 상태의 프로세스는 그대로 남게 됩니다. 좀비 상태 프로세스는 ps 커맨드에서 프로세스명 뒤에 〈defunct〉라고 표시됩니다. 장시간 좀비 상태인 프로세스가 발견된 경우, 부모 프로세스에 어떤 이상이 있을 가능성이 있습니다.

[표 5-2] 프로세스 상태

기호	의미	설명
R	실행 가능 상태/실행 상태	CPU 사용 중
D	인터럽트 불가 대기 상태	디스크 I/O 완료 대기
S	인터럽트 가능 대기 상태	프로그램 지시로 자발적인 슬립 상태
T	정지 상태	STOP 시그널로 일시 정지하고 있음
Z	좀비 상태	실행 종료 후, 부모 프로세스에 의한 종료 확인 대기 상태

프로세스 우선순위와 Nice 레벨

'R(실행 가능 상태/실행 상태)' 프로세스는 순서대로 CPU 시간을 할당받아 실행됩니다. 이때 각 프로세스에 할당될 CPU 시간을 관리하기 위해 내부적으로 우선순위가 설정됩니다. 프로세스에 부여된 값이 작을수록 우선순위가 높고 CPU 할당 시간이 길어집니다.

프로세스 우선순위는 프로세스 실행 상황에 따라 커널이 자동으로 조절하므로 유저 레벨에서는 변경할 수 없습니다. 하지만 프로세스의 'Nice 레벨'로 우선순위를 조절하는 것은 가능합니다. Nice 레벨의 범위는 −20~19(−20이 우선순위가 가장 높음)으로 디폴트는 0입니다.

프로세스 시작 시 nice 커맨드로 Nice 레벨을 지정합니다. 또한 renice 커맨드로 실행 중의 프로세스 Nice 레벨을 변경하는 것도 가능합니다. 다음 예에서는 커맨드 'gzip data. txt'를 Nice 레벨 −5로 실행하고, PID가 2200인 프로세스의 Nice 레벨을 10으로 변경하고 있습니다.

```
# nice -n -5 gzip data.txt
# renice 10 2200
```

일반 유저로는 기동 시의 Nice 레벨에 마이너스 값을 지정하는 것이 불가능하고, renice 커맨드로는 자신이 기동한 프로세스에 대한 Nice 레벨을 높이는(우선순위를 낮추는)것밖에 할 수 없습니다.

5.1.2 프로세스 리소스 제한

리눅스에서는 각 프로세스가 이용 가능한 다양한 리소스에 제한이 걸려 있습니다. 대량의 리소스를 소비하는 애플리케이션을 실행하는 경우나 여러 유저가 액세스하는 환경에서는 이런 리소스 제한에도 주의를 기울일 필요가 있습니다.

다음 커맨드를 이용하여 로그인 중의 유저에 대한 현재 설정을 확인할 수 있습니다. 이 유저가 실행한 프로세스에 다음과 같은 제한이 걸려 있습니다.

```
# ulimit -Ha => 현재 하드 리밋 표시
# ulimit -Sa => 현재 소프트 리밋 표시
```

각 리소스 제한 값에는 soft limit과 hard limit 두 종류의 값이 있습니다. soft limit은 현재 유효한 제한 값입니다. hard limit의 값을 넘지 않는 범위에서 변경하는 것이 가능합니다. hard limit은 soft limit이 변경 가능한 상한이 됩니다. 일반 유저는 hard limit 값은 감소시키는 것은 가능하지만 증가시키는 것은 불가능합니다. Root 유저는 hard limit을 증가시킬 수 있습니다. [그림 5-4]는 soft limit의 값을 확인하는 예입니다.

```
core file size          (blocks, -c) 0
data seg size           (kbytes, -d) unlimited
scheduling priority            (-e) 0
file size               (blocks, -f) unlimited
pending signals                (-i) 16384
max locked memory       (kbytes, -l) 32
max memory size         (kbytes, -m) unlimited
open files                     (-n) 1024
pipe size            (512 bytes, -p) 8
POSIX message queues     (bytes, -q) 819200
real-time priority             (-r) 0
stack size              (kbytes, -s) 10240
cpu time               (seconds, -t) unlimited
max user processes             (-u) 16384
virtual memory          (kbytes, -v) unlimited
file locks                     (-x) unlimited
```

[그림 5-4] ulimit에 의한 리소스 제한 확인의 예

특히 주의가 필요한 설정은 다음과 같습니다.

'core file size'는 QUIT 시그널을 받아 종료했을 때 작성하는 코어 덤프의 파일 사이즈를 제한[2]합니다. 단위는 KB입니다. 0인 경우는 코어 덤프를 작성하지 않습니다.

'file size'는 프로세스가 작성 가능한 파일 사이즈를 제한합니다. 이 제한을 초과하면 "File size limit exceeded" 에러가 발생합니다.

'open file'은 프로세스가 동시에 오픈 가능한 파일 수를 제한합니다. 이 값은 4.3에서 설명한 파일 디스크립터 수의 상한 값입니다.

'max user processes'는 해당 유저가 기동시킬 수 있는 프로세스의 수를 제한합니다. 프로세스에 대한 제한이 아닌 유저에 대한 제한입니다.

이 설정 값들은 ulimit 커맨드로 변경합니다. [그림 5-4]에 표시된 옵션으로 항목을 지정합니다. 다음의 예는 'core file size'를 hard limit 2048KB, soft limit 1024KB로 설정하는 예입니다. 옵션에 'H, S'를 지정하지 않는 경우에는 하드 리밋과 소프트 리밋에 같은

---

2 코어 덤프는 실행 중인 프로세스의 메모리 내용을 파일로 씁니다. 프로세스가 이상 종료한 경우 문제 판별에 사용합니다. 코어 덤프 취득 방법은 6.1에서 설명합니다.

값이 설정됩니다.

```
# ulimit -Hc 2048
# ulimit -Sc 1024
```

로그인 유저의 디폴트 설정 값은 /etc/security/limits.conf에 설정되어 있습니다. [그림 5-5]의 예에서는 유저 'ftp'의 'max user processes'를 hard limit 2048, soft limit 1024 로 설정하고 있습니다. 설정 파일 안의 코멘트에 설정 방법에 대한 상세한 설명이 있으므로 참고하도록 합시다. 또한 'core file size'은 [그림 5-6]과 같이 로그인 프로필 /etc/profile에서 명시적으로 0으로 설정하고 있습니다. /etc/security/limits.conf에서 'core file size(core)'를 설정하는 경우는 /etc/profile의 해당 부분을 주석 처리하면 됩니다.

```
ftp        hard    nproc     2048
ftp        soft    nproc     1024
```

[그림 5-5] /etc/security/limits.conf 설정의 예

```
# No core files by default
Ulimit ?S ?c 0 > /dev/null 2>&1
```

[그림 5-6] /etc/profile core file size 설정 부분

로그인 중 유저에 대한 설정 외에도 서버 기동 시 자동으로 기동하는 프로세스에 대한 리소스를 제한하고 싶은 경우가 있습니다. 이런 경우는 4.3에서 설명한 /etc/initscript에 ulimit을 설정하는 방법을 이용하도록 합시다.

5.1.3 init에 의한 프로세스 기동

리눅스가 기동하면 가장 처음 기동되는 프로세스가 init입니다. init 실행 파일은 /sbin/init 입니다. init은 /etc/inittab에 설정되어 있는 프로세스들을 시작합니다. 서버 부팅 후 자동으로 시작하는 프로세스는 기본적으로 여기에서 기동됩니다.

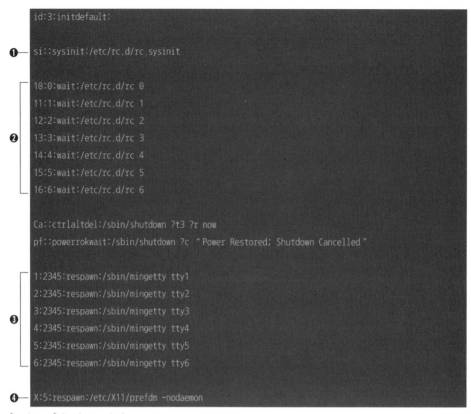

```
id:3:initdefault:

❶ — si::sysinit:/etc/rc.d/rc.sysinit

    ┌ l0:0:wait:/etc/rc.d/rc 0
    │ l1:1:wait:/etc/rc.d/rc 1
    │ l2:2:wait:/etc/rc.d/rc 2
❷ ┤ l3:3:wait:/etc/rc.d/rc 3
    │ l4:4:wait:/etc/rc.d/rc 4
    │ l5:5:wait:/etc/rc.d/rc 5
    └ l6:6:wait:/etc/rc.d/rc 6

    Ca::ctrlaltdel:/sbin/shutdown ?t3 ?r now
    pf::powerrokwait:/sbin/shutdown ?c "Power Restored; Shutdown Cancelled"

    ┌ 1:2345:respawn:/sbin/mingetty tty1
    │ 2:2345:respawn:/sbin/mingetty tty2
    │ 3:2345:respawn:/sbin/mingetty tty3
❸ ┤ 4:2345:respawn:/sbin/mingetty tty4
    │ 5:2345:respawn:/sbin/mingetty tty5
    └ 6:2345:respawn:/sbin/mingetty tty6

❹ — X:5:respawn:/etc/X11/prefdm -nodaemon
```

[그림 5-7] /etc/inittab의 예

[그림 5-7]은 Red Hat Enterprise Linux 5.5 디폴트 /etc/inittab 설정의 예입니다. 첫 행의 'id:3:initdefault:'는 디폴트 런레벨을 지정하는 엔트리입니다. 런레벨은 1.3을 참조하도록 합시다. 이 테이블의 값들은 일반적으로 다음과 같은 형식을 갖습니다.

```
id:runlevels:action:process
```

각 항목에 대한 설명은 [표 5-3]과 [표 5-4]에 정리해 두었습니다. 그럼 [그림 5-7]의 주요 엔트리에 대해 설명하도록 하겠습니다. 1은 시스템 기동 시 초기 설정 스크립트 /etc/rc.d/rc.sysinit을 실행합니다. 이 안에서 파일시스템 fsck 커맨드에 의해 체크와 마운트 처리가 실행됩니다. 2는 스크립트 /etc/rc.d/rc에 의해 기동 시 런레벨에 따른 서비스를 시작합니다. chkconfig 커맨드로 설정한 서비스는 여기에서 기동됩니다. 3은 콘솔로부터 로그인을 받는 프로세스 'mingetty'를 기동합니다. 마지막으로 4는 런레벨 5의 경우에 GUI 로그인 화면을 기동합니다.

특히 migetty는 action에 respawn이 지정되어 있습니다. 이는 유저가 로그아웃을 하면 migetty 프로세스가 종료되기 때문에, 다시 migetty를 시작하도록 하기 위한 것입니다.

시작한 후 바로 종료하는 커맨드를 오해해서 respawn을 지정하면 같은 커맨드가 몇 번이고 실행됩니다. 단시간에 몇 번의 재실행이 발생한 경우, init은 시스템 콘솔 및 시스템 로그에 다음과 같은 메시지를 표시하고 5분간 재실행을 정지합니다.

```
# init : Id "date" respawning too fast : disabled for 5 minutes
```

다음 방법으로 테스트를 해볼 수 있습니다. 우선 /etc/initab의 마지막에 다음 행을 추가합니다.

```
date::35::respawn:/bin/date >> /tmp/tmp0
```

다음 커맨드로 /etc/inittab 변경을 init에 통지합니다.

```
# telinit q
```

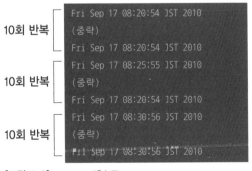

[그림 5-8] respawn 테스트

파일 /tmp/tmp0에 출력된 타임 스탬프로부터 반복된 모습을 확인할 수 있습니다. [그림 5-8]의 결과를 보면 재실행이 1초에 10번 반복되면 5분간 정지하는 것을 확인할 수 있습니다. 테스트를 마치면 /etc/inittab을 원상태로 하고, 다시 'telinit q'로 변경을 통지하도록 합시다.

[표 5-3] /etc/inittab의 설정 항목

항목	설명
id	각 엔트리를 구별하는 식별자(4문자 이내)
runlevels	이 프로세스를 기동하는 런레벨(복수 지정)
action	기동시 액션(표 5-4 참조)
process	실행할 프로세스(Full Path)

[표 5-4] /etc/inittab의 주요 액션

액션	설명
sysinit	시스템 기동 시에만 실행. 런레벨 변경 시는 실행하지 않는다. 프로세스가 종료할 때까지 다음 엔트리 실행을 대기한다.
wait	시스템 기동 시와 런레벨 변경 시에 실행한다. 프로세스가 종료할 때까지 다음 엔트리 실행을 대기한다.
once	시스템 기동 시와 런레벨 변경 시에 실행한다. 프로세스 종료를 기다리지 않고 다음 엔트리를 처리한다.
respawn	once와 같지만 기동한 프로세스가 종료하면 재기동한다.

5.2

메모리 관리

5.2.1 x86 아키텍처 메모리 관리

메모리 관리 사양은 CPU 아키텍처에 따라 다릅니다. 리눅스 커널은 x86, x86_64, ppc64, s390, s390x 등의 아키텍처를 지원하며, 이 책에서는 x86_64(인텔 64비트 아키텍처)를 전제로 설명[1]했습니다.

하지만 리눅스의 메모리 관리 구조는 x86 아키텍처 기반으로 설계되어 있고, 이것이 x86_64 아키텍처용으로 확장되어 있습니다. 이번 절에서는 x86을 기반으로 하는 메모리 관리를 우선 설명하겠습니다. x86 아키텍처 서버 또는 x86_64 아키텍처 서버에 32비트판 리눅스를 인스톨한 환경이라고 생각하면 됩니다. 그런 다음 x86_64 아키텍처(64비트판)에서의 차이점을 설명하도록 하겠습니다.

물리 주소 공간과 논리 주소 공간

기본적으로 32비트판과 64비트판의 차이점은 무엇일까요? 이를 이해하려면 우선 '논리 주소 공간'과 '물리 주소 공간'의 차이점을 알고 있어야 합니다. 결론부터 말하자면 32비트판과 64비트판의 가장 큰 차이점은 논리 주소 공간의 자리수입니다. 32비트판에서는 32비트 주소를 사용하므로 논리 주소로 사용되는 값은 16진수로 '0x00000000~0xFFFFFFFF'의 범위입니다. 용량으로는 4GB가 됩니다.

---

1 IBM 서버 제품에서는 IBM System x(x86, x86_64), IBM Power Systems(ppc64), IBM System z(s390, s390x) 등의 아키텍처를 지원합니다. 리눅스를 마스터하면 이만큼의 제품을 같은 방법으로 다룰 수 있다는 것은 다른 OS에는 없는 리눅스의 큰 특징입니다.

이를 바탕으로 다시 '논리 주소 공간'과 '물리 주소 공간'의 차이점을 설명하겠습니다. 물리 주소 공간은 서버에 탑재된 물리 메모리 영역을 지정하는 주소를 말합니다. 예를 들어 16GB 물리 메모리를 탑재한 서버에서의 물리 주소 공간은 0~16GB입니다. [그림 5-9]는 16GB 물리 메모리를 사용하는 경우, 물리 주소 공간에 데이터를 할당하는 것을 나타내고 있습니다.

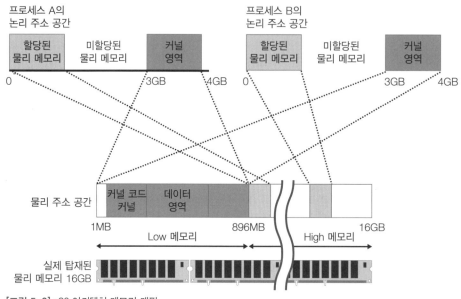

[그림 5-9] x86 아키텍처 메모리 매핑

커널 자신의 프로그램 코드(커널 코드) 및 데이터 영역은 1MB~896MB까지의 물리 주소를 사용합니다. 이 영역을 'Low 메모리'라고 합니다. 896MB부터는 유저 프로세스가 사용할 메모리 또는 디스크 캐시 영역으로서 사용됩니다. 이 영역을 'High 메모리'라고 합니다. Low 메모리에서 커널이 사용하지 않는 부분은 유저 프로세스의 메모리 또는 디스크 캐시 영역으로도 사용[2]할 수 있습니다. 0~1MB 영역은 시스템 BIOS 등의 하드웨어 기능에서 사용할 영역으로 예약되어 있습니다.

---

2 물리 메모리가 896MB 이하인 서버는 Low 메모리밖에 없으므로 당연히 유저 프로세스는 커널의 미사용 Low 메모리 영역을 이용합니다.

한편 각 유저 프로세스는 논리 주소 공간이라고 불리는 0~4GB의 가상 주소 공간을 갖습니다. 이것이 앞서 설명한 '0x00000000~0xFFFFFFFF'의 32비트 주소입니다. 유저 프로세스는 이 논리 주소를 지정하여 메모리 액세스를 처리합니다. 단, 이것은 어디까지나 가상 주소이므로 각 주소에 대응하는 물리 메모리가 반드시 존재하는 것은 아닙니다. 유저 프로세스가 논리 주소를 지정해서 메모리에 액세스를 하면, 커널은 필요에 따라 물리 주소를 할당합니다.

커널은 각 프로세스에 대한 논리 주소와 그에 대응하는 할당된 메모리의 물리 주소 변환 테이블을 관리합니다. 이 테이블을 '페이지 테이블'이라고 합니다. 또한 논리 주소에 물리 주소를 할당하는 것을 "메모리를 매핑한다"라고 말합니다.

[그림 5-9]는 메모리 매핑 모습을 설명합니다. 각 프로세스의 논리 주소 공간에서는 0~3GB 영역에 각 프로세스가 사용할 물리 메모리가 매핑되어 있습니다. 3GB~4GB의 영역에는 커널이 사용하는 Low 메모리가 매핑되어 있습니다(모든 프로세스 공통). 3GB~4GB 영역은 유저 프로세스를 실행 중인 CPU가 커널 코드로 실행을 전환할 때 필요합니다. 유저 프로세스를 실행 중인 CPU는 커널에 의한 처리가 필요해지면, 3GB~4GB에 매핑된 커널 코드를 실행하는 것입니다.

32비트판에서의 메모리 용량 제한

5.1에서 설명했듯이, CPU에서 실행되는 프로세스는 계속해서 상태가 전환됩니다. 이를 '프로세스 스위칭'이라고 합니다.

어느 순간을 포착하면, 그 순간에 CPU로 실행되고 있는 프로세스의 페이지 테이블이 CPU상에서 유효화되어 있습니다. 유저 프로세스가 논리 주소를 지정하면 CPU는 유효화되어 있는 페이지 테이블을 참조하여 대응하는 물리 주소에 액세스를 합니다. 논리 주소를 물리 주소로 변환하는 처리는 MMU^{Memory Management Unit}이라고 하는 하드웨어 기능으로 처리합니다.

CPU로 실행할 프로세스를 전환할 때는, 우선 3GB~4GB 영역이 커널로 처리가 이동됩니다. 커널은 다음 실행할 프로세스 페이지 테이블을 CPU에서 새롭게 유효화합니다. 이로 인해 다음 프로세스 처리로 전환됩니다. 이때 3GB~4GB 영역은 모든 프로세스에서 공통으로 커널이 사용할 Low 메모리가 매핑되어 있으므로, 페이지 테이블이 전환되더라도 커널 처리에는 영향을 받지 습니다.

매우 복잡해 보이는 구조입니다만, 4GB의 논리 주소 공간을 유저 프로세스가 사용하는 메모리와 커널이 사용하는 메모리로 나뉘어져 있다는 것을 알 수 있습니다. 이는 결국 x86 아키텍처에서는 각각의 유저 프로세스가 사용 가능한 메모리는 최대 3GB로 제한된다는 것을 말합니다. 또한 커널이 사용 가능한 메모리는 약 900MB의 Low 메모리 부분이라는 것을 알 수 있습니다.

보통은 커널이 900MB 가깝게 메모리를 필요로 하는 경우는 없습니다만, 메모리를 최대로 사용하는 특수한 디바이스 드라이버를 사용하고 있는 경우, 드물게 Low 메모리 부족으로 커널 동작에 문제가 생기는 경우도 있습니다. 물리 메모리 전체에 여유가 있어도 Low 메모리가 부족해서 발생하는 약간은 성가신 문제[3]입니다.

앞으로 설명하겠지만 x86_64 아키텍처 환경(즉, 64비트판)에서는 커널이 사용하는 메모리 용량에 제한이 없습니다. 앞서 설명한 문제를 회피하는 의미에서도 기본적으로 64비트판을 사용하는 것을 권장합니다. 대형 데이터베이스 시스템과 같이 1개의 유저 프로세스가 3GB 이상의 메모리를 필요로 하는 애플리케이션에서도 64비트판의 사용이 필수입니다.

서버의 Low 메모리와 High 메모리 사용 현황은 다음 커맨드로 확인할 수 있습니다.

```
# free -l
```

```
# free -l
                 total        used        free      shared     buffers      cached
Mem:           1035140      553168      481972           0       64780      364892
Low:            904132      422424      481708
High:           131008      130744         264
-/+ buffers/cache:          123496      911644
Swap:          2096472           0     2096472
```

[그림 5-10] Low 메모리와 High 메모리 사용 현황

---

3   디바이스 드라이버는 커널 모듈로 커널 메모리 영역을 사용합니다. 또한 커널 메모리 영역은 스왑 영역으로 스왑 아웃되는 경우는 없습니다.

[그림 5-10]은 메모리 사용 현황을 출력하고 있습니다. 'Low:'와 'High:' 항목이 각 Low 메모리와 High 메모리를 나타내는 부분입니다.

---

4 리눅스 커널의 이해, 3판(한빛미디어)

밖에서 보면 마법과 같은 구조도 소스코드를 보면 어떤 의미에서는 단순한 로직을 기반으로 만들어져 있다는 것을 알 수 있습니다. 6장에서 설명할 리눅스 서버 문제 판별에서는 이 감각이 매우 중요합니다. 서버 시스템에서 발생하는 것에는 모두 이유가 있습니다. 사실과 상상을 혼동하지 말고 논리적으로 생각하는 것이 문제 판별의 기본입니다.

"프로그램은 생각한 대로 동작하지 않는다. 코딩한 대로 움직인다"라는 프로그래머 세계의 격언이 여기서도 통용되는 것 같습니다.

메모리 오버 커밋

각 프로세스의 논리 주소 공간의 상태는 다음 커맨드로 확인할 수 있습니다.

```
# pmap. <프로세스 ID>
```

```
#pmap 1972
1972:  syslogd ?m 0
0023e000     4K  r-x--    [ anon]
00586000    36K  r-x-- /lib/libnss_files-2.5.so
0058f000     4K  r-x-- /lib/libnss_files-2.5.so
00590000     4K  rwx-- /lib/libnss_files-2.5.so
00774000  1260K  r-x-- /lib/libc-2.5.so
008af000     8K  r-x-- /lib/libc-2.5.so
008b1000     4K  rwx-- /lib/libc-2.5so
008b2000    12K  rwx--    [anon]
00c4b000   100K  r-x-- /lib/ld-2.5.so
00c64000     4K  r-x-- /lib/ld-2.5.so
00c65000     4K  rwx-- /lib/ld-2.5.so
80000000    36K  rw--- /sbin/syslogd
80009000     4K  rw--- /sbin/syslogd
80bf3000   132K  rw---    [ anon]
b7f19000     8K  rw---    [ anon]
b7f23000     4K  rw---    [ anon]
bfa8c300    84K  rw---    [ stack]
Total     1708K
```

[그림 5-11] 메모리 맵 확인의 예

[그림 5-11]은 프로세스 ID가 1972인 프로세스^{syslogd}의 논리 주소 공간의 예입니다. 가장 오른쪽 열은 논리 주소 공간 각 영역의 사용에 대한 것을 의미합니다. 예를 들어 'anon'은 프로세스의 데이터 영역으로서 사용하고 있습니다. 'stack'은 프로세스의 스택 영역입니다. 그리고 파일명이 표시되어 있는 부분은 그 메모리 영역에 해당 파일을 읽어 들이는 것을 의미합니다. 왼쪽부터 두 번째 열은 각 영역의 논리 주소 범위를 나타냅니다. 가장 위의 값을 보면 논리 주소 0x0023E000부터 4KB가 'anon'으로 사용하고 있다는 것을 나타냅니다. pmap 커맨드로는 표시되지 않지만, 논리 주소 0xC0000000~0xFFFFFFFF는 3G~4G의 커널 영역입니다.

해당 값들은 각각 논리 주소 영역이 어떻게 사용 중인지를 의미하지만, 반드시 각 영역에 물리 메모리가 할당되어 있다고는 할 수 없습니다. 예를 들어 파일을 읽어 들이는 영역은 프로그램이 해당 논리 주소에 액세스하여 실제 파일의 내용을 읽으려고 할 때 처음으로 물리 메모리가 할당되어 디스크의 파일 내용이 물리 메모리에 전송됩니다. 'anon' 영역은 프로그램이 malloc() 등의 함수로 메모리 할당을 요구했을 때 논리 주소 공간에 해당 영역이 등록됩니다. 그 후 프로그램이 실제로 그 영역에 데이터를 쓰려고 했을 때 처음으로 물리 메모리가 할당됩니다. 이것은 물리 메모리를 효율적으로 사용하기 위한 기능으로서 '디멘드 페이징'이라고 불립니다.

이 부분에서 자주 프로그래머로부터 질문을 받습니다. 예를 들어 물리 메모리가 1GB인 환경에서 프로그램이 malloc() 함수로 1GB 이상의 메모리를 할당하면 어떻게 될까요? 실제로 메모리 할당에는 성공합니다. 그런 다음 프로그램이 할당된 메모리에 실제로 데이터를 쓰는 것에 맞춰 물리 메모리가 할당됩니다. 마지막으로 할당 가능한 물리 메모리가 도무지 확보 불가능한 경우 'OOM Killer'가 동작합니다. OOM killer는 잠시 후 자세히 설명합니다.

이와 같은 커널 동작을 '메모리 오버 커밋'이라고 합니다. "이것으로는 메모리 부족이 어느 타이밍에서 발생하게 될지 알 수 없는데 어떤 방법이 없을까?"라는 의견을 받는 경우가 있습니다. 이는 프로그래머 입장에서는 malloc() 함수로 메모리를 할당한 타이밍에서 에러가 발생하는 것이 예외 처리 등이 간단해지기 때문입니다. 이와 같은 문제는 커널 개발자 사이에서도 오랜 논제가 되어 왔습니다. 결론은 "만약을 대비해서 대량의 메모리를 malloc()한 후, 대부분 사용하지 않는 프로그램이 많으므로, 메모리 오버 커밋 기능은 도움이 될 것"이라는 이유로 현재까지 오버 커밋 구조가 남아 있습니다. 커널 문서인 Documentation/sysctl/vm.txt에는 다음과 같이 쓰여져 있습니다.

```
This feature can be very useful because there are a lot of
programs that malloc() huge amounts of memory "just-in-case"
and don't use much of it.
```

단, 남아 있는 빈 메모리를 확인한 후, 극단적으로 큰 메모리 할당을 요구가 있는 경우에는 그 타이밍에서 에러를 리턴[5]하도록 되어 있습니다. 또한 어떻게든 큰 메모리가 필요한 경우는 [표 5-5] 커널 파라미터에서 오버 커밋 동작을 변경하는 것이 가능합니다.

[표 5-5] 메모리 오버 커밋에 관한 커널 파라미터

vm.overcommit_memory	0	빈 메모리 용량에 대해서 극단적으로 큰 메모리 할당은 허가하지 않음. 디폴트 설정
	1	모든 메모리 할당을 허가한다.
	2	서버 전체에서 '물리 메모리 용량 x (vm.overcommit_ratio) + 스왑 영역' 이상의 메모리 할당은 허가하지 않는다.
vm.overcommit_ratio	3	vm.overcommit_memory가 2일 때 메모리 할당의 상한을 지정

x86_64 아키텍처와 다른 점

지금까지 설명한 페이지 테이블에 의한 메모리 매핑의 구조는 x86_64 아키텍처에서도 기본적으로는 같습니다. x86_64 아키텍처에서 다른 것은 논리 주소에 64비트 주소를 사용한다는 점입니다. 64비트 주소 공간은 용량으로 말하자면 16EB(엑사 바이트)이므로 실질적으로는 낭비가 큽니다. 따라서 4GB의 논리 주소 공간을 3GB와 1GB로 나눌 필요가 없고 메모리 사이즈 제한이 발생하지도 않습니다. 물리 메모리 용량이 허락하는 한 유저 프로세스와 커널은 필요한 만큼의 메모리를 사용하는 것이 가능합니다.

---

5 이 부분에 대한 구체적인 판단 방법은 안타깝게도 문서화되어 있지 않습니다. 리눅스 메모리 관리 구조는 하루 하루 개선되어 가고 있으며 커널 버전에 따라 조금씩 구조가 바뀌는 실정입니다.

또한 x86_64 아키텍처 환경에서는 Low 메모리와 High 메모리 구별은 없습니다. 모든 물리 메모리가 Low 메모리로 다뤄집니다.

5.2.2 디스크 캐시와 스왑 영역

디스크 캐시와 스왑 영역은 이후에 설명할 물리 메모리 할당 로직과 밀접한 관계가 있습니다. 우선 여기서는 기능에 대해 설명하도록 하겠습니다.

디스크 캐시

리눅스는 물리 메모리의 빈 영역의 대부분을 디스크 캐시로 사용합니다. 디스크 캐시의 데이터는 파일 액세스가 완료한 후에도 존재하기 때문에, 대용량 파일 액세스를 한 후, 메모리에 남은 용량이 크게 감소되어 있는 것처럼 보입니다. 단, 프로세스가 필요로 하는 메모리가 부족한 경우는 디스크 캐시가 적절한 처리를 합니다. 따라서 디스크 캐시 부분은 빈 용량이라고 생각하면 됩니다.

```
# free
                 total         used         free       shared      buffers       cached
Mem:           1035140       727984       307156            0        96024       487676
-/+ buffers/cache:           144284       890856
Swap:          2096472            0      2096472
```

[그림 5-12] 메모리 사용 현황 확인

[그림 5-12]는 free 커맨드로 메모리 사용 현황을 확인하고 있는 예입니다. buffers와 cached의 합계가 디스크 캐시로 사용되는 메모리 용량입니다. '-/+ buffers/cache:' 부분은 디스크 캐시를 남은 용량으로 간주하고 계산한 물리 메모리 사용량과 남은 용량입니다.

디스크 캐시를 강제적으로 비우고 싶은 경우에는 다음 커맨드를 사용합니다.

```
# echo 3> /proc/sys/vm/drop_caches
```

디스크 캐시와 관련해서 tmpfs와 ramfs를 설명하도록 하겠습니다. 이들은 서버 메모리를 이용한 RAM 디스크 기능입니다. tmpfs는 사이즈(사용량의 상한) 지정이 가능하여, df 커맨드로 현재 사용량 확인이 가능합니다. 다음 커맨드는 tmpfs로 1024MB의 RAM 디스크를 /data에 마운트하는 예입니다.

```
# mount -t tmpfs -o size=1024M tmpfs /data
```

한편 ramfs는 사용량 상한의 지정은 불가능합니다. 또한 df 커맨드로도 표시되지 않습니다. 다음 커맨드는 ramfs로 RAM 디스크를 /data에 마운트하는 예입니다.

```
mount -t ramfs famfs /data
```

tmpfs 및 ramfs에 보존된 파일은 실제로는 디스크 캐시 영역에 쓰여집니다. 이들이 사용하는 영역은 일반적인 디스크 캐시와는 다르게 캐시를 비우는 것이 불가능합니다. 단, tmpfs가 사용 중인 디스크 캐시 영역은 스왑 아웃 대상이 됩니다. 한편 ramfs가 사용 중인 디스크 캐시 영역은 스왑 아웃 대상이 되지 않습니다.

또한 리눅스에서는 '프로세스 간 공유 메모리' 영역으로 내부에서 tmpfs를 사용합니다.[6] 따라서 공유 메모리를 사용하는 애플리케이션이 동작하고 있는 경우, 공유 메모리 사용량은 디스크 캐시 사용 메모리에 포함되는 것이 됩니다. 공유 메모리에는 'POSIX 공유 메모리'와 'SysV 공유 메모리'가 있습니다. POSIX 공유 메모리는 /dev/shm에 명시적으로 마운트된 tmpfs를 사용합니다. 이것은 df 커맨드로 사용량을 확인할 수 있습니다. SysV 공유 메모리는 커널이 내부적으로 tmpfs를 작성하기 때문에 df 커맨드로는 표시되지 않습니다. SysV 공유 메모리 사용 현황은 ipcs 커맨드로 확인합니다.

---

6 프로세스 간 공유 메모리의 상세는 여기서는 설명하지 않습니다. 데이터베이스 시스템에서 복수의 프로세스가 테이블 데이터를 공유하는 경우 등에 사용됩니다.

스왑 영역

디스크 스왑 영역은 메모리의 남은 용량이 부족한 경우 물리 메모리 일부를 스왑 영역으로 보내는 것으로 필요한 영역을 확보하는 구조입니다. 스왑 영역에 보내진 내용은 프로세스로부터 액세스가 발생하면 다시 물리 메모리로 불러 들여집니다. 물리 메모리를 스왑 영역에 쓰는 것을 '스왑 아웃', 스왑 영역에서 물리 메모리에 읽어 들이는 것을 '스왑 인'이라고 합니다. 기본적으로는 프로세스의 데이터 영역으로 사용되고 있는 메모리가 스왑 아웃 대상이 됩니다.

장시간 액세스가 없는 메모리상의 데이터는 스왑 영역으로 이동시키는 것이 물리 메모리를 효율적으로 사용할 수 있으므로 스왑 아웃이 발생하는 것 자체가 문제가 되지는 않습니다. 한편 스왑 아웃과 스왑 인이 빈번하게 발생하는 경우는, 자주 사용되는 데이터가 스왑 아웃되어 있어 스왑 영역으로의 액세스에 의한 시스템 퍼포먼스 저하가 예상됩니다.

5.2.3 물리 메모리 할당 로직

[그림 5-13]은 디멘드 페이징Demand Paging 구조로, 실제로 물리 메모리 할당이 필요하게 되었을 때의 커널 내부 동작을 나타내고 있습니다. 앞서 설명한 메모리 오버 커밋 구조가 있기 때문에 필요한 때에 반드시 물리 메모리가 비어 있다고는 할 수 없습니다.

이런 경우 우선은 메모리를 필요로 하는 프로세스가 블록 가능한지 확인합니다. 블록 가능하다는 것은 그 프로세스를 일단 슬립시키고 메모리 할당이 완료할 때까지 기다리는 것이 가능한지의 여부입니다. 블록되지 않는 특수한 프로세스의 경우는 메모리 할당에 실패해서 "out of memory" 에러가 발생합니다. 인터럽트 처리를 실행 중인 디바이스 드라이버 등이 블록 불가능한 예가 될 수 있습니다.

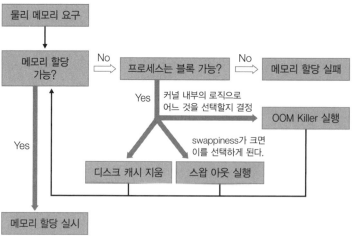

[그림 5-13] 메모리 할당 로직

다음으로 블록 가능한 경우에는 디스크 캐시로 사용하고 있던 메모리를 제공하던가 또는 기존 프로세스가 사용 중인 메모리를 스왑 아웃하여 물리 메모리를 확보하려고 합니다. 일반적으로 스왑 영역을 사용하면 퍼포먼스가 나빠질 거라는 생각에, 디스크 캐시로 사용하던 메모리를 제공하는 것이 우선이라고 생각하는 사람도 있겠지만, 이는 약간의 오해의 소지가 있습니다. 애플리케이션이 필요로 하는 메모리 영역을 스왑 아웃하면, 그 후 바로 스왑 인이 필요하기 때문에 불필요한 디스크 액세스가 증가하여 애플리케이션 퍼포먼스상 좋지 않습니다. 하지만 메모리에 존재하지만, 자주 액세스되지 않는 데이터는 적극적으로 스왑 아웃하면서 물리 메모리를 확보하면 메모리 활용이 가능해지므로 시스템 전체 성능이 좋아집니다. 한편 애플리케이션이 빈번하게 액세스하는 디스크의 데이터가 올라가 있는 디스크 캐시를 비우면, 역으로 디스크 액세스가 증가하여 애플리케이션 성능에 좋지 않습니다. 커널은 밸런스를 고려해서 최적이라고 생각되는 방법으로 물리 메모리 확보를 처리합니다.

"그렇다고 하더라도 스왑 아웃은 되도록이면 하고 싶지 않다"라고 생각하는 사람을 위한 커널 파라미터 'vm.swappiness'가 있습니다. 이것은 0~100 범위에서 값을 설정합니다. 값이 클수록 디스크 캐시를 비우는 것보다 스왑 아웃을 우선적으로 선택합니다. 스왑 아웃을 억제하고 싶은 경우는 작은 값으로 설정합니다.

이 방법으로 물리 메모리를 비우더라도 필요한 메모리를 확보할 수 없는 경우, 커널은 마지막 수단으로서 'OOM Killer^{out of memory killer}'를 실행합니다. 이것은 특히 대량의 메모리를 사용하고 있는 프로세스를 KILL 시그널로 강제 정지시켜 물리 메모리를 확보하는 것입니다. [그림 5-14]는 OOM Killer가 실행되었을 때 시스템 로그입니다. 프로세스 ID가 31605인 프로세스를 강제로 정지시킨 것을 알 수 있습니다.

어떤 프로세스의 메모리를 확보하기 위해서 다른 프로세스를 강제로 정지시키는 것에 대해 황당하다는 생각이 들지도 모르겠습니다. 하지만 메모리를 필요로 하는 것이 커널인 경우, 커널이 메모리 부족으로 불안정하게 되어 시스템 로그에 기록을 남기지 않고 시스템이 행업^{Hang-Up}할 가능성도 있습니다. 로그를 남기지 않는 행업만큼 문제 판별에 고생하는 장애는 없으므로 일반 유저 프로세스를 강제로 정지시키는 편이 낫다 것이 OOM Killer의 개념입니다.

어디까지나 시스템 행업이 발생하지 않도록 하는 마지막 수단(안전 장치)라고 생각하도록 합시다.

```
Mar 21 13:15:21 server01 kernel: oom-killer: gfp_mask=0xd1
(여기에 메모리 사용 상황의 상세가 기록 됩니다)
Mar 21 13:15:21 server01 kernel: Out of Memory: Killed process 31065 (java).
```

[그림 5-14] OOM Killer 로그 메시지

파일시스템 관리

5.3.1 파일시스템 기초 지식

리눅스에는 '가상 파일시스템' 기능이 있어, 디스크상의 파일시스템 이외에도 다양한 기능을 파일시스템 형식으로 제공합니다. proc 파일시스템 등의 '특수 파일시스템'이 대표적인 예입니다. NFS나 CIFS(Windows 파일 공유)등 네트워크를 통해 액세스하는 '네트워크 파일시스템'에서도 내부적으로는 가상 파일시스템 기능이 이용되고 있습니다.

이번에는 주요 특수 파일시스템을 소개한 후, ext2/ext3 파일시스템 구조에 대해서 설명합니다.

파일시스템 종류

리눅스에서 사용하는 주요 특수 파일시스템은 다음과 같습니다.

- procfs: 커널 및 커널 모듈(디바이스 드라이버) 정보를 참조하거나, 설정 변경을 위한 파일시스템 /proc에 마운트한다.
- sysfs: 시스템에 접속된 디바이스 정보를 참조하거나, 설정 변경을 위한 파일시스템. /sys에 마운트한다.
- devfs: 물리 디바이스에 액세스하기 위한 디바이스·스페셜 파일을 배치하는 파일시스템. /dev에 마운트한다.

디스크 파일시스템에는 ext3가 표준으로 사용됩니다. ext3 파일시스템은 ext2 파일시스템에 저널링journaling 기능을 추가한 것입니다. ext2와 호환성이 있으며, 상호 변환이 가능합니다. Red Hat Enterprise Linux 5.5에서 사용하는 경우, 파일시스템 사이즈는 최대 16TB이며, 파일시스템에 보존하는 파일 사이즈는 최대 2TB입니다(이는 Red Hat사가 동작에 대한 확인을 하고 있는 최대 사이즈입니다. 최신 정보는 홈페이지를 참조합시다 (www.redhat.com)). 저널링 파일시스템 구조에 대해서는 잠시 후 자세히 설명하도록 하겠습니다.

Windows에서 채용하고 있는 VFAT 파일시스템을 사용하는 것도 가능합니다. 이것은 플로피 디스크나 USB 디스크 드라이브로 Windows와 파일을 주고 받을 때 사용합니다.

ext2/ext3 파일시스템 구조

[그림 5-15]는 ext2/ext3 파일시스템의 구조를 표현하고 있습니다. ext2/ext3 파일시스템에서는 디스크 전체 영역을 '블록 그룹'으로 나누고, 각 그룹 마다 '메타 데이터'와 '실제 데이터'를 저장합니다. 메타 데이터는 파일시스템 전체 설정이나 각각의 파일 카탈로그 정보이며, 실제 데이터는 실제 파일의 내용이 기록됩니다. 실제 데이터가 저장되는 영역을 '데이터 블록'이라고 합니다.

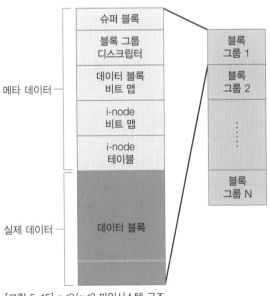

[그림 5-15] ext2/ext3 파일시스템 구조

메타 데이터의 '슈퍼 블록'과 'i-node 테이블'은 파일시스템 관리라는 면에서 이해하고 있으면 좋은 부분입니다. 슈퍼 블록은 파일시스템 전체의 설정 정보를 기록합니다. 잠시 후설명할 파일시스템의 옵션 파라미터 역시 슈퍼 블록에 기록됩니다. 슈퍼 블록이 파손되면 파일시스템 전체를 사용할 수 없으므로, 파일시스템 안의 복수의 영역에 동일한 슈퍼블록이 기록됩니다. 구체적으로 설명하자면 몇 개의 특정 블록 그룹의 선두 부분이 슈퍼블록 영역이 되는 것입니다. 디폴트로는 첫 블록 그룹의 슈퍼 블록을 참조합니다. 이 부분이 파손된 경우는 파일시스템 마운트 시 다른 블록 그룹의 슈퍼 블록을 지정해서 사용할 수 있습니다. 단, 슈퍼 블록이 파손된 시점에서 파일시스템 전체에 문제가 발생했을가능성이 높으므로, 이는 문제 판별을 위한 임시적 대책일 뿐이라고 생각해야 합니다

i-node 테이블에는 각 파일에 대한 정보(액세스 권한, 타임 스탬프, 데이터 블록 포인터)가 기록됩니다. 1개의 파일에 대해 1개의 i-node를 사용합니다. i-node 테이블 영역이부족해지면 그 이상의 파일을 작성하는 것이 불가능해집니다. i-node 테이블 사이즈는파일시스템 작성시 지정하며, 작성 후에는 변경이 불가능하므로, 파일시스템 안에 다수의 파일을 보존할 예정이라면 처음부터 충분한 사이즈의 i-node 테이블을 준비할 필요가 있습니다. i-node 테이블 사이즈를 지정하는 방법은 잠시 후에 설명하겠습니다.

ext2/ext3 파일시스템 작성

ext2/ext3 파일시스템은 mke2fs 커맨드로 작성합니다. 다음 커맨드는 디바이스 파일/dev/sdb 디스크 전체에 ext3 파일시스템을 작성하는 예입니다.

```
# mke2fs -j /dev/sdb
```

예와 같이 디스크 파티션이 아닌 디스크 전체를 대상으로 하는 경우에는 다음과 같은 확인이 질문에 'y'를 입력합니다.

```
# /dev/sdb is entire device, not just one partition!
Proceed anyway ? (y, n)
```

-j 옵션은 저널 영역을 작성하기 위한 것입니다. 이 옵션을 생략하면 ext2 파일시스템으로 작성됩니다.

i-node 테이블 사이즈를 조절하는 경우는 -i 옵션을 사용합니다.

```
# mke2fs -j ?I <bytes/i-node> /dev/sdb
```

⟨byte/i-node⟩에 해당 파일시스템에 보존할 파일의 평균 사이즈^{Bytes}를 지정하면, 그 값에 맞춰 적절한 사이즈의 i-node 테이블이 준비됩니다. 예를 들어 100MB 크기의 파일시스템을 작한다고 하면, 파일시스템에 보존할 파일의 평균 사이즈가 4KB라면 보존할 파일 수는 약 25,000개이므로 필요한 i-node는 25,000개가 됩니다. -i 옵션은 이와 같은 값을 자동으로 계산하여, 작성할 파일시스템 사이즈에 맞춰 i-node 테이블 사이즈를 결정합니다.

이 파라미터의 디폴트 값은 1024(파일시스템이 3MB 이하), 4096(파일시스템이 3MB~512MB), 8192(파일시스템이 512MB 이상)입니다. 이 설정 파일은 /etc/mke2fs. conf에 기록되어 있습니다. 상세한 정보는 mke2fs.conf 매뉴얼 페이지를 확인하도록 합시다.

메타 데이터의 정합성과 fsck 커맨드의 역할

파일시스템의 메타 데이터는 파일시스템 내에서 파일의 카탈로그 역할을 합니다. 메타 데이터가 파손되면 파일의 실제 데이터에 문제가 없더라도 파일의 사용이 불가능해집니다. fsck 커맨드는 메타 데이터의 문제를 발견해서 정합성을 회복시키는 커맨드입니다.

메타 데이터 문제에 대해서 간단하지만 구체적인 예를 소개하겠습니다. i-node에는 해당 파일의 실제 데이터가 보존된 데이터 블록의 위치가 기록되어 있습니다. 한편 [데이터 블록 비트 맵]에는 데이터 그룹내의 각 영역의 관리를 위한 플래그가 설정되어 있습니다. 만약 i-node에서 실제 데이터가 보존되어 곳으로 포인트된 데이터 블록이 데이터 블록 비트 맵에는 미사용 중으로 되어 있다고 하면, 이는 메타 데이터의 모순이 있다는 얘기이므로, 이 같은 메타 데이터의 모순을 발견해서 수정하는 것이 fsck 커맨드의 역할입니다.

fsck 커맨드를 사용할 때 주의해야 할 사항이 몇 가지 있습니다.

우선 fsck 커맨드는 잠시 후 설명할 ext3 저널링 로그를 이용해서 메타 데이터를 회복시키는 방법과 메타 데이터 영역 전체를 검색하여 부정합이 발견되면 수정하도록 하는 방법이 있습니다. 메타 데이터 영역 전체를 검색하는 경우는 파일시스템 사이즈에 따라서는 처리 완료에 오랜 시간이 걸릴 수 있습니다. 특히 저널링 기능이 없는 ext2 파일시스템은 반드시 메타 데이터 영역 전체를 검색합니다.

메타 데이터 전체 검색에서 모순이 발견된 경우는 기본적으로는 모순하는 메타 데이터를 파기하여 정합성을 유지합니다. 정합성을 유지한다기보다 모순하는 정보를 버린다고 하는 것이 정확할지도 모르겠습니다. 이때 메타 데이터가 파기된 파일은 파일시스템에서는 삭제[1]됩니다. fsck 커맨드는 '파일시스템 안의 파손된 데이터를 복구하는 커맨드'라고 생각할 수도 있겠지만, 파손된 데이터를 원복하는 마법과 같은 커맨드가 아닙니다. 메타 데이터의 파손 상태가 심각한 경우는 반드시 정합성이 회복된다고 보장할 수 없습니다. 파일시스템 안의 데이터 보호는 정기적인 백업을 실시하는 것이 기본이라는 점을 기억하도록 합시다.

메타 데이터 구조는 파일시스템 종류에 따라 다르기 때문에, fsck 커맨드는 파일시스템마다 준비된 전용 커맨드를 호출합니다. ext2/ext3 파일시스템의 경우는 e2fsck 커맨드를 호출합니다. e2fsck 커맨드만의 고유한 옵션이 있으므로, 수동으로 실행하는 경우에는 직접 e2fsck 커맨드를 실행하는 것이 좋습니다.

[표 5-6]은 자주 이용하는 e2fsck 옵션입니다. -f 옵션은 메타 데이터 영역 전체를 검색을 합니다. -v 옵션은 상세 정보를 표시합니다. -n, -p, -y는 자동화하기 위한 레벨로 사용합니다. 이 커맨드를 실제로 사용하는 경우는 다음 순서를 따르도록 합시다.

우선 e2fsck 커맨드를 실행할 파일시스템은 언마운트합니다. 서버가 기동 중에 언마운트가 불가능한 시스템 영역의 파일시스템에 대해서는 레스큐 부트 환경에서 e2fsck 커맨드를 실행합니다. 레스큐 부트에 대한 설명은 2.2를 참조하기 바랍니다.

---

1   삭제된 데이터는 해당 파일시스템의 /lost+found 디렉토리에 보존됩니다. 단, 데이터 블록 단위로 여기저기 흩어져 보관되므로 이를 원래 파일로 복원하는 것은 거의 불가능합니다.

일단 –fnv 옵션으로 정합성 체크를 합니다. 다음 커맨드는 디스크 파티션 /dev/sda2 안의 파일시스템을 확인하는 예입니다.

```
# e2fsck -fnv /dev/sda2
```

레스큐 부트 환경에서 시스템 콘솔에서 실행하는 것 같이 터미널 툴 기능을 이용해서 실행 결과 로그를 보존할 수 없는 경우에는 다음과 같이 tee 커맨드를 이용하면 콘솔로의 출력 결과를 로그 파일에 기록하는 것이 가능합니다.

```
# e2fsck -fnv /dev/sda2 2>&1 | tee /tmp/e2fcsk_log.txt
```

```
# e2fsck -fnv /dev/sda2
e2fsck 1.39 (29-May-2006)
Pass 1: Checking inodes, blocks, and sizes
Pass 2: Checking directory structure
Pass 3: Checking directory connectivity
Pass 4: Checking reference counts
Pass 5: Checking group summary information

  131378 inodes used (5.13%)
    1026 non-contiguous inodes (0.8%)
         # of inodes with ind/dind/tind blocks: 8720/65/0
 1158923 blocks used (45.26%)
       0 bad blocks
       1 large file

  105433 regular files
   13083 directories
       0 character device files
       0 block device files
       2 fifos
    3946 links
   12843 symbolic links (11781 fast symbolic links)
       8 sockets
--------
  135315 files
```

[그림 5-16] e2fsck에 의한 파일시스템 확인(문제가 없는 경우)

```
# e2fsck -fnv /dev/sda2
e2fsck 1.39 (29-May-2006)
Pass 1: Checking inodes, blocks, and sizes
Extended attribute block 1836040 has reference count 332, should be 366. Fix? No

Pass 2: Checking directory structure
Pass 3: Checking directory connectivity
Pass 4: Checking reference counts
Pass 5: Checking group summary information

/: ********** WARNING: Filesystem still has errors **********

131378 inodes used (5.13%)
   1026 non-contiguous inodes (0.8%)
       # of inodes with ind/dind/tind blocks: 8720/65/0
 1158923 blocks used (45.26%)
      0 bad blocks
      1 large file

 105433 regular files
  13083 directories
      0 character device files
      0 block device files
      2 fifos
   3946 links
  12843 symbolic links (11784 fast symbolic links)
      8 sockets
--------
 135315 files
```

[그림 5-17] e2fsck에 의한 파일시스템 확인(문제가 있는 경우)

[그림 5-16]과 그림 [5-17]은 각각 문제 없는 경우와 문제 있는 경우의 예입니다. 문제가 발견된 경우는 다음과 같은 경고가 표시됩니다.

```
********** WARNING:  Filesystem still has errors **********
```

문제가 발견된 경우 우선은 다음 커맨드로 복구 처리를 합니다(문제가 경미한 경우 가능).

```
# e2fsck -fpv /dev/sda2
```

그런 다음 다시 -fnv 옵션을 이용하여 문제가 없는지 확인합니다. 그래도 경고가 발생하는 경우는 심각한 장애일 가능성이 있습니다. 우선은 다음 커맨드로 파일시스템을 읽기 전용으로 마운트하여 필요에 따라 중요한 파일의 백업[2]을 하도록 합니다.

```
# mkdir /mnt/sysimage
# mount -o -ro /dev/sda2 /mnt/sysimage
```

백업을 한 후 파일시스템을 언마운트합니다.

```
# umount /mnt/sysimage
```

이 다음은 전문가에게 문제를 보고하여 지시를 따르는 것이 바람직합니다. 마지막 수단은 다음 커맨드로 모든 문제를 자동 복구을 하는 것입니다.

```
# e2fsck -fyv /dev/sda2
```

앞서 설명했듯이 이 결과 메타 데이터에 문제가 있는 디렉토리나 파일은 삭제됩니다. 경우에 따라서는 디렉토리가 모두 삭제되는 경우도 있습니다. 복원 후의 파일시스템의 내용을 확인하고, 지금까지 백업한 내용으로 지워진 파일을 복원하는 작업 등을 합니다.

[표 5-6] e2fsck 커맨드에서 자주 이용되는 옵션

커맨드	설명
# e2fsck -fnv 〈디바이스 파일명〉	메타 데이터의 정합성 확인, 복구하지 않음
# e2fsck -fpv 〈디바이스 파일명〉	파일을 잃을 염려가 없는 경미한 문제를 자동 복구
# e2fsck -fyv 〈디바이스 파일명〉	모든 문제의 자동 복구을 시도

---

2 장애에 따라서는 파일시스템의 마운트가 되지 않는 경우도 있습니다.

ext2/ext3 파일시스템 옵션 파라미터

ext2/ext3 파일시스템에는 다양한 옵션 파라미터가 있습니다. 이들은 tune2fs 커맨드를 이용하여 확인 및 변경을 할 수 있습니다. 다음 커맨드로 현재 설정을 확인할 수 있습니다.

```
# tune2fs -l /dev/sda2
```

[그림 5-18]은 ext3 파일시스템 옵션 파라미터의 예입니다. 그럼 파일시스템 관리 시 알아 두어야 할 파라미터에 대해 설명하겠습니다.

```
# tune2fs -l /dev/sda2
tune2fs 1.39 (29-May-2006)
Filesystem volume name:    /
Last mounted on:           <not available>
Filesystem UUID:           7cab1863-f7ed-41f4-9fc7-213e9078d946
Filesystem magic number:   0xEF53
Filesystem revision #:     1 (dynamic)
Filesystem features:       has_journal ext_attr resize_inode dir_index filetype needs_recovery
sparse_super large_file
Default mount options:     user_xattr acl
Filesystem state:          clean
Errors behavior:           Continue
Filesystem OS type:        Linux
Inode count:               1048576
Block count:               1048241
Reserved block count:      52412
Free blocks:               549611
Free inodes:               968074
First block:               0
Block size:                4096
Fragment size:             4096
Reserved GDT blocks:       255
Blocks per group:          32768
Fragments per group:       32768
Inodes per group:          31968
Inode blocks per group:    1024
Filesystem created:        Thu Nov 24 04:22:55 2011
```

```
Last mount time:           Mon Oct 14 08:56:06 2013
Last write time:           Mon Oct 14 08:56:06 2013
Mount count:               6
Maximum mount count:       -1
Last checked:              Thu Nov 24 04:22:55 2011
Check interval:            0 (<none>)
Reserved blocks uid:       0 (user root)
Reserved blocks gid:       0 (group root)
First inode:               11
Inode size:                128
Journal inode:             8
Default directory hash:    tea
Directory Hash Seed:       fd30f2ac-f76c-4da7-9ed2-49ecfb9d8022
Journal backup:            inode blocks
```

[그림 5-18] ext3 파일시스템의 옵션 파라미터의 예

'Filesystem features'는 파일시스템의 옵션 기능을 설정합니다. 이 파라미터는 리눅스 배포판 및 버전에 따라 디폴트 값이 다릅니다. 시스템 백업을 복구할 때, 복구할 배포판과 다른 버전의 레스큐 부트 환경에서 파일시스템을 작성하면, 옵션 기능의 차이로 인해 문제가 발생하는 경우가 있습니다.

'Filesystem state'는 ext2 파일시스템을 마운트하면 'not clean'이 되고, 정상적으로 언마운트하면 'clean'이 됩니다. 언마운트 중이 아닌 파일시스템이 'not clean'이 되어 있는 경우는 정상적으로 언마운트되지 못하고 서버가 정지한 것입니다.

이 외에 ext3 파일시스템에 대한 fsck 커맨드의 동작에 영향을 미치는 파라미터가 있습니다. fsck 커맨드(e2fsck 커맨드)는 디폴트로는 저널링을 이용한 메타 데이터의 복원만을 처리하지만 다음의 경우는 메타 데이터 영역의 전체 검색을 수행합니다.

❶ -f 옵션을 지정한 경우

❷ 'Mount Count'의 값이 'Maximum mount count'에 도달한 경우

❸ 'Last checked'에서 'Check interval'로 지정된 기간이 경과한 경우

'Mount Count'는 파일시스템을 마운트할 때마다 값이 증가합니다. fsck 커맨드로 메타 데이터 영역의 전체 검색을 하면 0이 리턴됩니다. 'Last checked'에는 마지막으로 메타

데이터 영역의 전체검색을 실시한 시각이 기록됩니다.

서버 기동 시에 fsck 커맨드에 의한 파일시스템 체크가 실시됩니다. 보통은 저널링을 이용한 체크만으로 끝나던 것이, 어느 날 갑자기 메타 데이터의 전체 검색을 실행하여 서버 시작에 오랜 시간이 요구되는 경우도 있습니다. 이는 대부분의 경우 ❷, ❸ 조건에 의한 현상입니다.

이와 비슷한 예로 HA 클러스터 시스템에서는 클러스터 전환 시, 공유 디스크 영역의 파일시스템을 fsck 커맨드로 체크하는 경우가 있습니다. 전환 테스트 시에 바로 끝나던 fsck 커맨드가 실제 운용 중에 전환된 경우, 오랜 시간 체크를 진행하여 서비스 정지 시간이 늘어나는 것과 같은 경우가 자주 있다고 합니다. 이 역시 위와 같은 이유입니다.

'Maximum mount count'와 'Check interval'의 값은 서버 운용 정책에 맞춰 적절한 값을 설정하도록 합시다. 특히 이들 옵션을 무효화할 때에는 0으로 설정합니다.

다음 커맨드는 'Maximum mount count'에 60을 설정하고, 'Check interval'에는 '10일'을 설정하는 예입니다. 'Check interval' 단위는 d(일), w(주), m(월)을 지정합니다.

```
# tune2fs -c 60 /dev/sda4
# tune2fs -i 10d /dev/sda4
```

5.3.2 서버 기동 시 fsck 커맨드 실행

/etc/inittab에 설정된 초기 설정 스크립트 /etc/rc.d/rc.sysinit에 의해 리눅스 서버 부팅 시 자동으로 fsck 커맨드에 의한 파일시스템 체크가 실행됩니다. 구체적으로 다음과 같은 동작을 합니다.

가장 먼저 루트 파일시스템을 읽기 전용 모드로 마운트한 상태에서 체크[3]합니다. 이어서 루트 파일시스템 외에 /etc/fstab에 설정된 파일시스템을 체크합니다. 이때 /etc/fstab의

---

3 원래는 파일시스템을 언마운트한 상태에서 fsck 커맨드를 실행해야 합니다. 하지만 루트 파일시스템에는 서버 기동에 필요한 파일이 저장되어 있으므로 이것을 마운트하지 않으면 rc.sysinit이 실행되지 않습니다. 따라서 안전하게 읽기 전용으로 마운트하는 것입니다.

가장 오른쪽 값(마지막 열) 순서로 체크를 합니다. 이 값이 0인 엔트리는 체크하지 않습니다. 보통 이 값은 루트 파일시스템에는 1을 설정하고 그 외의 체크가 필요한 파일시스템에는 2를 설정합니다.

fsck 커맨드에는 옵션 -a가 지정됩니다. 이것은 e2fsck 커맨드의 -p 옵션과 같이 파일을 잃을 염려가 없는 경미한 문제를 자동 복원합니다. 이때 -p 옵션에서는 복원할 수 없는 심각한 문제를 발견한 경우 시스템 기동이 정지됩니다. 이와 같은 경우의 대응 방법은 6.4에서 설명합니다.

루트 디렉토리 밑에 [표 5-7]의 파일을 저장하여, 부팅 시 fsck 커맨드의 동작을 변경하는 것이 가능합니다. 이 파일들은 기동 후 삭제되므로, 다음 부팅 시 파일을 다시 작성할 필요가 있습니다.

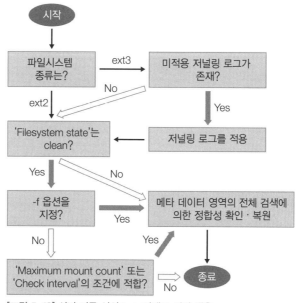

[**그림 5-19**] 서버 기동 시의 fsck 커맨드 처리 내용

[그림 5-19]는 서버 시작 시의 fsck 커맨드 처리 플로우를 나타낸 그림입니다. [그림 5-19]의 '저널링 로그 적용'은 잠시 후 설명하겠습니다.

[표 5-7] 기동 시 fsck 커맨드 처리를 변경하는 파일

파일	설명
/fastboot	부팅 시 fsck 커맨드 실행을 생략
/forcefsck	fsck 커맨드에 -f 옵션을 추가
/fsckoptions	fsck 커맨드에 이 파일의 설정 옵션을 추가

5.3.3. 저널링 파일시스템

파일시스템에서의 파일 쓰기는 리눅스 디스크 캐시를 경유하여 처리됩니다. 즉, 파일의 갱신 내용이 처음에는 메모리의 디스크 캐시에 쓰여집니다. 그 후 정기적으로 디스크 캐시의 내용이 물리 디스크에 쓰여지는 구조입니다.

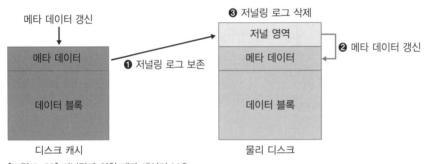

[그림 5-20] 저널링에 의한 메타 데이터 보호

예를 들어 디스크 캐시에서 메타 데이터를 디스크에 쓰고 있는 도중에 갑자기 서버가 정지한다고 가정했을 때 디스크에는 완전체가 아닌 일부 갱신된 메타 데이터가 남아 메타 데이터 부정합이 발생하게 됩니다. 저널링 파일시스템은 디스크 상의 '저널 영역'을 이용하여 이와 같은 부정합이 발생할 때 fsck 커맨드를 이용한 정합성 복원 방법을 제공합니다. 구체적으로는 다음 순서로 디스크의 메타 데이터를 갱신하는 것입니다(그림 5-20).

❶ 지금부터 처리할 메타 데이터 변경 내용(저널링 로그)를 저널 영역에 씀

❷ 디스크상의 메타 데이터를 변경

❸ 저널 영역에 쓴 저널링 로그를 삭제

예를 들어 ❷의 과정 중에 서버가 정지한 경우, fsck 커맨드는 저널 영역의 데이터를 이용하여 메타 데이터의 변경을 마지막까지 완료합니다. 또는 ❶의 과정에서 서버가 정지한 경우라면 아직 메타 데이터가 갱신되지 않았으므로 저널 영역의 데이터를 단순히 파기합니다. 또한 명시적으로 fsck 커맨드를 실행할 필요는 없습니다. ext3 파일시스템을 마운트할 때, 저널 영역에 적용하고 있던 저널링 로그가 남아 있는 경우에는 자동으로 상기의 복원 처리를 실시합니다. [그림 5-21]은 ext3 파일시스템을 마운트했을 때, 시스템 로그에 출력된 메시지입니다. 3번째 줄의 'kernel: EXT3-fs: recovery complete.'는 저널에 의한 복원 처리가 실시된 것을 나타내고 있습니다.

```
Sep 11 16:38:33 server01 kernel: kjournald starting. Commit interval 5 seconds
Sep 11 16:38:33 server01 kernel: EXT3 FS on sda4, internal journal
Sep 11 16:38:33 server01 kernel: EXT3-fs: recovery complete.
Sep 11 16:38:33 server01 kernel: EXT3-fs: mounted filesystem with ordered data mode.
```

[그림 5-21] ext3 파일시스템 마운트 시의 메시지

이 구조는 어디까지나 메타 데이터의 부정합을 방지하기 위한 것으로서 실제 데이터 영역의 파손은 고려하고 있지 않다는 점에 주의를 해야 합니다. 옵션 지정으로 이와 같은 구조를 실제 데이터 영역에 적용하는 것도 가능하지만 파일 쓰기를 할 때 퍼포먼스가 나빠집니다.

ext3 파일시스템에서는 옵션으로 다음과 같은 세 종류의 저널링 모드를 선택할 수 있습니다. 디폴트는 ordered 모드입니다.

- ordered: 메타 데이터에 대해서만 저널링을 수행. 단 데이터 블록의 쓰기 완료 후, 메타 데이터의 쓰기를 처리
- writeback: ordered와 마찬가지로 메타 데이터에 대한 저널링만을 수행. 데이터 블록의 쓰기 타이밍은 고려하지 않음
- journal: 메타 데이터 뿐만이 아닌, 실제 데이터에 대해서도 저널링을 수행

ordered 모드에서의 메타 데이터와 데이터 블록 쓰기 순서에는 다음과 같은 의미가 있습니다. 기존 파일에 추가하는 경우, 새로운 데이터 블록에 추가될 내용이 쓰여지고, 메타 데이터(i-node)에 해당 데이터 블록에 파일 내용이 쓰여진 것이 기록됩니다. 이때 만약

메타 데이터를 먼저 갱신했을 때 서버가 정지하면, 메타 데이터는 데이터가 존재하지 않는 데이터 블록을 포인트하고 있을 것입니다. 이 파일을 열면 파일 끝에 무의미한 데이터가 추가되어 있는 것처럼 보입니다. '데이터가 존재하지 않는 데이터 블록'이라고 하더라도 예전에 삭제된 파일의 내용이 남아 있을 가능성이 있습니다. 이 경우 삭제된 파일의 일부가 마지막에 추가된 상태가 되어 버립니다. ordered 모드에서는 데이터 블록을 반드시 우선 갱신하여, 이와 같은 미사용 블록으로 잘못 포인트하게 되는 문제를 방지합니다. 데이터 블록 갱신 후, 메타 데이터 갱신 전에 서버가 정지하는 경우는 추가된 내용은 잃어버리지만 석어노 파일 내용이 손상되는 것은 방지합니다.

writeback 모드에서는 메타 데이터와 데이터 블록 쓰기 순서를 고려하지 않기 때문에 ordered 모드의 파일 쓰기 퍼포먼스가 조금은 개선됩니다. 다만, ordered 모드에서 설명한 문제점이 있습니다.

마지막으로 journal 모드는 실제 데이터까지 포함된 데이터는 보호되지만, 파일 쓰기 퍼포먼스가 나빠지는 문제가 있습니다.

저널링 모드는 마운트 옵션 'data'로 지정합니다. 다음 커맨드는 /dev/sdb의 파일시스템을 journal 모드로 마운트하는 예입니다.

```
# mount /dev/sdb -o data=journal /data
```

/etc/fstab에 설정하는 경우는 다음과 같이 설정합니다.

```
# /dev/sdb  /data  ext3 defaults,data=journa  0 0
```

ext3 파일시스템 저널링 처리는 커널 스레드인 'kjournald'가 실행합니다. ext3 파일시스템의 액세스가 많은 경우 kjournald의 CPU 사용률이 증가하는 경우가 있습니다.

5.3.4 NFS 데이터 버퍼링

리눅스에서 디스크상의 파일시스템에 쓰기를 처리를 할 때, 메모리의 디스크 캐시를 사용한다는 것을 설명했습니다. 갑자기 서버가 정지하면 물리 디스크에 데이터가 쓰여지기 전에, 디스크 캐시의 데이터가 없어집니다. ext3 파일시스템이라면 저널링 구조에 의해 메타 데이터 정합성을 잃는 일은 없습니다.

한편 NFS 서버의 파일시스템을 NFS로 마운트해서 사용하고 있는 경우(네트워크를 경유한 경우), 디스크 캐시는 어떤 방법으로 이용될까요? NFS 서버에서 정지한 경우와 NFS 클라이언트에서 정지한 경우의 데이터 손실의 차이점을 있을까요?

일반적으로 NFS에서의 파일 쓰기는 다음의 경로로 데이터가 전송됩니다(그림 5-22).

❶ NFS 클라이언트 디스크 캐시

❷ NFS서버 디스크 캐시

❸ NFS 서버 물리 디스크

NFS 클라이언트가 파일에 쓰기를 한 후, ❶~❸의 어느 단계까지 데이터가 전송되는지는 NFS클라이언트와 NFS 서버에서 각각 옵션으로 결정됩니다.

NFS 클라이언트의 mount 옵션에 'sync'를 지정하면 파일 쓰기에 대해 즉시 ❶→❷로 전송이 실행됩니다. 'async'를 지정하면 열린 파일에 대한 쓰기는 1에서 종료합니다. 그 후 정기적으로 ❷로 전송합니다. 파일이 닫히면 ❷로 향하는 전송이 반드시 완료됩니다. 디폴트 설정은 'async'입니다.

또한 클라이언트에서 열려 있는 파일에 대해 fsync() 함수 등으로 디스크 캐시의 강제로 쓰기를 하면 ❶→❷로 전송이 수행됩니다. O_SYNC 옵션으로 열린 파일에 대해서는 'sync'의 경우와 같은 동작을 합니다.

이 옵션들은 갑자기 NFS 클라이언트가 정지했을 경우, 파일로 쓴 내용의 손실 여부에 영향을 줍니다. 'sync'의 경우 파일로의 데이터 손실이 없습니다. 'async'의 경우는 열려있는 파일로의 쓰기는 데이터의 손실 가능성이 있습니다.

다음으로 NFS 서버의 export 옵션에 'sync'를 지정하면, ❶→❷ 전송이 실행되고, ❷→❸ 전송이 실행됩니다. 'async'를 지정하면 ❷→❸의 전송이 정기적으로 실행됩니다.

이 옵션은 갑자기 NFS 서버가 정지했을 때, 파일로 쓴 내용의 손실 여부에 영향을 줍니다. 'sync'의 경우는 파일 쓰기에서는 데이터 손실이 없습니다. 'async'의 경우는 NFS 서버의 디스크 캐시의 데이터를 잃어버릴 가능성이 있습니다. 디폴트 설정은 'sync'입니다.

이 내용을 정리한 것이 [표 5-8]입니다. 이 옵션들에 관한 설정은 NFS에서 파일 쓰기의 성능에 영향을 주므로, NFS 서버에 보존할 데이터의 중요성과 서버 성능의 요건을 고려하여 선택할 필요가 있습니다. 일반적으로 'async'가 성능이 좋습니다.

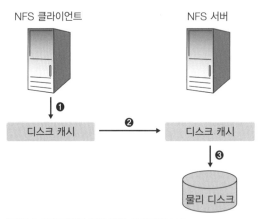

[그림 5-22] 저널에 의한 메타 데이터의 보호

[표 5-8] NFS에서의 갑작스러운 서버 정지의 영향

NFS 클라이언트 mount 옵션	NFS 클라이언트 정지에 의한 영향
sync	파일에 쓰기 내용은 손실이 없다.
async	열려 있는 파일로의 쓰기 내용이 손실될 가능성이 있다.

NFS 서버 export 옵션	NFS 서버 정지에 의한 영향
sync	파일 쓰기 내용은 손실이 없다.
async	파일 쓰기 내용이 손실될 가능성이 있다.

Chapter **6**

리눅스 서버의
문제 판별

6.1

문제 판별의 기초

6.1.1 문제 판별의 개념

리눅스 서버에서 문제가 발생했을 때, 가장 먼저 취해야 할 행동은 무엇일까요? 서버 관리자 경험에 따라 다양한 대답이 있을 수 있겠지만, 신입 서버 관리자라면 잘 기억해 두기 바랍니다.

그것은 '심호흡'입니다.

농담처럼 들릴지 모르겠으나, 솔직한 대답입니다. 문제 판별에 대한 경험이 많지 않다면, 왠지 뭐라도 해야 할 것 같은 생각에, 무분별한 행동을 하는 경우가 있습니다. 하지만 그런 행동으로 하루를 쓸데없이 보낼 바에, 우선 5분간 심호흡을 하며 마음을 가라 앉히고, 그 다음 어떤 행동을 해야 하는지 정리하는 것이 중요합니다.

어디까지나 필자의 경험이지만, 문제 판별problem determination을 할 경우에는 다음의 세 가지 요소를 의식해야 합니다.

❶ 빠른 문제 해결

❷ 지금의 경험을 살릴 수 있는 노하우 습득

❸ 적절한 전문가의 활용

❶과 심호흡은 어쩐지 모순처럼 들릴지 모르겠으나 그렇지 않습니다. 무분별하게 시작한 행동은 그것이 어떤 식으로 문제 해결에 종착하는지에 관한 통찰을 얻을 수 없게 만들고, 객관적으로 보면 문제 해결에 정말 관계가 있는지 의심스럽게 생각하게 하는 경우가 있

습니다. 문제 판별에서 '시도와 실패'는 필요하지만, 더 중요한 것은 시도에 따라 어떤 결과가 예상되는지, 그에 따른 결과를 어떻게 판단할 것인가 대한 통찰이 필요합니다. 그 행동이 어떤 식으로 문제 해결에 이르렀는지 가정을 하는 것으로 문제 해결에 관계없는 불필요한 작업을 배제하는 것이 가능하게 되는 것입니다.

❷는 문제판별의 과정에서 알게 된 사실들을 정리해 두는 것이 중요하다는 것을 말합니다. 해당 환경에서만 통하는 고유한 사실과 일반적인 환경에서도 적용되는 사실을 나누어 정리해 두면 차후 비슷한 문제에 직면했을 때 유용한 정보가 됩니다. 세상에는 어떤 특정한 서버에서만 일어나는 문제라는 것은 없다고 해도 과언이 아닙니다. 같은 문제로 고민했던 사람은 반드시 있으므로 문제 판별에 대해 일회성 업무라고 생각하지 않고, 차후 비슷한 문제가 생겼을 때를 위한 노하우를 축적하는 것도 중요합니다.

또한 문제 판별의 과정에서는 다양한 사실에 근거하여 문제의 근본원인을 찾아갑니다. 처음에는 어느 정도의 감각에 의존하여, 여러 가지 조사를 하겠지만 어렵게 조사한 내용이 당장 불필요하다고 판단하여 기록하지 않고 넘어가는 경우가 있습니다. 하지만 그것이 차후에 문제 원인에 관련 있었다는 것을 깨닫게 되는 때가 있습니다. 이런 상황을 비추어 볼 때, 반드시 모든 정보를 잘 정리하는 것이 필요합니다.

그럼 ❸은 어떤 의미일까요? 서버 문제 판별은 서버 관리자 스스로가 주체성을 가지고 작업을 할 필요가 있습니다. 하지만 혼자만의 힘으로 해결할 수 없는 경우도 있으며, 그럴 필요도 없습니다. 서비스를 이용하는 유저에 있어서는 누가 문제를 해결했는지가 중요하지 않습니다. 전문가에게 필요한 지원을 받아 그 다음 스텝을 진행하는 것도 서버 관리자의 책임입니다. 다만 어떤 분야의 전문가라고 하더라고 그 사람이 반드시 문제 판별에 대해서 프로라고 할 수는 없습니다. '문제 판별에 유용한 정보를 전문가로부터 뽑아내는 것'도 프로 서버 관리자에게 요구되는 문제 판별 기술의 하나입니다.

실제 문제 판별 방법은 크게 다음의 4단계로 나누어 생각할 수 있습니다.

- ❶ 초기 조사: 문제가 발생하고 있는 시스템으로부터 문제 판별의 기초자료를 수집하다
- ❷ 기본 정보 수집: 인터넷, 그 밖의 정보원으로부터 문제 판별에 유용하다고 생각되는 정보를 수집한다.

❸ 상세 조사: 수집한 기초자료와 관련 자료를 바탕으로 문제의 원인을 발견하기 위해 보다 상세한 정보를 수집, 분석한다.

❹ 전문가와 정보 공유: 적절한 전문가에게 정보를 전달하고, 지원을 의뢰한다.

❸의 단계에서 근본 원인에 대한 판별이 가능하다면 가장 이상적이겠지만, 전문가에 지원을 의뢰하는 경우에도 ❶~❸을 적절히 실시한 후에 지원을 요청하는 것이 문제 해결까지의 시간을 대폭으로 줄일 수 있습니다.

계속해서 ❶~❸에서 각 단계의 진행 방법을 설명합니다. ❹는 문제 종류나 다루는 제품에 따라 다양한 작전을 필요로 하는 영역이므로 상세한 설명은 하지 않도록 하겠습니다. 우선은 문제 판별의 기초가 되는 ❶~❸을 확실히 습득하도록 합시다.

'초기 조사'의 진행 방법

초기 조사 단계에서는 '유저로부터 정보 수집'과 '시스템 기초 자료 수집'을 수행합니다. 주관적인 예측을 배제하고 객관적인 정보 수집을 해야 합니다. 문제에 대해서도 단편적인 정보만을 가지고 판단하지 않도록 유의해야 합니다.

'유저로부터 정보 수집'에서는 우선 문제를 발견한 이용자의 입장에서 다음과 같은 관점으로 현상 파악을 합니다.

❶ 왜 문제라고 느꼈는가? 정상이라면 어떻게 동작해야 하는가? 이전에는 어떻게 동작하고 있었는가?

❷ 문제가 발생했을 때는 어떤 동작을 하고 있었는가. 문제를 알아차렸을 때 무엇을 했는가?

❸ 문제는 언제부터 발생한 것인가? 다른 시스템을 포함하여 연관된 다른 문제는 없는가?

❶의 정보를 입수할 때는 에러 표시 화면의 스냅샷을 하거나 입력한 커맨드와 출력 결과 로그 파일 등 편집되지 않은 있는 그대로의 정보를 수집하도록 주의를 기울여야 합니다. 구두로 보고하거나 메일로 쓰는 정보에는 결함이 반드시 발생합니다. 단순한 예로, 메일을 통해 'fdisk로 디스크가 보이지 않습니다.'라는 보고를 받았다면, 여러분은 어떤 상황

인지 상상할 수 있겠는지요? 예를 들어 실제로 fdisk 커맨드의 실행 결과로 [그림 6–1]의 2가지 패턴이 있습니다. 물론 이는 다른 원인으로 인해 발생합니다. 그러므로 구체적인 정보를 입수하는 것이 중요합니다.

```
# fdisk -l /dev/sdb
Cannot open /dev/sdb
```

```
# fdisk ?l /dev/sdb
(아무것도 표시 되지 않음)
```

[그림 6-1] fdisk 커맨드 실행 결과의 2가지 예

또한 유저가 정상이라고 생각한 동작과 시스템에서의 정상 동작은 다를 수 있습니다. "지금까지 정상이었던 것이, 갑자기 이상해졌다"라는 보고를 있는 그대로 받아들여서는 안 됩니다. 이전부터 원래 정상 동작이 아니었을 가능성도 있습니다. 따라서 지금까지의 동작과 문제 발생 후의 동작에 대해서 객관적인 정보를 수집하도록 해야 합니다.

❷는 문제 발생 시의 유저의 조작이 문제에 연관이 있을지에 대한 가능성을 확인하기 위한 정보입니다. 문제 발생 전후의 조작한 내용을 전혀 모른 채, 해당 문제의 내용만을 보는 것은 정확한 문제 판별이 불가능합니다. 유저는 자신이 문제와 관계 있다고 생각하는 정보만을 전달하는 경우가 자주 있습니다. 여기서도 가능한 객관적이고 되도록이면 많은 정보를 끌어내는 것이 중요합니다. 이들 정보는 시스템 로그나 애플리케이션 로그를 분석 할 때, 유저 조작에 의한 로그와 문제에 연관된 로그의 전후 관계나 인과 관계를 분석 할 때에도 중요한 정보가 됩니다.

❸은 이전 시스템 구성의 변화가 문제에 연관되는지에 대한 가능성을 확인하기 위한 정보입니다. 이어서 설명할 '시스템 기초 자료'로서 시스템 구성/시스템 부하/시스템 이용 방법 등의 변화에 관한 정보를 수집하여 문제 발생 시기와의 인과 관계를 조사합니다. 특정 환경에서만 발생하는 문제인지의 여부 역시 귀중한 정보가 됩니다.

계속해서 '시스템 기초 자료의 수집'에서는 시스템 전체 구성을 파악하기 위한 자료를 수집합니다. 크게 다음과 같은 세 종류의 자료 분류가 있습니다.

❶ 구성 관리 정보(하드웨어 구성, 리눅스 설정, 인스톨한 소프트웨어, 미들웨어나 애플리케이션 설정 등)

❷ 문제의 근원이 되는 에러 메시지, 에러 로그 파일, 시스템 로그 파일 등

❸ 문제 관리 기록, 변경 관리 기록

❶에서는 기존 설계에 대한 자료를 입수하고, 실제 설정 내용을 확인하기 위해 툴을 이용하여 정보 수집을 합니다. 리눅스 서버에서 이용할 수 있는 툴에 대해서는 잠시 후 소개하도록 하겠습니다.

❷에서는 리눅스 시스템 로그와 애플리케이션 로그가 필요합니다. 리눅스 시스템 로그에 대해서는 로깅 구조를 포함하여 잠시 후 자세히 설명하겠습니다. 또한 커널 장애의 경우는 커널 덤프를 취득하면 문제판별에 도움이 됩니다. 커널 덤프 설정에 대해서는 6.2에서 설명합니다.

❸은 앞서 설명한 과거 문제 및 시스템 구성의 변화가 이번 문제와 연관이 있는가를 조사하기 위한 것입니다. 2.4에서 설명한 내용이 참고가 될 것입니다.

'기본 정보 수집'의 진행 방법

이 단계에서는 다음에 설명할 '상세 조사'에서 문제의 원인에 대한 가설을 세우기 위한 정보를 수집합니다. 특히 리눅스 문제에 대한 정보는 인터넷이나 그 밖의 정보원으로부터 폭넓게 입수할 수 있습니다. 앞선 '초기 조사'에서 입수한 정보를 바탕으로 비슷한 문제의 사례를 조사하는 것을 통해 유용한 정보를 얻는 경우가 자주 있습니다.

이번 장 앞부분에서 "같은 문제로 곤란했던 사람은 반드시 있다"라고 설명한 것과 같이, 이미 같은 문제로 고민하고, 그에 대한 해결책을 찾은 사람도 많이 있을 것입니다. 이것은 아직 원인에 대한 가설을 세우기 위해 정보를 수집하는 단계이므로, 비슷해 보이는 문제에 대한 정보를 모두 수집해 두는 것이 좋습니다. 이 밖에도 FAQ나 Bugzilla 또는 하우 투How-to 문서에서 연관된 정보를 얻는 경우도 있으므로, 평상시 이들 정보원의 링크를 수집 및 정리하는 것이 좋습니다.

제품의 공식 매뉴얼을 참조하는 것도 잊어서는 안됩니다. 서포트 계약이 되어 있는 경우는 계약 사항을 기반으로 벤더에게 조사 및 정보제공을 의뢰할 수도 있습니다. 예상과 가설은 배제하고 '초기 조사'에서 입수한 객관적인 정보를 기반으로 조사를 의뢰합니다.

'상세 조사'의 진행 방법

이 단계에서는 문제의 근본 원인을 밝혀내기 위해, 보다 본질적인 정보 수집을 합니다. 여기에서는 다음의 3가지 점에 주의를 해야 합니다.

❶ 모든 행동에 대한 정확한 기록을 남긴다.

❷ 컴포넌트 및 계층으로 나누어 생각한다.

❸ 사실과 가설의 구별을 항상 명확히 한다.

❶은 문제의 원인에 대한 예상 및 시도한 작업 그리고 그에 따른 결과 등 문제 판별에 관한 모든 작업을 기록하는 것을 의미합니다. 문제 판별의 기본은 사실을 모으고, 그것을 기반으로 논리적으로 판단하는 것입니다. 가능한 모든 입력 커맨드와 결과 화면 출력을 기록하도록 합시다. 이 단계에서 근본 원인을 발견하지 못한 경우라고 하더라도 여기서 수집한 정보는 다음 단계인 '전문가와 정보 공유'에서도 필요한 정보가 됩니다.

❷는 문제 범위를 컴포넌트 및 계층으로 나누어 생각하여 문제 원인에 대한 가설을 세우면서 조사하는 것을 의미합니다. 세운 가설이 바른지 또는 그렇지 않은지를 증명하는 것으로서 문제의 범위를 좁혀 갈 수 있습니다. 대부분의 경우 앞서 '기본 정보 수집' 단계에서 얻은 정보를 기반으로 가설을 세우는 것입니다.

❸은 어떤 결과던 증명되지 않은 가설과 사실을 혼동하지 않아야 한다라는 의미입니다. 다른 정보원에서 얻은 정보는 문제를 일으킨 시스템에 대해서도 사실이라고 할 수 있는지 또는 가설에 불과한지를 항상 의식해야 할 필요가 있습니다. 또한 증명된 가설에서 얻은 사실에서도 자신의 의견을 그 사실에 포함시키지 않도록 항상 논리적인 판단이 필요합니다.

문제에 대해서 가설을 증명할 때는 앞서 수집한 기본 정보 외에도 커맨드 및 전용 툴을 이용한 정보 수집이 필요합니다. 잠시 후 문제 판별에서 이용되는 주요 커맨드에 대해 설명하도록 하겠습니다.

6.1.2 시스템 구성 정보의 수집

'초기 조사' 단계에서 문제를 일으킨 서버로부터 현재 설정에 대한 정보 등을 수집할 때는 툴을 이용하여 조사의 기초가 되는 정보를 얻을 수 있습니다. 표준으로 사용할 툴을 결정해 두면 차후에 다른 서버 및 비슷한 문제가 발생한 서버와의 비교가 수월해집니다.

수집할 정보로는 하드웨어의 구성, 리눅스 설정, 인스톨한 소프트웨어, 미들웨어 및 애플리케이션 설정 등이 있습니다. 이번에는 하드웨어 구성 정보와 리눅스 설정 정보를 수집하는 툴을 소개하도록 하겠습니다. 미들웨어나 애플리케이션은 각 소프트웨어가 제공하는 툴 또는 커맨드를 이용하여 정보를 수집하도록 합시다. 또한 2.1에서 소개했던 sysstat 패키지 등의 툴을 이용하여 수집한 시스템 정보 역시 문제 판별에 도움이 됩니다.

하드웨어의 구성 정보 수집

서버 하드웨어에 대한 구성 정보를 수집하는 툴은 각 서버 벤더가 전용 툴을 제공하고 있습니다. IBM System x의 경우는 다음 URL에서 공개되고 있는 'IBM Dynamic System Analysis^{DSA}'를 이용합니다.

http://www.ibm.com/support/entry/portal/docdisplay?lndocid=SERV-DSA

DSA로는 RAID 컨트롤러 구성 정보 및 관리 프로세서 로그 등 하드웨어 레벨의 시스템 정보를 취득할 수 있습니다. 위의 웹사이트에서는 몇 가지 에디션을 제공하고 있지만, Red Hat Enterprise Linux 5 환경에서는 'Red Hat Enterprise Linux 5 Portable' 에디션을 사용합니다. 시스템 관리 프로세서로부터 정보를 수집하기 위해서는 2.1에서 소개한 IPMI 드라이버(Open IPMI 패키지)를 인스톨할 필요가 있습니다.

Portable 에디션 사용법은 웹사이트에서 사용할 아키텍처(32비트판, 또는 64비트판)에 적합한 실행 파일을 다운로드합니다. 여기서는 /root/work/ibm_utl_dsa_310p_rhel5_x86_64.bin에 보존하는 것으로 가정하겠습니다. 다음 커맨드로 실행 권한을 변경한 후 실행합니다.

```
# cd /root/work
# chmod u+x ibm_utl_dsa_310p_rhel5_x86_64.bin
# ./ ibm_utl_dsa_310p_rhel5_x86_64.bin -v
```

디폴트로는 xml 파일 형식으로 정보를 출력하지만 -v 옵션을 지정하면, 웹 브라우저로 볼 수 있는 html 파일도 출력합니다.

실행이 끝나면 디렉토리 /var/log/IBM_Support의 아래에 '〈머신 타입 모델 넘버〉_〈시리얼 넘버〉_〈타임 스탬프〉' 형식의 이름으로, html 파일이 보존된 디렉토리와 gzip으로 압축된 xml 파일이 생성됩니다(그림 6-2).

```
# ls -l /var/log/IBM_Support
합계 1100
drwxr-xr-x 2 root root    4096  9월20 21:56  43655DJ_99B8047_20100920-215445
-rw-r--r-- 1 root root 1113360  9월20 21:55  43655DJ_99B8047_20100920-215445.xml.gz
-rw-r--r-- 1 root root    1536  9월20 21:57  dsasep.log
```

[그림 6-2] DSA 출력 파일의 예

다음 커맨드를 이용하여 아카이브 파일 /root/work/dsa_log.tgz로 보존합니다.

```
# cd /var/log
# tar -cvzf /root/work/dsa_log.tgz   ./IBM_Support/
```

웹 브라우저에서 정보를 확인하는 경우에는 html 파일 디렉토리에 포함된 index.html 파일을 열어 확인합니다. [그림 6-3]은 웹 브라우저에서의 표시 예입니다. CPU 및 메모리 등의 하드웨어 정보가 취득되어 있다는 것을 알 수 있습니다. 하드웨어 정보를 포함하여 리눅스 구성 정보도 취득하지만 리눅스 구성 정보에 대해서는 다음에 설명한 sosreport를 이용하여 보다 상세한 정보를 수집하는 것이 가능합니다.

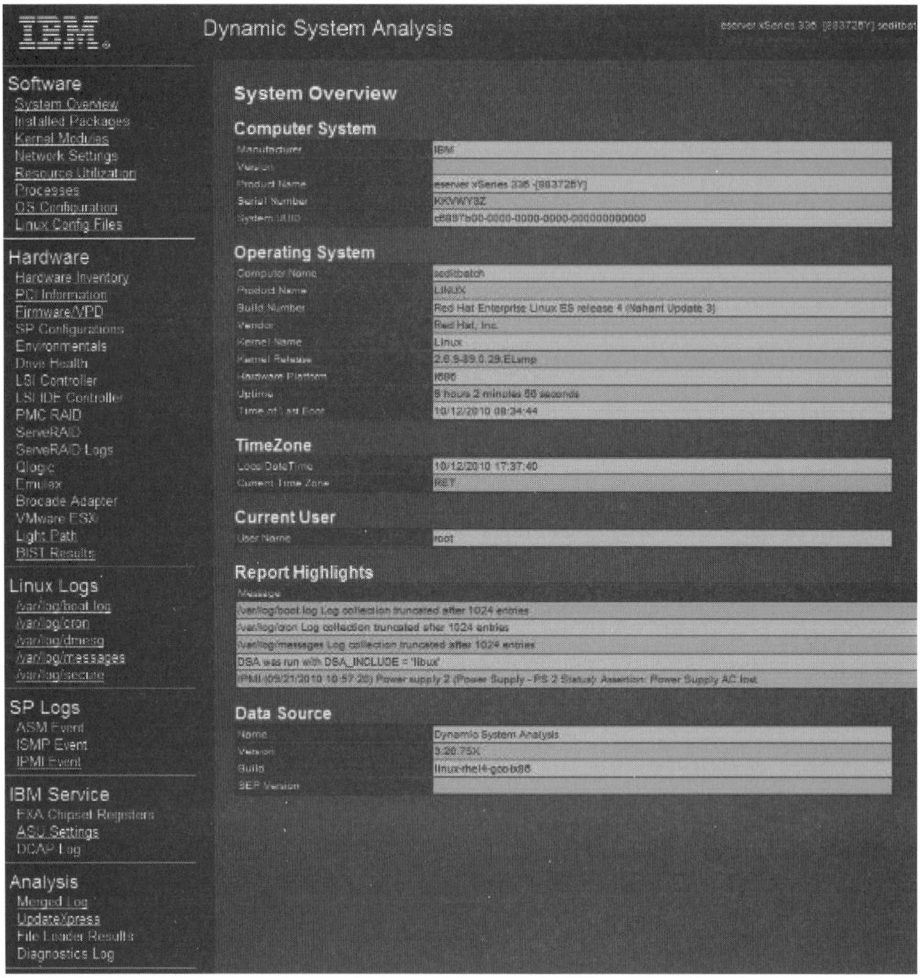

[그림 6-4] DSA로 수집한 정보 표시

리눅스 구성 정보 수집

Red Hat Enterprise Linux5에서는 sosreport 커맨드를 이용하여 리눅스 구성 정보를 수집 합니다. sosreport 커맨드를 실행한 후, 화면 지시에 따라 Enter 를 입력합니다. 이름과 문제 번호의 입력이 요구되지만, 그냥 Enter 를 입력하고 진행해도 상관없습니다(그림 6-4). 이름에는 디폴트로 서버의 호스트명이 입력됩니다. 이것은 마지막에 작성되는 아카이브 파일명의 일부가 됩니다.

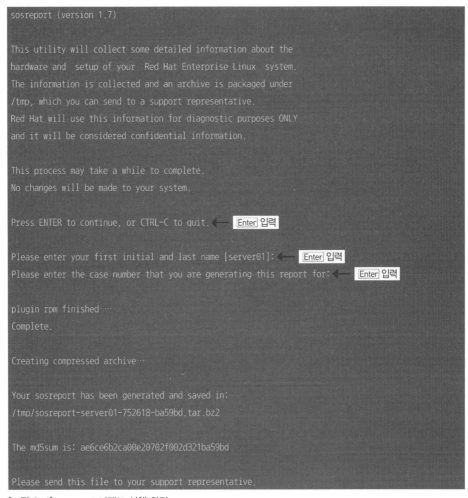

[그림 6-4] sosreport 커맨드 실행 화면

실행이 끝나면 /tmp/밑에 sosreport-server01-726860-69a185.tar.bz2라는 파일명으로 아카이브 파일이 생성됩니다. 이 파일을 서버로부터 다운로드하여 보존합니다. 이 아카이브 파일을 리눅스에서 해제하기 위해서는 다음 커맨드를 이용합니다.

```
# tar -xvjf  sosreport-server01-726860-69a185.tar.bz2
```

[그림 6-5]는 아카이브 파일에 포함되는 파일 및 디렉토리의 예입니다. 각 파일명은 정보를 수집한 커맨드 또는 파일명입니다. 'etc' 'var' 'proc' 등의 디렉토리에는 /etc/, /var/, /proc/ 아래에 주요 파일 복사가 이루어집니다.

```
# ls server01-752618/
boot        free            lsb-release    proc       som_commands  var
chkconfig   hostname        lsmode         ps         sos_logs      vgdisplay
date        ifconfig        lsof           pstree     sos_reports
df          installed-rpms  lspci          root       sys
dmidecode   java            netstat        rpm-Va     uptime
```

[그림 6-5] sosreport 커맨드 작성 파일(디렉토리)

6.1.3 시스템 로그 수집

리눅스에서는 커널, 디바이스 드라이버, OS 등 시스템 로그 및 애플리케이션 로그가 여러 로그 파일로 출력됩니다. 시스템 로그의 대부분은 syslog 데몬과 klog 데몬에 의한 로깅 시스템에서 관리되고, 주로 /var/log/ 밑에 텍스트 파일로 출력됩니다. 유저 로그인 이력 등은 시스템 바이너리 형식으로 저장되므로 출력시 전용 커맨드를 이용할 필요가 있습니다. 애플리케이션 로그는 리눅스 로깅 시스템을 이용하는 경우와 애플리케이션 자체에서 제공하는 방법을 이용하여 로그 파일에 출력하는 경우가 있습니다. 각 애플리케이션에 대해서 로그 출력 사양을 확인해야 합니다.

서버 하드웨어 장애에 관한 로그는 시스템 관리 프로세서에서 취득할 필요가 있습니다. 2.1에서 소개한 IBM Systems Director 등의 전용 툴 및 ipmitool 커맨드로 확인하는 것 외에도 조금 전 소개한 DSA로도 확인하는 것이 가능합니다.

[표 6-1]은 리눅스 문제 판별에서 필요한 주요 시스템 로그 파일입니다. 여기에서는 로그 파일의 출력에 연관하는 리눅스 로깅 시스템에 대해서 소개합니다.

[표 6-1] 리눅스 주요 시스템 로그 파일

로그파일	설명
/var/log/messages	시스템 관련 로그 디폴트 출력 파일
/var/log/secure	유저 로그인 인증 등 세큐리티 연관 정보를 기록
/var/log/dmesg	시스템 기동 직후 커널 로그 버퍼 내용을 기록
/var/log/cron	cron job 실행 이력 기록
/var/log/Xorg.0.log	X Window 서버의 로그 파일
/var/log/wtmp	유저 로그인 이력을 기록하는 바이너리 파일. last 커맨드로 참조
/var/log/lastlog	유저 최종 로그인 기록을 보관할 바이너리 파일 lastlog 커맨드로 참조
/var/run/utmp	로그인 중의 유저 정보를 관리할 바이너리 파일. uptime 커맨드, w 커맨드 등으로 참조

syslog 데몬

[그림 6-6]은 리눅스 로깅 시스템 구성을 나타내고 있습니다. 크게는 다음 4개의 컴포넌트로 구성되어 있습니다. '커널 로그 버퍼'는 커널 및 커널 모듈(디바이스 드라이버)이 출력하는 로그(커널 메시지)를 일시적으로 저장하는 버퍼입니다. 'klog 데몬'은 커널 로그 버퍼의 내용을 syslog 데몬에게 전송합니다. 또한 긴급도가 높은 메시지를 시스템 콘솔에 출력합니다. 'syslog 데몬'은 시스템 프로세스 및 유저 프로세스(애플리케이션)의 로그 메시지, klog 데몬에서 전송된 커널 메시지를 설정 파일에 따라 로그 파일에 출력합니다. 다른 서버의 syslog 데몬 메시지를 네트워크를 경유하여 수신하는 것도 가능합니다.

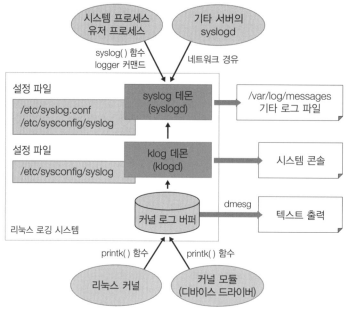

[그림 6-6] 리눅스 로깅 시스템

syslog 데몬에 보내지는 메시지에는 'facility'와 'priority'에 대한 정보가 있습니다. facility는 메시지의 종류를 구분하기 위해서 사용되며, priority는 메시지의 긴급도(위험도)를 나타냅니다.

facility에는 다음과 같은 것들이 있습니다.

- auth, authpriv, cron, deamon, lpr, mail, news, security(auth의 별칭), syslog, user, uucp, mark: 시스템에서 규정한 엔트리
- kern: klog 데몬에서 전송된 커널 메시지가 사용됨
- local0~local7 규정 엔트리에 해당하지 않는 메시지에 대해 애플리케이션이 임의로 이용

priority에는 다음과 같은 것들이 있습니다.

- debug, info, notice, warning, warn(warning의 별칭), err, error(err의 별칭), crit, alert, emerg, panic(emerg의 별칭): 이 순서로 긴급도가 높아짐(debug는 긴급도가 낮고 emerg는 긴급도가 높다는 것을 의미)

```
# Log all kernel messages to the console.
# Logging much else clutters up the screen.
#kern.*                                        /dev/console

# Log anything (except mail) of level info or higher.
# Don't log private authentication messages!
*.info;mail.none;authpriv.none;cron.none       /var/log/messages

# The authpriv file has restricted access.
authpriv.*                                     /var/log/secure

# Log all the mail messages in one place.
mail.*                                         -/var/log/maillog

# Log cron stuff                               /var/log/cron
cron.*

# Everybody gets emergency messages
*.emerg                                        *

# Save news errors of level crit and higher in a special file.
uucp,news.crit                                 /var/log/spooler

# Save boot messages also to boot.log
local7.*                                       /var/log/boot.log
```

[그림 6-7] /etc/syslog.conf 디폴트 설정

syslog 데몬은 이 정보들을 기반으로 /etc/syslog.conf 설정에 따라 출력할 로그 파일을 결정합니다. [그림 6-7]은 Red Hat Enterprise Linux 5.5에서의 /etc/syslog.conf 디폴트 설정의 예입니다. 각 행에서 메시지의 facility에 대한 출력 파일을 설정하고 있습니다. 또한 priority를 설정하여 설정 이상의 긴급도 메시지만을 출력합니다. 대표적인 설정에 대해서 간단하게 설명하도록 하겠습니다.

- [*.emerg]: 임의의 facility에서 emerg 이상의 긴급도 메시지를 출력
- [mail. *]: facility가 mail인 모든 메시지를 출력
- [*.info;mail.none; authpriv.none;cron.none]: 임의의 facility에서 info 이상의 긴급도 메시지를 출력. 단, facility가 mail, authpriv, cron인 것은 제외

syslog 데몬에서 쓰는 로그 내용은 디스크 캐시에서 물리 디스크에 강제로 쓰도록 되어 있습니다. 이는 서버가 정지했을 때 그 원인 관계가 될지 모를 중요한 메시지를 잃어 버리지 않도록 하는 것입니다. [그림 6-7]의 'mail.*'의 우측에는 '-/var/log/maillog'와 같이 선두에 '-'가 붙어 있습니다. 이것은 로그를 쓸 때, 디스크 캐시를 강제로 출력하지 않도록 하는 설정입니다. 메일 서버 로그 파일과 같이 대량으로 로그를 출력하는 경우, 로그 출력으로 인한 I/O 부하를 줄이기 위한 것입니다. 하지만 서버 장애 시에 디스크 캐시의 메시지가 손실될 가능성이 있습니다.

```
# logger -p local0.info -t TEST 'Hello, World!'
# tail -1 /var/log/messages
Sep 12 14:28:05 server01 TEST: Hello, World!
```

[그림 6-8] logger 커맨드의 이용 예

logger 커맨드를 이용하면 facility와 priority를 지정해서 syslog 데몬에 메시지를 전송할 수 있습니다. [그림 6-8]은 logger 커맨드의 사용 예입니다. -p 옵션으로 facility와 priority를 지정해서 -t 옵션으로 로그의 앞에 추가할 태그를 지정합니다. 서버 운용에서 사용할 쉘 스크립트를 작성할 때는 logger 커맨드로 로그를 출력하면 로그 파일의 관리를 로깅 시스템에 맡길 수 있으므로 편리합니다.

커널 로그와 klog 데몬

커널 및 커널 모듈(디바이스 드라이버)이 출력하는 로그 메시지는 가장 먼저 커널 내부의 커널 로그 버퍼(메모리상의 버퍼 영역)에 보존됩니다. 이 구조는 syslog 데몬이나 klog 데몬이 동작하고 있지 않은 상태에서도 커널로부터의 로그 메시지를 잃어버리지 않도록 하는 구조입니다. 특히 시스템 기동 시, syslog 데몬이나 klog 데몬이 시작되기 전 단계에서 커널이 로그 메시지를 출력합니다. 이들은 일단 커널 로그 버퍼에 축적된 후, syslog 데몬과 klog 데몬이 시작되는 타이밍에 로그 파일로 출력됩니다.

dmesg 커맨드를 이용하여 커널 로그 버퍼의 내용을 확인할 수 있습니다. 또한 시스템 기동 직후 커널 로그 버퍼의 내용은 /var/log/dmesg 파일에도 기록됩니다. 커널 로그 버퍼는 최대 용량이 결정되어 있어, 버퍼가 꽉 차면 오래된 로그부터 삭제됩니다.

커널이 출력한 로그 메시지가 로그 파일에 쓰여질 때까지의 플로우는 다음과 같습니다. 우선 커널 내부에서는 printk() 함수로 로그 메시지를 커널 로그 버퍼에 출력합니다. printk() 함수로 출력할 때, 각 로그 메시지에는 0~7의 로그 레벨(우선순위)이 지정됩니다. 0이 우선순위가 높다는 것을 의미합니다.

계속해서 klog 데몬은 커널 로그 버퍼 내용을 syslog 데몬에 전송합니다. 또한 로그 레벨이 높은 메시지에 대해서는 시스템 콘솔에도 내용을 출력합니다. 시스템 콘솔에 출력하는 로그 레벨은 설정파일 /etc/sysconfig/syslog의 [KLOGD_OPTIONS]에 -c 옵션을 지정합니다. -c 옵션으로 지정한 값보다 높은(값은 포함하지 않음) 우선순위의 메시지가 시스템 콘솔에 출력됩니다. 다음의 설정 예에서는 우선순위가 0~7인 메시지가 콘솔에 출력됩니다. -x 옵션은 디폴트로 지정되어 있는 것입니다.

```
KLOGD_OPTIONS="-x ?c  8"
```

각 메시지의 우선순위는 syslog 데몬에 전송된 단계에서 8종류의 priority로 변환됩니다. 0~7의 우선순위가 각각 emerg, alert, crit, err, warning, notice, info, debug에 해당합니다. facility에는 kern이 지정됩니다.

syslog 데몬과 klog 데몬 기동

syslog 데몬 및 klog 데몬은 시스템 기동 시에 syslog 서비스로 시작됩니다. klog 데몬이 기동되면, 그때까지 커널 로그 버퍼에 축적되어 있던 메시지를 syslog 데몬에 출력합니다. 시스템 기동 시 /var/log/messages를 참조할 경우, syslog 데몬 및 klog 데몬이 시작된 직후에 커널 로그 메시지가 한 번에 출력되는 것은 이와 같은 구조이기 때문입니다.

또한 시스템 기동 시 syslog 데몬이 시작된 후에 시스템 클럭의 조절이 실시되는 경우가 있습니다. 이 타이밍에서 시스템 로그에 출력되는 메시지의 타임 스탬프가 과거로 돌아가는 등의 변화를 하는 경우가 있습니다

syslog 데몬과 klog 데몬 설정 파일을 변경했을 경우에는 다음 커맨드를 이용하여 변경을 반영합니다.

```
# service syslog reload
```

로그 파일 로테이션

리눅스에서 시스템 로그 로테이션은 logrotate 툴을 이용합니다. logrotate는 cron 스케줄에 의해 정기적으로 실행됩니다. 디폴트로는 매일 아침 04:02에 실행됩니다.

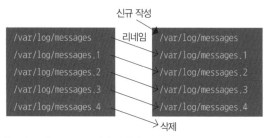

[그림 6-9] logrotate 처리 이미지

기본적인 동작은 로그 파일의 백업 파일을 작성하고 기존 파일의 내용을 비웁니다. 백업 파일은 파일명의 마지막에 1,2,3,…과 같은 연속된 번호의 확장자가 추가됩니다(그림 6-9). 애플리케이션에서 출력하는 로그 파일 등 임의의 파일에 대해 로테이션을 실시할수 있습니다. 옵션에서 로테이션의 주기(일차, 주차, 월차, 파일 사이즈 단위)를 지정, 백업 파일의 압축 처리, 로테이션 전후의 지정 커맨드의 실행 등을 설정할 수 있습니다.

logrotate 설정 파일은 /etc/logrotate.conf 및 /etc/logrotate.d 하위의 파일입니다. /etc/logrotate.conf에는 주로 디폴트 설정을 합니다. Red Hat Enterprise Linux 5.5 디폴트설정에는 다음과 같은 항목이 지정되어 있습니다.

- weekly: 주 단위로 로테이션을 실시
- rotate 4: 백업 파일은 .4까지 보존
- create: 백업 파일을 작성 후, 빈 신규 파일을 작성
- include /etc/logrotated.d: /etc/logrotated.d의 하위에 개별 설정 파일을 저장

```
/var/log/messages /var/log/secure /var/log/maillog /var/log/spooler /var/log/boot/log /var/log/cron
{
    sharedscripts
    postrotate
        /bin/kill ?HUP `cat /var/run/syslogd.pid 2> /dev/null` 2> /dev/null || true
        /bin/kill ?HUP `cat /var/run/rsyslogd.pid 2> /dev/null` 2> /dev/null || true
    Endcript
}
```

[그림 6-10] /etc/logrotate.d/syslog 설정 예

[그림 6-10]은 설정 파일 /etc/logrotate.d/syslog에 기록된 syslog 데몬으로부터 출력되는 각종 시스템 로그 파일에 대한 로테이션 설정 예입니다. postrotate 옵션으로 로테이션 후에 syslog 데몬에게 HUP 시그널을 전송합니다. 이를 실행하지 않으면 syslog 데몬은 messages.1 등 리네임된 파일에 로그 출력을 계속합니다. 수동으로 로그 파일을 리네임했을 경우에도 HUP 시그널 전송이 필요하므로 주의하도록 합시다.

6.1.4 커맨드에 의한 정보 수집

이번에는 문제 판별 시 서버 상태 확인을 위해 자주 사용되는 커맨드를 소개하도록 하겠습니다. 취득한 데이터를 국내외 전문가에게 의뢰를 할 수 있게끔, 영어로 출력할 것을 권장합니다. 우선 다음 커맨드를 이용하여 각 커맨드에 대한 출력이 영어로 되도록 설정합니다.

```
# export LANG=C
```

또한 리눅스에서는 대부분 커맨드에 대한 상세한 온라인 매뉴얼이 제공되어 있습니다. 이들은 man 커맨드로 참조하기 때문에 'man 페이지'라고도 불립니다. 여기서 소개할 커맨드에 대해서도 옵션과 같은 상세 정보에 대해서는 man 페이지를 참조하기 바랍니다. man 커맨드 형식은 다음과 같습니다.

```
# man <섹션 번호> <커맨드>
```

[표 6-2]는 섹션 번호에 대한 설명입니다. [1p]와 같이 [p]가 붙어 있는 섹션은 POSIX 표준 매뉴얼이지만, 이 섹션의 내용은 리눅스가 제공하는 기능과는 반드시 일치하지는 않습니다. 섹션 번호를 지정하지 않은 경우에는 가장 낮은 번호의 섹션이 자동으로 선택됩니다. whatis 커맨드로 매뉴얼에 포함하여 섹션 번호를 확인할 수 있습니다.

```
# whatis <커맨드>
```

또한 커맨드를 이용한 정보 수집과 더불어 커널 파라미터 설정 및 확인 방법 그리고 코어 덤프를 취득하는 방법도 설명하겠습니다.

[표 6-2] man 커맨드의 섹션 번호

섹션 번호	설명
0p	헤더 파일
1 / 1p	일반 유저 커맨드
2	시스템 콜(커널이 제공하는 함수)
3/ 3p	라이브러리 함수
4	디바이스(/dev 디렉토리의 스페셜 파일)
5	파일 포맷 설명(/etc/passwd 등)
7	그 외(매크로 패키지 및 표준 규약)
8	root 유저 전용 시스템 관리 툴
9	리눅스 커널 루틴

기본 정보의 확인

시스템 동작에 이상이 있는 경우, 우선은 파일시스템 영역이 부족한지, 메모리 부족인지, CPU를 점유하고 있는 프로세스가 있는지의 여부와 같은 기본적인 문제부터 조사를 해야 합니다. [표 6-3]은 이와 같은 기본 항목을 확인하기 위한 커맨드입니다.

인스톨한 RPM 패키지의 정보를 확인하기 위해서는 [표 1-7]의 rpm 커맨드에 사용 방법을 정리해 두었으므로 참조하기 바랍니다. 또한 다음 커맨드는 RPM 패키지에 포함된 체인지 로그(개발자가 기록하는 패키지 변경 이력)를 표시합니다.

```
# rpm -q --changelog <rpm 패키지 명>
# rpm -q -changelog -p <rpm 패키지 파일>
```

x86_64(64비트판) 환경에서는 64비트판과 32비트판을 모두 제공하는 RPM 패키지가 있습니다. 어느 패키지가 인스톨되어 있는지는 다음 커맨드로 확인할 수 있습니다.

```
# rpm -qa --qf '%{NAME}-%{VERSION}-%{RELEASE}.%{ARCH}\n'
```

패키지명의 마지막 부분에 어느 아키텍처 패키지가 인스톨되어 있는지를 나타내는 x86_64(64비트판), i386/i686(32비트판), noarch(아키텍처가 의존하지 않는 패키지)기호가 표시됩니다. 애플리케이션 인스톨이 전제가 되는 RPM 패키지를 인스톨할 때, 적절한 아키텍처의 패키지가 인스톨되어 있지 않은 원인으로 인해 애플리케이션이 동작하지 않는 경우도 있으므로 주의하도록 합시다.

다음 [표 6-4]는 리눅스가 OS 레벨에서 인식하고 있는 디바이스 정보를 확인하기 위한 주요 커맨드입니다. 시스템 관리 프로세서 정보를 통해 물리적으로 접속되어 있는 디바이스 정보는 알 수 있습니다. 이 커맨드들은 리눅스에서 정확하게 인식되고 있는지를 확인하기 위해 사용합니다.

```
# tcpdump -nSli eth0 | grep ICMP
tcpdump: verbose output suppressed, use -v or -vv for full protocol decode
listening on eth0, link-type EN10MB (Ethernet), capture size 96 bytes
15:42:41.305675 IP 192.168.1.200 > 192.168.1.10: ICMP echo request, id 12299, seq 0, length 64
15:42:41.305718 IP 192.168.1.10 > 192.168.1.200: ICMP echo reply, id 12299, seq 0, length 64
15:42:41.945580 IP 192.168.1.200 > 192.168.1.10: ICMP echo request, id 12299, seq 1, length 64
15:42:41.945609 IP 192.168.1.10 > 192.168.1.200: ICMP echo reply, id 12299, seq 1, length 64
15:42:42.574357 IP 192.168.1.200 > 192.168.1.10: ICMP echo request, id 12299, seq 2, length 64
15:42:42.574420 IP 192.168.1.10 > 192.168.1.200: ICMP echo reply, id 12299, seq 2, length 64
15:42:43.292038 IP 192.168.1.200 > 192.168.1.10: ICMP echo request, id 12299, seq 3, length 64
15:42:43.292062 IP 192.168.1.10 > 192.168.1.200: ICMP echo reply, id 12299, seq 3, length 64
15:42:43.919377 IP 192.168.1.200 > 192.168.1.10: ICMP echo request, id 12299, seq 4, length 64
15:42:43.919401 IP 192.168.1.10 > 192.168.1.200: ICMP echo reply, id 12299, seq 4, length 64
```

[그림 6-22] tcpdump 커맨드에 의한 패킷 캡쳐의 예

또한 네트워크에 관한 문제를 조사하는 경우에는 tcpdump 커맨드를 이용하면 각각의 인터페이스를 통과하는 네트워크 패킷에 관한 상세한 정보를 표시하는 것이 가능합니다. 네트워크 패킷 조사는 Wireshark(Ethereal) 등의 전용 툴을 사용하는 경우가 많으므로, 해당 툴을 바로 준비할 수 없는 경우 간단하게 사용할 수 있습니다. [그림 6-11]의 예와 같이, 관심있는 패키지만을 표시하도록 grep 커맨드를 이용하여 출력 내용을 필터링할 수도 있습니다. 이 예에서는 ping 패키지를 표시하고 있습니다. 조건에 따라서는 대량의 출력이 발생하여 터미널 툴이 행업되는 경우가 있으므로 사용할 때 충분한 검토가 필요합니다.

[표 6-3] 서버 기본 정보를 확인 하기 위한 주요 커맨드

커맨드	설명
#uname −a	커널 버전과 아키텍처 표시
#df	마운트 중의 파일시스템과 사용량 표시
#free	메모리와 swap 영역의 사용량 표시
#ps −ef #ps aux	가동 중의 프로세스 표시. ww 옵션을 추가하면 잘리는 부분까지 표시
#top	CPU를 사용하고 있는 프로세스 표시(q로 종료)
#inconfig −a	네트워크 인터페이스 구성을 표시
#netstat −an	다른 서버 또는 클라이언트와의 TCP 접속 상황을 표시
#ethtool ethX	네트워크 인터페이스[ethX]의 통신 모드(통신 속도, 전이중/반이중 등)을 표시
#cat /proc/net/bonding/bondX	Bonding 디바이스[bondX]의 가동 상황을 표시
#uptime	서버 연속 가동 시간 등을 표시
#last	서버에 로그인한 유저의 이력을 표시 서버 재기동 기록도 확인 가능
#w	서버에 로그인 중의 유저를 표시
#lsof	각 프로세스가 오픈하고 있는 파일을 표시
#lsof −i	각 프로세스가 사용하고 있는 TCP/UDP 포트를 표시
#fuser −v [파일 패스]	해당 파일을 오픈하고 있는 프로세스 표시
#fuser −vm [마운트 포인트]	마운트 중의 파일시스템 안의 파일을 오픈하고 있는 프로세스를 표시

[표 6-4] 접속 디바이스를 확인하는 주요 커맨드

커맨드	설명
#lspci	PCI 접속 디바이스 정보를 표시 -v 옵션으로 보다 상세한 정보를 표시
#lsusb	USB 접속 디바이스 정보를 표시 -v 옵션으로 보다 상세한 정보가 표시
#cat /proc/scsi/scsi	SCSI 접속 디바이스 정보를 표시
#cat /proc/interrupts	각 디바이스 CPU 인터럽트 횟수를 표시
#lsmod	디바이스 드라이버 등 커널에 읽어 들여지는 커널 모듈을 표시

커널 파라미터 설정

리눅스에서 /proc에 마운트된 proc 파일시스템 기능을 이용하여 /proc/ 하위 파일을 통해 프로세스 또는 커널 동작에 관한 파라미터를 확인 및 변경할 수 있습니다. /proc/ 하위의 파일은 디스크에 존재하는 파일과는 무관합니다. 내용을 cat 커맨드로 표시하면 현재의 설정 값이 표시되고, echo 커맨드를 이용하여 설정 값을 변경합니다.

특히 /proc/sys 하위의 디렉토리에 각종 커널 파라미터가 모여 있습니다(표 6-5). 이들은 시스템 기동 시에 /etc/sysctl.conf의 내용으로 초기화됩니다(그림 6-12). 또한 각 파라미터 설명은 proc 매뉴얼 페이지(man 커맨드)를 참조하도록 합시다.

```
net.ipv4.ip_forward = 0
net.ipv4.conf.default.rp_filter = 1
net.ipv4.conf.default.accept_source_route = 0
kernel.sysrq = 0
kernel.core_uses_pid = 1
net.ipv4.tcp_syncookies = 1
kernel.msgmnb = 65536
kernel.msgmax = 65536
kernel.shmmax = 68719476736
kernel.shmall = 4294967296
```

[그림 6-12] /etc/sysctl.conf 디폴트 설정(주석 행은 삭제)

/etc/sysctl.conf에 커널 파라미터를 설정하는 경우는 /proc/sys/ 이하의 파일 패스를 [.]으로 구분자로 변경합니다. 예를 들어 [net.ipv4.ip_forward]는 /proc/sys/net/ipv4/ip_forward이 됩니다. /etc/sysctl.conf의 내용을 변경한 후, 반영하기 위해서는 다음 커맨드를 사용합니다.

```
# sysctl -p
```

현재 설정 값을 확인하는 경우는 /proc/sys/ 이하의 파일을 cat 커맨드로 표시하던가 다음 커맨드를 사용합니다.

```
# sysctl -a ==> 모든 파라미터를 표시
# sysctl <커널 파라미터> => 지정한 파라미터 표시
```

sysctl 커맨드로 설정 값을 일시적으로 변경하는 것도 가능합니다. 예를 들어 다음 두 가지 커맨드는 같은 효과를 냅니다.

```
# echo 1 > /proc/sys/net/ip4/ip_forword
# sysctl net.ipv4.ip_forword=1
```

[표 6-5] /proc/sys/ 하위의 커널 파라미터

디렉토리	설명
/proc/sys/fs	파일시스템에 관한 커널 파라미터
/proc/sys/kernel	커널 동작에 관한 커널 파라미터
/proc/sys/net	네트워크에 관한 커널 파라미터
/proc/sys/vm	메모리 관리에 관한 커널 파라미터

코어 덤프의 취득

리눅스 커널이 프로세스의 이상 동작을 감지하면 시그널을 발행하여 프로세스를 강제로 정지시키는 경우가 있습니다. 이때 프로세스가 사용 중인 메모리의 내용을 코어 덤프 파

일에 출력하는 것이 가능합니다. 코어 덤프의 내용을 분석하여 동작 이상의 원인을 판별할 수 있는 경우도 있습니다.

코어 덤프 출력을 설정하는 방법은 다음과 같습니다. 우선 5.1에서 설명한 ulimit 커맨드로 코어 덤프 파일의 사이즈 제한을 해제합니다. 필요에 따라서 /etc/security/limits.conf, /etc/profile 등에도 설정을 하도록 합시다.

```
# ulmit -c unlimited
```

이어서 커널 파라미터에서 코어 덤프 출력 파일명을 지정합니다. 'kernel.core_pattern'에는 파일명을 풀 패스로 설정합니다. 'kernel.core_uses_pid'에 1을 지정하면 파일명의 마지막에 코어 덤프를 출력한 프로세스의 프로세스 ID가 추가됩니다. 다음 설정의 예에서는 /tmp/core.〈프로세스ID〉가 코어 덤프 파일명이 됩니다.

```
# sysctl kernel.core_pattern="/tmp/core"
# sysctl kernel.core_uses_pid=1
```

필요에 따라서 /etc/sysctl.conf에도 설정을 하도록 합니다. 강제로 코어 덤프를 출력하도록 하는 경우 다음 커맨드를 이용하여 프로세스에 QUIT 시그널을 보냅니다.

```
# kill -QUIT <프로세스 ID>
```

컬럼 | "사례로 배우는 문제 판별의 마음가짐"

이번 컬럼에서는 실제 문제 판별 사례를 소개하려고 합니다. 예상하지 못한 곳에 진범이 숨어 있었던 두 가지 사례를 소개하도록 하겠습니다.

첫 번째는 SAN 스토리지 장애 테스트에서 FC 케이블을 뺐더니, 몇 분간 시스템 freeze가 발생했던 경우입니다. 보통은 케이블을 뺀 직후에 I/O 에러가 발생하여 장애 통지를 합니다만, 이 시스템만은 몇 분간 전혀 응답이 없습니다. 그 후 갑자기 freeze로부터 회복되어 디른 시비의 마찬가지로 장애 롱시를 했습니다. 디바이스 드라이버 등 스토리지 관계 모듈 문제가 의심되어, 스토리지 전문가에 의해 조사를 진행했지만 원인은 알 수 없었습니다. 스토리지 전문가가 포기하려고 할 즈음, 필자에게 '혹시 모르니, 리눅스 관점에서도 조사해 달라'라는 의뢰가 왔습니다.

해결의 실마리는 '왜 이 서버에만 문제가 있는가?', '이 서버는 다른 서버와 무엇이 다른가?', '스토리지에 연관된 부분만이 아닌, 모든 설정을 확인하고 다른 서버와 다른 점을 찾는 것은 어떤가?'라는 발상이었습니다.

결론부터 말하자면 시리얼 콘솔 설정이 범인이었습니다. 리눅스에서는 커널 옵션을 설정하면, 시스템 콘솔의 출력을 시리얼 포트로부터도 출력 가능합니다. 이 서버에는 그런 설정이 되어 있었던 것입니다.

매니악적인 이야기이지만, 리눅스 시리얼 통신용 디바이스 드라이버는 시리얼 포트로부터 입출력할 때, 일시적으로 모든 외부 인터럽트를 금지합니다. 이는 시리얼 통신의 신뢰성을 확보하기 위한 구조이지만, 단시간에 대량의 시리얼 통신이 발생하면, 외부 인터럽트가 금지된 상태가 계속되어, 시스템이 freeze된 것처럼 됩니다. FC 케이블을 빼서, 대량의 I/O 에러가 발생하자 그에 따른 커널 메시지가 대량으로 시리얼 포트로 보내져서 이 문제가 발생한 것입니다. 결국 etc/sysconfig/syslog의 'KLOGD_OPTIONS'에서 커널 메시지 출력을 금지하도록 하여 해결하였습니다.

다른 하나의 경우는 리눅스 서버 구축 연수 중에 일어났습니다. 연수용 서버여서 물리 디스크를 넣었다 뺐다 하면서 인스톨을 반복하고 있었는데 갑자기 서버 기동에 실패하였습니다. 그래서 6장 마지막에 소개할 '서버 기동시의 문제 판별'을 하기 시작했습니다.

이 문제는 부트 프로세스의 추적과 '시도와 실패'(6.4에서 설명합니다)를 통해 해결의 실마리를 얻었습니다. 부트 프로세스를 조사했더니 GRUB에서 커널을 메모리에 로드한 후에 커널이 루트 파일시스템을 마운트하려던 부분에서 마운트가 실패하고 있었습니다. 커널이 마운트할 파일시스템의 설정은 /boot/grub/grub.conf의 커널 파라미터에 있습니다. 이 파일을 천천히 들여다 봤지만 다음과 같이 디폴트 설정과 아무런 차이가 없었습니다.

```
kernel /vmlinuz-2.6.18-194.el5 ro root=LABEL=/ rhgb quite
```

루트 파일시스템이 [root=LABEL=/]로 지정되어 있어 파일시스템 라벨의 설정도 확인했지만, 역시 지정한 대로 되어 있었습니다. 그래도 혹시나 해서 파일시스템 라벨 설정을 하지 않고, 디바이스 파일 지정([root=/dev/sda2])으로 변경했습니다. 그랬더니 서버가 제대로 부팅되었습니다.

근본 원인이 무엇이었을까요? 집중하여 이 서버의 파일시스템 라벨과 연관 있는 것이 어디에 있는지를 생각해 보았습니다. 정답은 2번째 디스크 드라이버였습니다. 다른 서버의 1번째 디스크를 2번째에 붙였기 때문에, 2번째 디스크 안에도 같은 파일시스템 라벨의 루트 파일시스템이 남아있었던 것입니다.

이와 같은 예를 통해 '문제 판별의 마음가짐'이 약간이나마 전달이 되었는지요. 인간이 생각해서 만든 시스템이므로 인간이 해결할 수 없는 문제는 없습니다. '당연히 그럴 것이다라는 생각을 버리고, 넓은 관점에서 생각하자', '단서가 없을 때는, 우선은 논리적으로 생각하자'라는 이 두 가지의 발상을 기반으로 문제 판별을 하도록 합시다.

6.2

커널 덤프의 취득

6.2.1 커널 패닉과 커널 덤프

리눅스 커널은 예외의 상황(커널이 어떻게 처리를 계속해야 하는지 판단 불가능한 상황)이 발생하면 panic()이라고 하는 특별한 함수를 실행합니다. 이를 '커널 패닉'이라고 합니다.

커널 패닉은 커널이 자발적으로 panic() 함수를 실행할 때에 발생하는 현상으로, 모든 커널 장애에서 발생하는 것은 아닙니다. 커널이 panic() 함수를 실행하지 못하고 freeze하는 경우도 있을 수 있습니다.

리눅스는 커널 패닉이 발생했을 때, 서버 물리 메모리의 내용을 '커널 덤프'라고 불리는 파일에 출력하는 기능을 가지고 있습니다. 커널 덤프 내용을 분석하여 커널 패닉이 발생한 원인을 판별할 수 있는 경우도 있습니다. 커널 덤프의 해석은 커널 내부 구조에 관한 전문 지식이 필요하기 때문에 보통은 서포트 계약에 따라 벤더의 서포트 창구에 의뢰합니다.

Red Hat Enterprise Linux 5에서는 kdump라고 하는 툴을 이용하여 커널 덤프를 취득합니다. kdump에서는 서버의 메모리에 커널 덤프를 출력하기 위한 특별한 커널(크래시 커널)을 상주시키고 있어, 커널 패닉이 발생하면 크래시 커널로 처리를 넘깁니다. 이것은 사용하고 있는 커널에 어떤 문제가 발생하고 있으므로, 안전을 위해 새로운 커널로 커널 덤프 출력을 실시하기 위한 구조입니다.

크래시 커널이 사용하는 메모리 영역은 서버 기동시 예약되어, 기본 커널은 사용하지 않도록 설계되어 있습니다(그림 6-13). 기본적으로 최소한 128MB의 메모리 영역을 확보할 필요가 있지만 Red Hat Enterprise Linux 5의 최소 시스템 요건 메모리 용량은 512MB이므로 서버 전체에서의 물리 메모리는 640MB 이상이 필요합니다.

kdump에서는 내부적으로 kexec라는 툴을 이용합니다. 잠시 후에 설명할 kdump 서비스를 시작하면, kexec의 기능에 의해 크래시 커널과 전용 초기 RAM 디스크가 메모리에 로드됩니다. 크래시 커널의 기동 처리에 필요한 파일은 이 단계에서 모두 메모리에 올라갑니다. 크래시 커널은 일반적인 커널과 같지만, kexec가 내부적으로 커널 옵션을 설정하여 /proc/vmcore를 유효화합니다. 이 파일을 cat 커맨드를 이용하여 출력하면, 기본 커널이 동작하고 있을 때의 메모리 이미지가 출력됩니다.

커널 패닉이 발생하여 크래시 커널이 동작하면, 메모리의 전용 초기 RAM 디스크에서 기동 처리를 개시합니다. 초기 RAM 디스크에서 실행되는 스크립트 안에서 /proc/vmcore로부터 읽어낸 메모리 이미지를 파일에 출력합니다. 이때 서버 로컬 디스크 이외에 SSH를 이용한 네트워크 경유로 외부 서버에 커널 덤프를 전송하는 것도 가능합니다. 커널 덤프의 출력이 완료되면 서버는 재기동하여 기본 커널로 기동합니다.

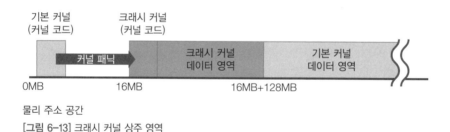

[그림 6-13] 크래시 커널 상주 영역

6.2.2 커널 덤프 설정

커널 덤프의 출력을 설정하는 순서는 다음과 같습니다. 우선 kexec-tools 패키지를 인스톨합니다.

```
# yum install kexec-tools
```

다음으로 /boot/grub/grub.conf 파일의 커널 기동 옵션에 크래시 커널용 메모리 영역을 지정합니다. 구체적으로는 다음과 같이 kernel 항목에 crashkernel 옵션을 지정합니다.

```
# kernel /vmlinuz-2.6.18-194.el5 ro root=LABEL=/ rhgb quite
crashkernel=128M@16M
```

이는 물리 주소 공간 16MB~(16+128)MB 영역을 크래시 커널 전용으로 확보하고 있습니다. 계속해서 설정 파일 /etc/kdump.conf에 커널 덤프를 출력할 곳을 설정합니다. 여기에서는 대표적인 3종류 설정의 예(디폴트 설정, ext3 파일시스템으로의 출력, SSH에 의한 리모트 서버로의 출력)을 소개하도록 하겠습니다.

우선 /etc/kdump.conf의 모든 행을 주석 처리를 하면, 디폴트 동작으로 /var/crash/ 하위의 디렉토리에 커널 덤프를 출력합니다. 커널 덤프 출력 파일은 [/var/crash/〈타임 스탬프〉/vmcore]가 됩니다.

디바이스 파일로 지정한 경우

```
ext3 /dev/sda4
path /crash
```

파일시스템 라벨로 지정한 경우

```
exts LABEL=kdump_dev
path /crash
```

[그림 6-14] ext3 파일시스템으로 커널 덤프 출력 설정

다음으로 출력할 곳을 ext3 파일시스템 전용 디스크 파티션을 지정하는 경우는 [그림 6-14]와 같이 'ext3' 옵션에서 파티션 디바이스 파일 또는 파일시스템 라벨로 지정하여, 'path' 옵션으로 파일시스템 내의 패스를 지정합니다. 이 경우 출력할 곳의 파티션은 사전에 ext3 파일시스템을 작성하여 필요에 따라 파티션 라벨을 설정합니다. 다음 커맨드는 디스크 파티션 /dev/sda4에 ext3 파일시스템을 작성하여 파일시스템 라벨 'kump_dev'를 설정하는 예입니다.

```
# mke2fs -j /dev/sda4
# e2label /dev/sda kdump_dev
```

출력할 곳의 파일시스템은 커널 덤프를 출력할 때 마운트되므로, 일반적으로 서버 기동 시에는 언마운트한 상태로 둡니다. 커널 덤프 출력 파일은 '〈지정 패스〉/127.0.0.1-〈타임 스탬프〉/vmcore'가 됩니다. 커널 덤프의 출력 후에는 해당 파일시스템을 수동으로 마운트하여 커널 덤프 파일을 추출합니다.

```
net admin@192.168.1.10
path /home/admin/crah
```

[그림 6-15] 리모트 서버로 커널 덤프를 출력하는 설정

마지막으로 SSH를 이용하여 리모트 서버로 출력하는 경우는 [그림 6-15]와 같이 'net' 옵션으로 리모트 서버(접속 유저명 @IP 주소)를 지정하여 'path' 옵션에 리모트 서버상의 패스를 지정합니다. 이 예에서는 리모트 서버상의 유저 'admin' 홈 디렉토리 안에 (/home/admin/crash/이하)를 커널 덤프를 출력할 곳으로 지정하고 있습니다. 이때 로컬 측 서버 IP 주소 설정에서 DHCP를 사용하지 않을 경우는 'IPADDR, NETMASK, GATEWAY'의 각 파라미터가 설정 파일에 명시적으로 설정되어 있는 것을 확인해야 합니다.

계속해서 다음 커맨드로 리모트 서버에 접속하기 위한 공개키 인증을 설정합니다.

```
# service kdump propagate
```

```
# service kdump propagate
Generating new ssh keys... done.
The authenticity of host '192.168.1.10 (192.168.1.10)' can't be established.
RSA key fingerprint is e3:d4:87:e2:5b:34:21:8b:7b:40:7a:41:93:91:06:d0.
Are you sure you want to continue connecting (yes/no)? yes
Warning: Peramanetly added '192.168.1.10' (RSA) to the list of known hosts.
admin@192.168.1.10's password:  ← [admin] 유저의 로그인 패스워드를 입력
/root/.ssh/kdump_id_rsa.pub has been added to ~admin/.ssh/authorized_keys2 on 192.168.1.10
```

[그림 6-16] 커널 덤프 출력용 공개키 인증의 설정

[그림 6-16]의 실행 예와 같이 공개키를 등록하기 위해서 SSH로 접속하므로 리모트 서버의 유저 로그인 패스워드를 입력할 필요가 있습니다. 이후 지정한 유저에 패스워드 입력 없이 SSH 접속이 가능한지를 확인합니다. 커널 덤프 출력 파일은 '〈지정 패스〉/〈IP d 주소〉-〈타임 스탬프〉/vmcore'가 됩니다.

이상의 설정을 완료했다면 다음 커맨드로 시스템 기동 시에 kdump 서비스가 자동으로 시작되도록 설정합니다.

```
# chkconfig kdump on
```

이제 기본적인 설정이 끝났습니다. 여기서 시스템을 재부팅하면 시스템 부팅 후에 크래시 커널이 메모리에 상주하고 커널 덤프 취득이 가능해집니다. 이때 기본 커널로부터 인식되는 메모리는 크래시 커널용으로 확보된 영역을 뺀 용량입니다.

또한 설정 변경 후 최초로 kdump 서비스를 시작할 때, 크래시 커널용 초기 RAM 디스크 작성(재작성)이 수행됩니다. 크래시 커널용 초기 RAM 디스크 파일은 /boot/initrd-〈커널 버전〉kdump.img입니다. /etc/kdump.conf 파일을 변경한 직후에 kdump 서비스를 재시작하는 것으로 초기 RAM 디스크 재작성도 가능합니다. 디바이스 드라이버를 변경하는 것과 같이 초기 RAM 디스크를 강제적으로 재작성하는 경우에는 다음과 같이 touch 커맨드로 /etc/kdump.conf 타임 스탬프를 갱신하고 kdump 서비스를 재시작합니다.

```
# touch /etc/kdump.conf
# service kdump restart
```

커널 덤프 출력 후에 그 상태로 처리를 정지시키는 경우는 /etc/kdump.conf에 'halt' 항목을 추가[1]합니다.

---

1 디폴트 /var/crash를 출력할 곳으로 설정한 경우는 이 옵션이 무효화됩니다. 커널 덤프 출력 후 반드시 서버는 재시작합니다.

커널 덤프 출력 테스트를 위해 커널 패닉을 강제로 발생시키는 경우는 다음 커맨드를 이용합니다.

```
# echo c > /proc/sysrq-trigger
```

커널 덤프 출력 중에는 시스템 콘솔의 텍스트 화면에 처리 진행 상황이 표시됩니다. 시스템 콘솔에 GUI 화면이 표시되는 경우는 Alt + Shift + F1 으로 시스템 콘솔을 텍스트 화면에 변경한 상태로 테스트하면 됩니다.

6.3

퍼포먼스 문제 판별

6.3.1 퍼포먼스 문제란?

서버 퍼포먼스 문제를 분석할 때, 병목현상^{Bottleneck}이라는 표현을 사용합니다. [그림 6-17]과 같이 서버 시스템과 이용자(엔드 유저)사이에서는 다양한 컴포넌트가 연계되어 동작합니다. 어떤 일부 컴포넌트가 성능의 한계에 달하면 기타 컴포넌트 성능에 여유가 있다 하더라도 필요한 처리 속도를 얻을 수 없게 되는 경우가 있습니다. 이와 같이 퍼포먼스 문제의 원인이 되는 컴포넌트를 병목현상이라고 합니다.

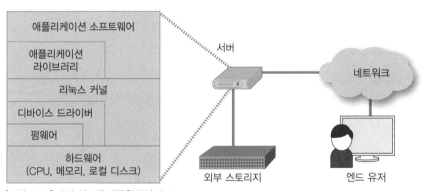

[그림 6-17] 서버 시스템 병목현상의 요소

서버 퍼포먼스 문제를 판별하는 경우에는 통계적으로 병목현상을 판별할 필요가 있습니다. 예를 들어 하드웨어 자체의 성능 한계가 병목현상이 되는 경우는 리눅스 커널을 튜닝하더라도 퍼포먼스는 개선되지 않습니다. 다양한 컴포넌트 중에서 실제로 병목현상이 되어 있는 부분을 판별해서 대책을 검토해야 합니다.

리눅스 서버 관리자는 서버 컴포넌트나 리눅스 자체의 문제부터 생각하기 시작하는 경우가 자주 있지만, 우선은 네트워크 및 외부 스토리지 등 서버 외의 컴포넌트 성능에 문제가 없는지를 확인해야 합니다. 그런 후 서버 컴포넌트를 조사합니다. 네트워크 장비 및 외부 스토리지 장비는 각각 지원하는 툴을 가지고 있으므로 그것을 이용해서 퍼포먼스 문제 판별을 실시합니다.

이때 컴포넌트 간 퍼포먼스 의존 관계에도 주의를 해야 합니다. 예를 들어 외부 스토리지 성능이 병목현상으로 인해 서버 I/O 대기 시간이 길어지고, 결과적으로 서버 CPU 사용률이 저하되는 경우가 있습니다. 이때 서버의 CPU 사용률만을 보고 서버 CPU 성능은 충분하다고 생각해서는 안됩니다. 스토리지 병목현상을 해소하자 다음은 CPU 사용률이 높아져 역시 필요한 처리 속도를 얻을 수 없는 가능성도 있습니다.

퍼포먼스 문제의 징조를 정확하게 파악하고 문제의 원인이 되는 요소를 판별하기 위해서는 문제가 발생하기 이전부터 계속해서 데이터를 수집하여 일단위, 주단위, 연단위로 변화를 비교할 필요가 있습니다. 각각의 데이터가 문제를 판별하기 위한 지침이 되는 관점은 있지만 실제 문제가 발생하는 상황은 시스템마다 다릅니다. 따라서 퍼포먼스 문제 판별에서는 문제가 발생하는 전후의 데이터 비교가 중요합니다. 계속적인 데이터 수집 방법에 대해서는 2.1을 참조하기 바랍니다. 특히 2장에서 설명한 '시스템 가동 데이터 수집 스크립트' 툴을 사용하면 이후에 설명할 커맨드를 이용한 데이터 수집도 자동으로 할 수 있으므로 편리합니다.

이번에는 리눅스 서버의 퍼포먼스 문제 판별의 기초로서 리눅스에서 데이터의 수집이 가능한 CPU, 메모리, 디스크 등의 하드웨어 컴포넌트와 애플리케이션에 대한 퍼포먼스 문제 판별의 방법을 설명합니다.

[표 6-6]은 퍼포먼스 문제 판별에서 사용하는 주요 커맨드입니다. [그림 6-18]~[그림 6-22]는 각 커맨드의 실행 예입니다. vmstat, mpstat, iostat는 지정한 시간 간격의 평균치를 표시합니다. vmstat과 iostat의 1회째의 출력 값은 서버 시작 시의 평균값이 되므로 주의하기 바랍니다.

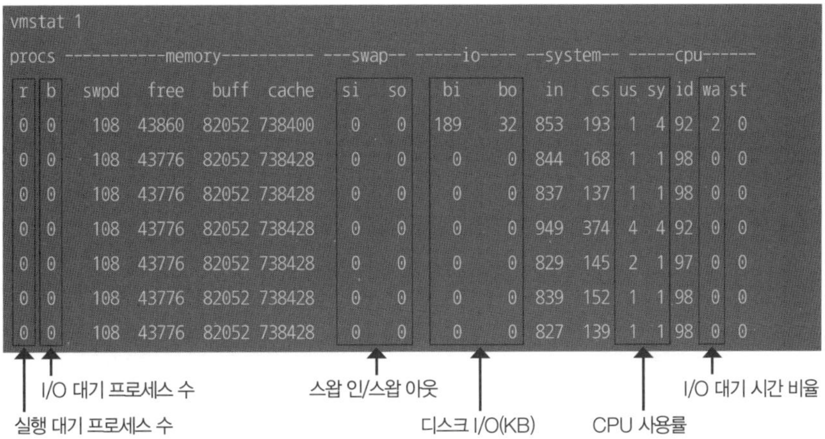

```
vmstat 1
procs -----------memory---------- ---swap-- -----io---- --system-- -----cpu------
 r  b   swpd   free   buff  cache   si   so    bi    bo    in    cs us sy id wa st
 0  0    108  43860  82052 738400    0    0   189    32   853   193  1  4 92  2  0
 0  0    108  43776  82052 738428    0    0     0     0   844   168  1  1 98  0  0
 0  0    108  43776  82052 738428    0    0     0     0   837   137  1  1 98  0  0
 0  0    108  43776  82052 738428    0    0     0     0   949   374  4  4 92  0  0
 0  0    108  43776  82052 738428    0    0     0     0   829   145  2  1 97  0  0
 0  0    108  43776  82052 738428    0    0     0     0   839   152  1  1 98  0  0
 0  0    108  43776  82052 738428    0    0     0     0   827   139  1  1 98  0  0
```

I/O 대기 프로세스 수
실행 대기 프로세스 수
스왑 인/스왑 아웃
디스크 I/O(KB)
CPU 사용률
I/O 대기 시간 비율

[그림 6-18] vmstat 커맨드 실행 예

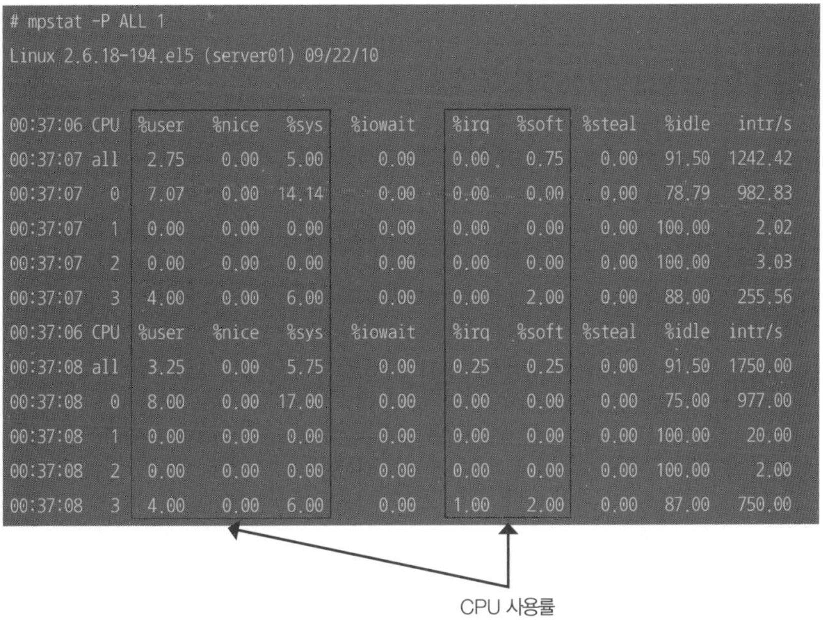

```
# mpstat -P ALL 1
Linux 2.6.18-194.el5 (server01) 09/22/10

00:37:06 CPU   %user   %nice    %sys  %iowait    %irq   %soft  %steal   %idle    intr/s
00:37:07 all    2.75    0.00    5.00     0.00    0.00    0.75    0.00   91.50   1242.42
00:37:07   0    7.07    0.00   14.14     0.00    0.00    0.00    0.00   78.79    982.83
00:37:07   1    0.00    0.00    0.00     0.00    0.00    0.00    0.00  100.00      2.02
00:37:07   2    0.00    0.00    0.00     0.00    0.00    0.00    0.00  100.00      3.03
00:37:07   3    4.00    0.00    6.00     0.00    0.00    2.00    0.00   88.00    255.56
00:37:06 CPU   %user   %nice    %sys  %iowait    %irq   %soft  %steal   %idle    intr/s
00:37:08 all    3.25    0.00    5.75     0.00    0.25    0.25    0.00   91.50   1750.00
00:37:08   0    8.00    0.00   17.00     0.00    0.00    0.00    0.00   75.00    977.00
00:37:08   1    0.00    0.00    0.00     0.00    0.00    0.00    0.00  100.00     20.00
00:37:08   2    0.00    0.00    0.00     0.00    0.00    0.00    0.00  100.00      2.00
00:37:08   3    4.00    0.00    6.00     0.00    1.00    2.00    0.00   87.00    750.00
```

CPU 사용률

[그림 6-19] mpstat 커맨드 실행 예

```
# iostat -xd 1
Linux 2.6.18-194.el5 (server01) 09/22/10

Device   rrqm/s    wrqm/s    r/s      w/s    rsec/s     wsec/s    avgrq-sz   avgqu-sz   await    svctm   %util
sda        5.66     27.24    1.85     2.70   223.96     228.22       99.31       0.12    25.05     2.21    1.01
sda1       0.32      0.00    0.02     0.00     0.68       0.01       25.30       0.00     5.43     4.85    0.01
sda2       4.81     27.24    1.80     2.70   222.52     228.21      100.12       0.12    25.28     2.20    0.99
sda3       0.52      0.00    0.02     0.00     0.60       0.00       37.51       0.00     5.95     5.02    0.01


Device   rrqm/s    wrqm/s    r/s      w/s    rsec/s     wsec/s    avgrq-sz   avgqu-sz   await    svctm   %util
sda        0.00  19257.43    0.00   122.77     0.00   99730.69      812.32      41.27   332.72     7.55   92.67
sda1       0.00      0.00    0.00     0.00     0.00       0.00        0.00       0.00     0.00     0.00    0.00
sda2       0.00  19257.43    0.00   122.77     0.00   99730.69      812.32      41.27   332.72     7.55   92.67
sda3       0.00      0.00    0.00     0.00     0.00       0.00        0.00       0.00     0.00     0.00    0.00
```

I/O 리퀘스트 수   I/O 섹터 수   디스크 사용률

[그림 6-20] iostat 커맨드 실행 예

```
# ifconfig eth0
eth0      Link encap:Ethernet   HWaddr 00:0C:29:4A:E7:78
          UP BROADCAST RUNNING SLAVE MULTICAST   MTU:1500   Metric:1
          RX packets:1189804 errors:0 dropped:0 overruns:0 frame:0
          TX packets:105605 errors:0 dropped:0 overruns:0 carrier:0
          collisions:0 txqueuelen:1000
          RX bytes:71388240 (68.0 MiB)  TX bytes:4762982 (4.5 MiB)
```

수신 데이터량   송신 데이터량

[그림 6-21] ifconfig 커맨드 실행 예

```
# netstat -i
Kernel Interface table
Iface     MTU Met    RX-OK RX-ERR RX-DRP RX-OVR    TX-OK TX-ERR TX-DRP TX-OVR Flg
eth0     1500   0  1193319      0      0      0   105919      0      0      0 BMRU
eth1     1500   0  1246215      0      0      0    44753      0      0      0 BMRU
lo      16436   0     3194      0      0      0     3194      0      0      0 LRU
```

수신 패킷 수   송신 패킷 수

[그림 6-22] netstat 커맨드 실행 예

[표 6-6] 퍼포먼스 문제 판별에서 사용하는 주요 커맨드

커맨드	설명
# vmstat 〈계측 간격(초)〉 〈횟수〉	메모리. I/O. 평균 CPU 사용률 등 정보를 표시
# mpstat −P ALL 〈계측 간격(초)〉 〈횟수〉	각 CPU 코어 사용률을 표시
# iostat −xd 〈계측 간격(초)〉 〈횟수〉	각 디스크 디바이스 I/O량을 표시
# ifconfig 〈네트워크 디바이스 명〉	NIC의 데이터 전송량을 표시
# netstat −i	

6.3.2 CPU 병목현상 판별

CPU의 병목현상을 판별할 때 확인 사항은 다음과 같습니다.

우선 [표 6-7]은 [그림 6-18]의 vmstat으로 표시되는 CPU 사용률 항목 대한 설명입니다. CPU가 실제로 처리를 하고 있는 시간 비율(us + sy)이 계속해서 80~90% 정도를 넘는 경우 CPU가 병목현상을 겪고 있을 가능성이 있습니다. 이때 유저 프로세스 처리 시간(us)이 높은 경우는 CPU 부하가 높은 애플리케이션이 원인일 가능성이 있다고 생각할 수 있습니다. 특히 [그림 6-18]의 실행 대기 프로세스 수(procs r)가 CPU 코어 수의 2~4배 이상인 경우는 CPU에 부하가 높은 프로세스가 많다고 생각할 수 있습니다. 커널 처리 시간(sy)이 높은 경우는 디스크 I/O 및 네트워크 통신에 따른 디스크 드라이버 처리 부하가 크다는 가능성을 고려할 수 있습니다.

또한 vmstat에서 표시되는 CPU 사용률은 모든 CPU 코어 사용률의 평균치입니다. 평균치가 작더라도 특정 CPU 코어에 부하가 집중되어 있는 경우가 있습니다.

```
# cat /proc/interrupts
           CPU0       CPU1       CPU2       CPU3
  0:     2823597        0          0          0       IO-APIC-edge   timer
  1:          15        0          0          0       IO-APIC-edge   i8042
  6:           5        0          0          0       IO-APIC-edge   floppy
  7:           0        0          0          0       IO-APIC-edge   parport0
  8:           0        0          0          0       IO-APIC-edge   rtc
  9:           0        0          0          0       IO-APIC-level  acpi
 12:           0        0          0          0       IO-APIC-edge   i8042
 15:       14070     11159        465          0       IO-APIC-edge   ide1
 51:       25235      8390       2084      12285       IO-APIC-level  ioc0, eth2.
 59:       14876       702       2436       3244       IO-APIC-level  eth0
 67:       15137      3276       1127       4859       IO-APIC-level  eth1
NMI:           0        0          0          0
LOC:     2903289   2908155    2908256    2907304
ERR:           0
MIS:           0
```

[그림 6-23] 각 CPU 코어의 인터럽트 횟수

각각의 CPU 코어 사용률은 mpstat으로 확인할 수 있습니다. [그림 6-19]에서 특정 CPU 코어 사용률(%user + %nice + %sys + %irq + %soft)이 높은 경우, 특정 프로세스가 CPU 코어를 점유하고 있는 경우가 있습니다. 또한 특정 CPU 코어의 하드웨어 인터럽트 처리 시간(%irq)이 높은 경우, CPU 코어 부하 분산이 불가능한 타입의 인터럽트가 다수 발생하고 있을 가능성이 있습니다. 각 디바이스에서 각 CPU 코어로의 인터럽트 횟수는 다음 커맨드로 확인할 수 있습니다(그림 6-23).

```
# cat /proc/interrupts
```

[표 6-7] vmstat의 CPU 사용률 항목

항목	설명
us	CPU가 유저 프로세스 코드를 실행하고 있는 시간(%)
sy	CPU가 커널 및 디바이스 드라이버 코드를 실행하고 있는 시간(%)
id	CPU가 아무것도 하지 않고 I/O 대기 프로세스도 존재하지 않는 시간(%)
wa	CPU가 아무것도 하지 않고 I/O 대기 프로세스가 존재하는 시간(%)

6.3.3 디스크 I/O 병목현상 판별

디스크 I/O 병목현상을 판별할 때 확인 항목은 다음과 같습니다.

[그림 6-18]의 I/O 대기 시간률(wa)이 계속해서 높은 값을 나타내고 I/O 대기 프로세스 수(procs b)가 많은 경우 디스크 I/O가 병목현상일 가능성이 있습니다. [그림 6-20]에서 사용률(%util)이 높은 디스크에 부하가 걸려 있다는 것을 확인할 수 있습니다.

보통은 디스크 I/O 처리에 따라, [그림 6-18]의 커널 처리 시간(sy)도 높아집니다. I/O 대기 시간률(wa)만이 높은 값을 나타내는 경우는 디바이스 드라이버 장애일 가능성도 있습니다. 예를 들어 I/O 처리 완료를 디바이스 드라이버가 정확하게 인식하지 못하고 있는 경우 등에서 발생합니다.

[그림 6-18]의 읽기 블록 수(io bi)와 쓰기 블록 수(io bo)로부터 서버 전체에서의 디스크 I/O량(KB)를 확인할 수 있습니다. 각 디바이스의 I/O량은 [그림 6-20]의 r/s, w/s 및 rsec/s, wsec/s로 확인합니다. 이들은 1초당 I/O 리퀘스트 수(읽기 와 쓰기) 및 1초당 읽기 섹터 수와 쓰기 섹터 수입니다. 보통 디스크 디바이스에서는 1섹터는 512바이트입니다. rsec/s ÷ r/s 및 wsec/s ÷ w/s의 계산으로 평균 리퀘스트 사이즈(1회 리퀘스트에서 전송되는 섹터수)를 산출할 수 있습니다. 이로부터 작은 데이터의 R/W가 많은지 큰 데이터의 R/W가 많은지 판단할 수 있습니다.

6.3.4 메모리 사용량 문제 판별

서버에 탑재되어 있는 메모리의 양이 적정한지를 판별할 때는 다음 항목을 확인합니다.

[그림 6-18]의 스왑 인swap si, 스왑 아웃swap so의 발생 상황을 확인합니다. 계속해서 스왑 인과 스왑 아웃이 발생하고 있는 경우에는 메모리가 부족할 가능성이 있습니다. 그러나 계속해서 스왑 인, 스왑 아웃이 발생하고 있지 않다면, 스왑 영역이 사용되고 있어도 문제 없습니다. 다만 메모리가 부족하지 않더라도, 대량의 파일 액세스 수행될 경우 등에서 일시적으로 디스크 캐시의 내용을 확보하기 위해 스왑 아웃이 발생하는 경우가 있습니다.

5.2에서 설명한 것과 같이 물리 메모리의 빈 용량은 디스크 캐시를 빈 용량으로 간주할 필요가 있습니다. 디스크 캐시는 필요에 따라 비우기 때문입니다. 단 RAM 디스크나 공

유 메모리 영역으로 사용 중인 메모리도 디스크 캐시로서 인식되지만, 자동으로 비워지는 경우는 없습니다. 즉 정확하게는 이 영역은 빈용량이라고 간주하지 않습니다.

다음 커맨드로 비울 수 있는 디스크 캐시 부분을 강제로 비우도록 할 수 있으므로, 정확한 빈 용량을 확인하는 경우는 이 커맨드를 실행한 후에 free 커맨드를 실행하여 'Mem:' 값을 확인합니다.

```
# echo 3 > /proc/sys/vm/drop_caches
```

free 커맨드의 실행 예는 5장의 [그림 5-12]를 참조합시다.

6.3.5 네트워크 통신 속도의 문제 판별

네트워크 통신에 따른 데이터 전송량이나 퍼포먼스는 기본적으로 네트워크 스위치 등 네트워크 장비에서 측정합니다.

서버에서 확인하는 경우는 [그림 6-21], [그림 6-22]의 송수신 데이터량, 송수신 패킷 수를 확인하면 됩니다. 이들은 서버가 기동된 후의 합계이므로, 일정 기간 통신량을 구하는 경우는 이 커맨드들을 정기적으로 실행하여 계산해야 합니다.

네트워크 통신 속도에 관한 문제가 발생한 경우, 서버에서 NIC 설정에 이상이 없는지를 확인합니다. 4.2에서 설명한 ethtool 커맨드로 정확한 통신 모드Speed, Duplex, Auto-negotiation로 설정되어 있는지를 확인합니다. 이들 설정은 스위치 설정과 맞출 필요가 있으므로 설정 내용에 대해서는 네트워크 관리자에게도 확인할 필요가 있습니다.

6.3.6 프로세스 정보 확인

CPU, 메모리, 디스크 I/O 등에서 병목현상이 발견된 경우, 리소스를 사용하고 있는 프로세스를 지목하여 다음과 같은 문제를 판별할 수 있는 경우가 있습니다.

❶ 프로그램의 문제로, 이상 동작을 일으킨 프로세스가 CPU를 점유하고 있는 경우

❷ 프로그램의 문제로, 불필요한 메모리를 확보하고 있는 프로세스가 존재하는 경우

❸ 대량의 디스크 액세스를 발행하여 장시간 디스크 I/O 완료 대기 상태로 멈춰 있는 프로세스가 존재하는 경우

이 문제에 관련한 프로세스 정보는 다음 커맨드로 확인합니다.

❶에 대한 CPU 사용률이 높은 프로세스는 top 커맨드로 확인합니다. top 커맨드는 옵션을 주지 않고 실행하면 실시간으로 화면이 갱신됩니다. 화면 상단에 CPU 사용률의 정보가 표시됩니다. 1을 누르면 모든 CPU 코어의 평균치와 각 CPU 코어의 값의 표시를 전환할 수 있습니다. top 커맨드 결과를 텍스트 파일로 쓰는 경우는 -b 옵션을 사용합니다.

다음 커맨드는 60초 간격으로 10회의 출력을 파일 /tmp/top_output.txt.에 쓰는 예입니다.

```
# top -b -n 10 -d 60 > /tmp/top_output.txt
```

❷에 대한 각 프로세스 실제 메모리 사용량은 ps 커맨드로 확인합니다. 5.2에서 설명한 디멘드 페이징 기능으로 인해, 프로세스에 논리적으로 할당된 메모리 공간의 크기와 프로세스가 실제로 사용하고 있는 물리 메모리 사이즈는 일치하지 않습니다. 'ps aux'로 표시되는 RSS 값이 실제로 사용하고 있는 물리 메모리(KB)를 나타냅니다. [그림 6-24]는 --sort 옵션을 이용하여 RSS의 내림차순으로 프로세스를 표시하고 있습니다. 또한 프로세스가 불필요해진 메모리를 해제하지 않고, 새로운 메모리를 요구하는 현상을 '메모리 릭'이라고 합니다. 메모리 릭이 발생하면 시간 경과와 함께 메모리의 사용이 증가합니다.

❸에 대해서 'ps aux'로 표시되는 STAT의 첫 번째 문자가 'D'인 프로세스는 디스크 I/O 대기인 것을 알 수 있습니다.

```
# ps aux --sort=-rss
USER       PID %CPU %MEM    VSZ   RSS TTY      STAT START   TIME COMMAND
root      5108  0.0  1.0   8976  5528 ?        S    Mar07   0:00 Xvnc :11 -desktop
admin    23257  0.0  1.0   9596  5408 ?        S    Mar29   0:00 Xvnc :1 -desktop
admin      369  0.0  0.4   7860  2296 ?        S    14:43   0:00 ssshd: admin@pts/1
root     31660  0.0  0.4   8180  2276 ?        Ss   Apr10   0:06 /usr/sbin/sshd
xfs       2413  0.0  0.2   4180  1472 ?        Ss   Feb14   0:00 xfs ?droppriv ?da
root     29662  0.0  0.2   6248  1472 tty2     Ss+  Feb19   0:00 -bash
```

[그림 6-24] 프로세스의 실 메모리 사용량 확인의 예

6.4

서버 기동 시 문제 판별

리눅스 서버 인스톨 직후 및 디바이스 드라이버 갱신과 같은 유지보수 작업을 한 후, 서버를 재기동하면 리눅스 기동에 실패하는 경우가 있습니다. 서버 기동 자체가 되지 않아 문제 판별에도 곤란을 겪게 됩니다. 이런 경우 우선은 리눅스 부트 프로세스 과정에 대해 이해를 한 후, 부트 프로세스의 어느 단계에서 기동에 실패했는지 판별하는 것이 필요합니다. 이번에는 이와 같이 서버 기동 시의 문제를 해결하기 위해 리눅스의 부트 프로세스를 자세히 설명한 후, 구체적인 문제 판별 방법을 설명하겠습니다.

6.4.1 리눅스 부트 프로세스

리눅스 부트 프로세스는 다음 네 단계로 이루어져 있습니다.

❶ 시스템 BIOS에 의한 기동 처리

❷ 부트 로더(GRUB)에 의한 기동 처리

❸ 커널 기동과 초기 RAM 디스크에 의한 디바이스 인식

❹ init에 의한 기동 처리

❶~❸의 개요는 1.1에서 ❹의 개요는 5.1에서 설명했습니다. 시스템 기동에 실패했을 때의 문제 판별의 관점에서 다시 한 번 이 내용을 자세히 살펴보겠습니다.

시스템 BIOS에 의한 기동 처리

이 단계에서는 시스템 BIOS에 의한 하드웨어 컴포넌트 인식과 초기화가 진행되어 POST^Power-On Self Test라고 불리는 하드웨어 진단 테스트가 실시됩니다. CPU, 메모리, 주변 장치 등이 서포트 대상이 아닌 구성이거나 고장이 발생한 경우에는 이 단계에서 에러가 발생하여 기동 처리가 중단됩니다.

기동 디바이스가 시스템 BIOS에서 정확하게 인식되지 않은 경우 및 MBR(기동 디바이스의 선두 영역)에 부트 로더가 없는 경우에도 이 단계에서 실패합니다. 시스템 BIOS 설정에서 기동에 필요한 디바이스가 무효화되어 있거나, 부팅 디바이스가 바르게 선택되어 있는지 등을 체크해야 할 필요가 있습니다.

부트 로더(GRUB)에 의한 기동 처리

GRUB는 Stage1, Stage1.5, Stage2의 세 가지 파트로 구분되어 기동 디스크에 저장되어 있습니다(그림 6-25). Stage1은 기동 디스크의 선두 MBR에 쓰여 있는 부트 스트랩 로더를 말합니다. Stage1.5는 MBR 바로 뒤의 영역에 쓰여 있습니다. 일반적으로 디스크 파티션은 '실린더' 단위로 분할되어 작성되며, 처음 파티션은 선두의 제0실린더를 제외한, 제1실린더부터 작성됩니다. 파티션으로서 사용되지 않는 제0실린더에 Stage1과 Stage1.5가 쓰여 있습니다. Stage2는 /boot 파일시스템 안에 파일로 보존되어 있습니다.

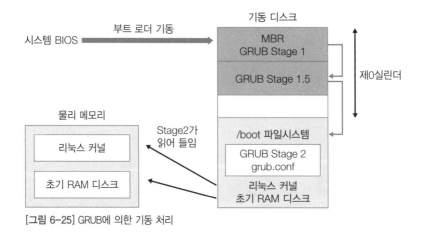

[그림 6-25] GRUB에 의한 기동 처리

이들은 다음과 같은 순서로 실행됩니다. 우선 시스템 BIOS가 부트 스트랩 로더인 Stage1을 실행합니다. Stage1은 Stage1.5를 읽어 들여 실행합니다. Stage1.5는 ext3 파일시스템을 인식하는 기능을 가지고 있어, /boot 파일시스템 안의 파일인 Stage2를 읽어 들여 기동합니다. Stage2는 설정 파일 grub.conf에 따라 기동 커널과 초기 RAM 디스크를 선택하여 해당 파일을 메모리에 읽어 들인 후에 커널에 처리를 이행합니다. 기동 커널의 선택 화면 등은 Stage2 기능에 의한 것입니다.

커널 기동과 초기 RAM 디스크에 의한 디바이스 인식

커널 기동 후의 처리 흐름은 다음과 같습니다. 리눅스 기동이 완료되면 이 단계에서 커널 로그의 출력은 /var/log/dmesg파일에 보존됩니다.

커널이 기동하면 CPU, 메모리 등 기본적인 하드웨어 인식과 초기화를 수행합니다. 하드웨어 종류에 따라서는 커널에서 정확하게 인식하도록 적절한 커널 옵션을 설정할 필요가 있습니다. 계속해서 커널은 물리 메모리를 이용한 RAM 디스크 영역을 루트 파일시스템으로서 마운트하여 초기 RAM 디스크 내용 전개합니다. 초기 RAM 디스크에는 스크립트 'init'와 이를 실행하기 위한 필요한 최소한의 커맨드 집합 그리고 커널이 하드 디스크 내의 파일시스템을 인식하기 위해 필요한 디바이스 드라이버가 포함[1]되어 있습니다(그림 6-26).

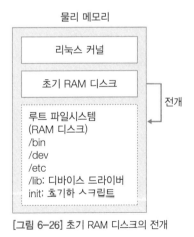

[그림 6-26] 초기 RAM 디스크의 전개

---

1 초기 RAM 디스크에 포함되는 스크립트 init은 커널이 최초로 기동하는 프로세스 /sbin/init과는 별개의 스크립트입니다.

커널이 스크립트 init을 실행하면 init은 다음과 같은 처리를 실행합니다. 우선 RAM 디스크 안의 디바이스 드라이버를 읽어 들인 후, 하드디스크의 루트 파일시스템을 읽기 전용 모드로 마운트합니다. 하드디스크 인식에 필요한 디바이스 드라이버가 초기 RAM 디스크에 포함되어 있지 않은 경우, 하드디스크의 루트 파일시스템을 인식 못하기 때문에 커널 패닉이 발생하여 여기서 기동 처리가 정지됩니다. 루트 파일시스템을 읽기 전용 모드로 마운트하는 것은 후에 fsck 커맨드에 의해 파일시스템 체크를 실시하기 위해서 입니다. 읽고 쓰기 가능한 모드로 마운트 중인 파일시스템에 대해서 fsck 커맨드를 실행하면 파일시스템이 손상될 우려가 있습니다.

루트 파일시스템 마운트에 성공하면, 커널은 최초의 유저 프로세스로서 루트 파일시스템 안의 /sbin/init을 실행합니다. /sbin/init은 반드시 프로세스 ID가 1인 프로세스가 됩니다.

또한 초기 RAM 디스크 파일은 cpio 커맨드와 gzip 커맨드로 아카이브되어 있습니다. 커맨드를 이용하여 전개한 후, 내용을 확인할 수 있습니다. 다음 예는 초기 RAM 디스크 파일 /boot/initrd-2.6.18-194.el5.img의 내용을 /tmp/work/ 밑에 전개한 예입니다.

```
# mkdir /tmp/work
# cd /tmp/work
# zcat /boot/initrd-2.6.18-194.el5.img | cpio -id
```

전개된 내용을 보면 /lib/(이 예에서는 /tmp/work/lib) 하위에 커널 기동 시 읽어 들이는 디바이스 드라이버가 포함되어 있다는 것을 알 수 있습니다. 또한 스크립트 init(이 예에서는 /tmp/work/init)의 내용을 보면 디바이스 드라이버의 읽기 및 루트 파일시스템 마운트를 수행한다는 것을 알 수 있습니다.

init에 의한 기동 처리

/sbin/init은 설정 파일 /etc/inittab에 따라 유저 레벨에서 실행 가능한 서버 초기 설정을 합니다. 이 부분은 5.1에서 설명한 것과 같습니다. 이 처리 중에서 루트 파일시스템의 fsck 커맨드에 의한 체크가 진행됩니다. 체크가 완료되면 루트 파일시스템을 읽고 쓰기 가능한 모드로 다시 마운트합니다.

컬럼 | GRUB는 어디에?

본문 중에 GRUB는 세 개의 Stage가 있다고 설명했지만, Stage1.5라는 어정쩡한 번호가 이상하게 생각되지는 않는지요? 실제로는 GRUB 인스톨 방법에 두 가지 종류가 있어 Stage1.5를 사용하지 않는 방법이 있습니다. 이 경우 Stage1은 Stage1.5 대신 직접 Stage2를 읽어 들입니다. 이때 문제가 되는 것이 Stage1은 ext3 파일시스템을 이해하지 못한다는 것입니다.

Stage1은 MBR에 있는 단지 446바이트의 프로그램이므로 물리 디스크의 섹터 번호를 지정하여 그 내용을 읽어 들이는 것밖에 할 수 없습니다. Stage1.5는 MBR 직후 특정 섹터 번호에 보존되는 것이 결정되어 있으므로 문제 없지만, Stage2는 파일시스템 안에 보존되어 있습니다. 원래는 i-node 테이블 등의 파일시스템의 구조를 이해하지 못하면 Stage2가 있는 곳은 알 수 없습니다. 이 방식의 경우는 미리 Stage2 파일이 물리적으로 위치한 섹터 번호를 찾아내서, 그곳을 읽어 들이도록 Stage1에 알립니다.

이 방식의 문제는 Stage2 파일이 위치한 장소를 바꾸면, 서버가 부팅되지 못하는 경우가 있습니다. 원래 이 문제를 해결하기 위해 'ext3 파일시스템을 이해해서, 제0실린더에 들어갈 수 있는 정도의 프로그램'으로 Stage1.5가 제공되었던 것입니다.

하지만 Stage1.5에도 문제가 있습니다. MBR 직후의 영역은 Stage1.5 전용으로 결정되어 있는 것은 아닙니다. 최근에는 Stage1.5 역시 제0실린더의 시민권을 획득했지만, 예전에는 Stage1.5의 위치를 다른 목적으로 사용하는 특수한 애플리케이션이 있었습니다. 이 애플리케이션을 인스톨할 때는 Stage1.5를 사용하지 않는 방식으로 GRUB를 인스톨할 수 밖에 없습니다.

또는 시스템 백업을 자동으로 취득하는 툴에는 파일시스템 내용 이외에 MBR도 백업 및 복구하여 복구시에 GRUB를 재인스톨할 필요가 없는 것도 있습니다. 하지만 이것도 MBR만을 백업하여 Stage1.5를 포함한 제0실린더 전체를 백업해주지 않는 경우가 있습니다.

이 경우 새 디스크로 복구하면 Stage1.5가 없어서 서버 부팅에 실패합니다.

이러한 문제를 고려한 결과인지는 알 수 없지만, 실은 Red Hat Enterprise Linux 5 인스톨러는 Stage1.5를 사용하지 않는 방식으로 GRUB를 인스톨합니다. 이 책에서는 GRUB를 재인스톨할 때는 grub-install 커맨드를 이용하지만 이것은 Stage1.5를 사용하는 방식으로 재인스톨하는 것입니다. 따라서 엄밀히 말하자면 인스톨러를 이용한 인스톨 상태와는 다른 결과가 됩니다.

'여러 가지 해봤지만 인스톨 시와 같은 상태로 돌아가지 않는다'의 경우는, 언제나처럼 레스큐 부트를 하여 시스템 영역의 파일시스템을 마운트하고 다음 커맨드를 실행하면 됩니다.

```
# grub
grub> root (hd0,0)
grub> install /grub/stage1 d (hd0) /grub/stage2 p (hd0,0)/grub/
grub.conf
grub> quit
```

이를 통해 Stage1.5를 사용하지 않는 방식으로 GRUB가 인스톨됩니다. (hd0,0)은 /dev/sda1 이 /boot 파일시스템이라는 의미입니다. 예를 들어 /dev/sda2가 /boot 파일시스템의 경우는 (hd0,1)로 변경하도록 합니다.

6.4.2 서버 부팅에 실패한 경우의 대책

서버 기동 중에 문제가 발생하여 부팅에 실패하는 경우는 앞서 설명한 네 단계 중 어디서 문제가 발생했는지를 확인합니다.

우선 GRUB 메뉴 화면이 표시되지 않는 경우는 시스템 BIOS에서 기동 디바이스가 바르게 선택되어 있지 않았다거나 GRUB가 정확하게 인스톨되어 있지 않은 것입니다. 우선은 시스템 BIOS의 설정에서 기동 디바이스가 바르게 선택되어 있는지를 확인하도록 합시다. 이때 시스템 BIOS의 설정 메뉴에서 시스템 BIOS가 인식하고 있는 디스크 디바이스를 확인할 수 있습니다. 시스템 BIOS가 기동 대상 디바이스를 인식 못하는 경우는 디스크 장치의 고장 및 케이블 접속의 문제 등 하드웨어적인 원인도 생각할 수 있습니다.

GRUB가 바르게 인스톨되어 있지 않은 경우는 시스템 콘솔에 아무것도 표시되지 않는 상태로 정지하던가 grub〉라는 프롬프트만 표시됩니다. 이런 경우는 레스큐 부트를 하여 GRUB를 재인스톨합니다. 구체적인 방법은 잠시 후 소개하겠습니다

GRUB 메뉴 화면이 표시된 경우는 커널의 기동 상태를 확인하기 위해서 커널 기동 옵션에서 'rhgb quiet'를 삭제하고 기동합니다. 이를 통해 커널 로그를 포함한 상세한 기동 로그가 시스템 콘솔에 표시됩니다.

또한 GRUB 메뉴 화면에서 일시적으로 커널 기동 옵션을 변경하는 것도 가능합니다. 'Press any key to enter the menu' 메시지가 표시될 때, 임의의 키를 눌러 기동 커널 선택 메뉴를 표시합니다. 여기서 기동 대상 엔트리를 선택하여 a를 누르면 커널 옵션을 편집할 수 있습니다. e를 누르면 grub.conf에 포함되는 모든 항목을 편집할 수 있습니다. 선택한 행의 편집은 e, 삭제는 d, 행의 추가는 o, 편집한 내용으로 기동하려면 b를 이용합니다.

GRUB로부터 커널 기동에 성공하면 시스템 콘솔에 커널 기동 메시지가 표시됩니다. 우선 초기 RAM 디스크 안의 스크립트 init이 시작되면 'Red Hat nash version 5.1.19.5

starting'이란 메시지가 출력됩니다. 계속해서 스크립트 init에 의해 루트 파일시스템이 완료하고 /sbin/init이 시작되면 'Welcome to Red Hat Enterprise Linux Server'라는 메시지가 표시됩니다. 기동 처리가 정상으로 진행되는 경우는 대량의 메시지가 콘솔에 출력되므로 모든 메시지를 제대로 보기는 어렵습니다. 커널 부팅 옵션에 앞서 삭제한 'quiet'를 지정하면 출력 메시지의 양이 조절되어 [그림 6-27]과 같이 메시지가 간단하게 표시됩니다.

커널 기동 후에 /sbin/init이 시작되기 전에 문제가 발생하는 경우는 다음과 같은 원인을 생각할 수 있습니다. 첫 번째는 GRUB 설정 파일 grub.conf에 설정된 커널 옵션의 지정 또는 초기 RAM 디스크 지정에 문제가 있는 경우입니다. 특히 커널 옵션에서 루트 파일시스템 지정에 문제가 있는 경우는 커널 패닉이 발생합니다. 앞서 설명한 GRUB의 기동 옵션 편집 기능에서 커널 옵션을 확인하여 필요에 따라 수정 후 재기동합니다. 이 방법으로 기동에 성공한 경우에는 기동 후에 /boot/grub/grub.conf를 바르게 수정해 둡니다.

다른 하나는 초기 RAM 디스크 내용에 문제가 있는 경우입니다. 특히 초기 RAM 디스크에 포함되는 디바이스 드라이버에서 루트 파일시스템을 포함하는 디스크가 인식 불가능한 경우에 커널 패닉이 발생합니다. 이 원인이 의심되는 경우는 레스큐 부트를 하여 초기 RAM 디스크를 재작성합니다. 구체적인 방법은 잠시 후 설명합니다.

/sbin/init이 시작된 후에 초기 설정 스크립트 /etc/rc.d/rc.sysinit 실행 중에 문제가 발생한 경우는 /etc/fstab 설정에 문제가 있던가 또는 /etc/fstab에서 지정된 파일시스템이 손상되어 있는 경우가 있습니다. 이 원인이 의심되는 경우 레스큐 부트를 하여 /etc/fstab을 수정하거나 파일시스템을 복원합니다. 시스템 기동에 필수가 아닌 파일시스템은 일시적으로 /etc/fstab에서 주석 처리하는 방법도 생각할 수 있습니다.

```
    Booting 'Red Hat Enterprise Linux Server (2.6.18-194.el5)'

root (hd0,0)
 Filesystem type is ext2fs, partition type 0x83
kernel /vmlinuz-2.6.18-194.el5 ro root=LABEL=/ quit
    [Linux-bxImage, setup=0x1e00, size=0x1c7f541
initrd /ininitrd-2.6.18-194.el5.img
    [Linux-initrd @ 0x2a45d000, 0x2824e4 bytes]

Memory for crash kernel (0x0 to 0x0) notwithin permissible range
Red Hat nash version 5.1.19.6 starting
sda: assuming drive cache: write through
sda: assuming drive cache: write through
                Welcome to Red Hat Enterprise Linux Server
                Press 'I' to enter interactive startup
Setting clock   (localtime): Sat Oct 2 07:27:48 JST 2010      [   OK  ]
Starting udev: _
```

※ 1 → (Red Hat nash version 5.1.19.6 starting)
※ 2 → (Welcome to Red Hat Enterprise Linux Server)

1. 스크립트 init 기동
2. /sbin/init 기동

[그림 6-27] 서버 기동 시 콘솔 메시지

```
                Press 'I' to enter interactive startup.
Setting clock   (localtime): Wed Sep 22 15:56:31 JST 2010    [   OK  ]
Starting udev:                                               [   OK  ]
Loading default keymap (jp106):                              [   OK  ]
No devices found
Setting up Logical Volume Management:                        [   OK  ]
Checking filesystems
/: clean, 83275/1048576 files, 668300/1048241 blocks
/boot: clean, 35/26104 files, 20517/104388 blocks
Fsck.ext3: No such file or directory while trying ro open /dev/sda4
/dev/sda4
The superblock cluld not be read or does not describe a correct ext2
filesystem. If the device is valid and it really contains an ext2
filesystem (and not swap or ufs or something else), then the superblock
is corrupt, and you might try running e2fsck with and alternate superblock:
    e2fsck ?b 8193 <device>

                                                [FAIILD]
*** And error occurred during the file system check.
*** Dropping you to a shell; the system will reboot
*** when you leave the shell.
Give root password for maintenance
(or type Control-D to continue): _
```

[그림 6-28] 기동 시 fsck 커맨드에 의한 체크 실패의 예

시스템 기동 시의 fsck 커맨드에 의한 체크에 실패한 경우는 시스템 콘솔에서 유지 보수 셸이 기동합니다(그림 6-8). 이 경우 root 유저 패스워드를 입력하고 문제의 해결에 필요한 보수 작업을 실시할 수 있습니다. 이때 루트 파일시스템은 읽기 전용 모드로 마운트됩니다. 루트 파일시스템 안의 파일을 수정하는 경우는 읽고 쓰기 가능한 모드로 다시 마운트할 필요가 있습니다. 다음 커맨드는 유지 보수 셸에서 루트 파일시스템을 읽고 쓰기 가능한 모드로 다시 마운트하는 예입니다. exit로 유지 보수 셸을 빠져 나가면 서버는 재시작합니다.

```
(Repair fiesystem) 1 # mount -o remount, rw /
```

6.4.3 레스큐 부트에 의한 복원 작업

서버 기동 시의 문제를 해결하기 위해, 레스큐 부트를 하여 복원 작업을 하는 경우의 전형적인 작업 순서를 소개합니다.

우선은 2.2에서 설명한 순서로 레스큐 부트를 합니다. 레스큐 부트에 성공했다면 fdisk 커맨드를 이용하여 하드디스크 인식 상태를 확인합니다.

```
# fdisk -l
```

파일시스템 손상이 의심되는 경우는 여기서 fsck(e2fsck) 커맨드로 복원 작업을 합니다. 구체적인 방법에 대해서는 5.3을 참조하도록 합시다.

계속해서 시스템 영역의 파일시스템을 마운트하여 평상시의 기동과 같은 파일시스템 상태를 재현합니다. 여기서는 시스템 영역의 파일시스템은 /dev/sda2를 루트 파일시스템으로, /dev/sda1을 /boot 파일시스템이라고 가정합니다. 다음 커맨드로 /mnt/sysimage에 루트 파일시스템을 마운트하여 chroot한 후, /proc, /sys, /dev 가상 파일시스템과 /boot 파일시스템을 마운트합니다.

```
# mount /dev/sda2  /mnt/sysimage
# chroot /mnt/sysimage
# mount -t proc none /proc
# mount -r sysfs none /sys
# mount -o mode=0755 ?t tmpfs none /dev
# /sbin/start_udev
# mount /dev/sda1 /boot
```

시스템 영역의 파일시스템에 포함되는 설정 파일에 대한 수정이 필요한 경우에는 여기에
서 수정합니다. 또한 초기 RAM 디스크 재작성이 필요한 경우에는 다음 커맨드로 재작
성을 실시합니다. 초기 RAM 디스크 파일명과 버전은 환경에 맞추도록 해야 합니다.

```
# mkinird -v -f /boot/initrd-2.6.18-194.el5.img 2.6.18-194.el5
```

또한 GRUB의 재인스톨이 필요한 경우는 여기서 재인스톨을 합니다.

```
# grub-install /dev/sda
```

마지막으로 exit로 chroot 환경에서 나와서 다시 exit로 쉘을 종료하면, 서버가 재시작됩
니다.

```
# exit
# exit
```

이후부터는 서버가 정상으로 기동하는지, 기동 시의 모습을 주의 깊게 관찰합시다.

끝내며

필자가 처음으로 리눅스 서버를 구축한 것은 1990년대 후반이었습니다. 당시 물리 강사로서 근무하고 있던 고등학교의 성적 관리 시스템이 너무 쓰기 불편하여 교무실의 PC를 리눅스로 바꾼 후 혼자서 개발을 시작한 것이 계기였습니다. 이후 상용 유닉스와 같은 기능을 자유롭게 쓸 수 있다는 Linux/OSS의 매력에 빠져 Linux/OSS에 관련된 기술을 연마해 왔습니다.

그 후 프로로서 업무 시스템 구축 및 운용에 관련된 일을 하면서 느낀 것은 가끔 우연히 나만 알고 있는 아주 작은 지식이 다수의 전문가를 고민하게 했던 시스템 트러블을 해결할 수 있다는 사실이었습니다. 프로 리눅스 엔지니어로서 공부해서 불필요한 지식은 하나도 없습니다. 이 책은 10년 이상에 걸쳐 그런 생각으로 Linux/OSS과 함께 지내온 필자의 경험을 바탕으로 하고 있습니다.

책에서 설명하지 못한 부분이 아직 많이 있습니다. 이 책을 읽은 후에 큰 의지를 품고 스킬을 연마하기 바랍니다. 저도 함께 걸어가겠습니다.

찾아보기_